Designing Your New Work Life

How to Thrive and Change and Find Happiness and a New Freedom at Work

设计你的工作和人生

如何成长、改变，在工作中找到快乐和新的自由

斯坦福大学人生设计实验?

[美]比尔·博内特（Bil

[美]戴夫·伊万斯（

徐娟 徐娥 译

中信出版集团 | 北京

图书在版编目（CIP）数据

设计你的工作和人生：如何成长、改变，在工作中找到快乐和新的自由 /（美）比尔·博内特,（美）戴夫·伊万斯著；徐娟，徐娥译 . -- 北京：中信出版社，2021.10 (2025.12重印)

书名原文：Designing Your New Work Life：How to Thrive and Change and Find Happiness and a New Freedom at Work

ISBN 978-7-5217-3366-2

Ⅰ.①设… Ⅱ.①比… ②戴… ③徐… ④徐… Ⅲ.①职业选择 Ⅳ.① C913.2

中国版本图书馆 CIP 数据核字（2021）第 161177 号

设计你的工作和人生——如何成长、改变，在工作中找到快乐和新的自由
著者：　［美］比尔·博内特　［美］戴夫·伊万斯
译者：　徐娟　徐娥
出版发行：中信出版集团股份有限公司
（北京市朝阳区东三环北路 27 号嘉铭中心　邮编　100020）
承印者：　北京通州皇家印刷厂

开本：880mm×1230mm　1/32　　印张：11.75　　字数：260 千字
版次：2021 年 10 月第 1 版　　印次：2025 年 12 月第 9 次印刷
京权图字：01–2021–4894　　书号：ISBN 978–7–5217–3366–2
定价：59.00 元

服务热线：400–600–8099
投稿邮箱：author@citicpub.com

谨以此书献给每天起床、穿衣，去完成工作的你们。
感恩你们所做的一切。
我们希望你们能在本书中找到一种方法，
可以让你们工作起来更有目的，更有意义，更加快乐。
你们值得拥有这一切。

献给我了不起的孩子们：
伊丽莎、凯西和本。

看着你们设计成年生活、
涉足成年世界，真为你们开心。

—— 比尔·博内特

献给戴夫和金、罗比和克里斯西、
丽萨和唐尼、加比和妮可，还有罗西。

我人生设计的首要目标是当爸爸。
我对你们无限感恩，因为你们实现了我最深切的渴望。
能够与你们和你们孩子的生命共舞
是我最大的幸福。

—— 戴夫·伊万斯

目录

推荐序　聪明人的命运算法　III
前言　从人生设计到职业设计　XI
引言　设计思维在工作中也奏效　XV

第一部分
心态设计

1　我们还没到吗？　3
2　金钱还是意义？　31
3　重新设计你的问题　61
4　职业倦怠与压力类型　89
5　工作心态、坚毅与职业要求　109

第二部分
工作设计

6　办公室政治　131
7　不要辞职，重新设计！　151
8　辞得漂亮　189
9　下一份工作　209
10　从设计工作到创造工作　221

第三部分

颠覆设计

11　把人作为设计的核心　245

12　我们现在在哪里？　253

13　颠覆设计　269

14　好的工作设计始于好的生活设计　303

结语　你可以快乐　323

致　谢　329

注　释　333

推荐序

聪明人的命运算法

一

耍酷经常要付出代价，尤其是年轻人的那种耍酷。

有年暑假，我带家人从温哥华飞去旧金山。在机场租车时，我挑了一辆宝马的敞篷四座车，不仅因为当时的好天气，还因被湾区扑面而来的年轻气息感染。

结果，直到开上通往斯坦福大学的高速公路，我都没搞清楚怎么关上跑车的顶篷，于是大人在前座被吹得狼狈不堪，两个孩子则在后座兴奋地尖叫。

硅谷和深圳一样，是年轻人的天堂。晚上十点多，街头的餐馆还灯火通明，学生模样的创业者在路边玩类似丢沙包的游戏。

我带着孩子们去逛了苹果、Facebook、谷歌的总部，处处都让我觉得：这里是聪明读书人的超级游乐场。

你现在翻阅的这本《设计你的工作和人生》，正来自硅谷的核心地带，堪称聪明人的“命运算法”。

如果有人要给你讲“人生设计”或“职业设计”，你多半会怀疑，八成又是什么成功学鸡汤吧？

然而，事实是，本书作者的“人生设计”课，是斯坦福大学最受欢迎的选修课之一。

不管是大学毕业生，还是职场人士，在运用本书的“设计思维”后，几乎都取得了极佳的效果。

本书并非提出了一个概念，而是给出了一整套行之有效的工具箱，并经受了众多聪明人的验证。

这倒真是数字化时代的奇异景象：

> 顶级名校的学院气质与实用主义的街头智慧彼此称兄道弟；
>
> 世界一流的科研成就和创业致富的人生鸡汤二者勾肩搭背。

类似的传奇，不只发生在硅谷和斯坦福，也发生在北京、上海、深圳、杭州。那些曾经“百无一用”的书生，从纸上谈兵、指点江山，到满怀激情地改变世界。他们是如何做到的？

本书作者告诉我们：也许每个人的命运无法复制，然而改变命运的方法论是可以复制的。

二

在一次 TED 演讲中，一位斯坦福大学的教授说：“幸运并不是一道不可预测的闪电，相反，幸运更像是风，它的出现绝非偶然。”

她建议，你要冒一点儿不被他人回应的小风险，避免安于现状；改变自己与他人的关系，懂得感恩；不要轻易对一个想法下判断，不要没有行动就放弃……

简单说就是：越主动越幸运。

本书则帮我们系统化地捕获好运。

本书的内核，与“精益创业”理论同出一门：形成“原型”，大胆测试，获得反馈，迅速修正，实现更佳的人生设计和职场设计，从而改变命运。

我们读书的时候，学的都是如何少犯错或不犯错。然而，如今最厉害的人和公司，都擅长聪明地犯错。

天才数学家谷山的搭档志村曾说：“他（谷山）天生就有一种犯许多错，尤其是朝正确的方向犯错的特殊本领。我对此真有点儿妒忌，甚至徒劳地想模仿他，结果发现，要犯好的错也是十分不容易的。”

聪明地犯错，不是只靠运气随机犯错，而是要建立一套可执行的系统。

本书的方法论相当务实，包括六种设计心态：

保持好奇

不断尝试

重新定义问题

设计（命运）是一个过程

深度合作

故事思维

高手的招式，其实都是常识。让我难忘的，是本书作者通过“工具化、可视化、故事化”，让这些常识变成了立即可用的利器。

三

有时候，我们会觉得自己的命运似乎被锁死了。

你或许想在生活中的不同领域（如事业、爱情、健康和娱乐）制订几个不同的计划，你或许想把这几个方面融合在一个计划中，这都没有关系，你唯一可能犯的错就是什么也不做。

《哈利·波特》系列作品的作者 J. K. 罗琳是世界上最富有的作家之一。然而，在 1993 年，28 岁的她尚在困苦中挣扎。

她自嘲为“我所见过最失败的人”。

她的婚姻止于家暴。那时她没工作，带着一个嗷嗷待哺的孩子，在爱丁堡街头的咖啡馆写作。

在贫穷的岁月里，J. K. 罗琳被确诊患上抑郁症，她曾试图自杀。

但 J. K. 罗琳形容那场失败是种解放。多年后她在哈佛大学演讲时谈及“失败的好处和想象的重要性”：

“失败代表摒除不必要的事物，我不再自我欺骗，干脆忠于自我，投入所有心力完成唯一重要的工作。

“要是我以前在其他行业成功了，那么我也许永远不会有这样的决心，投身于这个我自信真正属于我的领域。我重获自由了！

“因为我最大的恐惧虽然降临了，而我还活着，我还有个可爱的女儿，还有台老旧的打字机和伟大的构思。曾经身处的深邃的谷底，却变成日后重生的深厚基础。”

可是，又有多少人能够像 J. K. 罗琳那样跌入谷底再绝地重生呢？

本书作者对世俗的智慧颇有见解，在谈到那些锁住人们命运的所谓不可逾越的问题时，作者将其分为两类：

> 1. 重力问题。这是我们无能为力、必须接受的问题。只要你在地球上，就无法摆脱。
>
> 2. 锚定问题。这类拴住我们的问题，本质上是因为没有做好架构。我们可以通过重构，使问题更具有操作性。

这种见解既一针见血，又提供了具体的应对策略。

我常能在自己的公众号“孤独大脑”的后台，收到年轻朋友关于“如何成功”的问题。这类问题的句式大多是“我想……但是……”的结构。

例如：“我想通过抖音和公众号建立个人品牌，但是又担心将来抖音和微信不火了，那我的努力不就付诸东流了吗？”

拜托，担心抖音和微信不火的应该是张一鸣和马化腾，与你何干呢？

难怪作者在本书提出了职业设计三部曲：心态设计、工作设计、颠覆设计。

四

越来越多的人意识到，改变自己命运最好的方法，是终身学习。

可是，具体该怎么做呢？

加州大学伯克利分校教授艾莉森·高普尼克经研究发现：婴幼儿所知和所学的都超出了我们从前的想象。到三四岁的时候，他们已经大概知道世界是怎么回事了。

科学家对此感到好奇，一个小孩子，不会读也不会写，连话都说不清楚，怎么能那么快地学会那么多东西呢？

高普尼克认为，我们的学习能力不能仅仅归功于教育、训练或者专门的社会机构，它似乎还是人类本性的一个基本组成部分。

心理学家发现，即使是两岁的儿童，也有类似科学家的因果逻辑。

用高普尼克的话来说：“小孩子真是天生的火箭科学家。哪怕他们一点儿也不知道自己是怎么得出那些结论的。”

然而，传统的教育，似乎在批量削减孩子们天生就会的那种“混乱”的神奇学习能力。

标准答案剥夺了年轻人像孩子那样学习的权利：学习走路，摔倒，然后站起来，重复这一过程，然后就会了。

迄今为止，没有哪间学校和哪个教育系统可以解决这个问题。

你只能靠自己，从像本书这样的著作中汲取智慧。

人天生就会的那种自然式学习，就是学习科学所指的内隐学习。这是一种“先验知识”，通过亿万年的进化，被内置在宇宙间最神秘的物体——人类的大脑内。

自然式学习和社会化学习，二者不是非此即彼的。但是，选择社会化学习的那种体制化的“显性价值”而放弃内隐学习，是舍本逐末。

试图改变自己命运的聪明人，需要找回自己童年时代不惧犯错、好奇并勇于探索的天赋。

从进化论的角度看，混乱、多样性通常意味着保留更多的可能性，可以更好地应对未来将要面临的不可避免、不可预测的变化。

从文化和学习的角度看，个体在进行自我进化，有的个体进化速度比自然界更快。

高普尼克说："一个可以变化和演进的系统，哪怕是随机演变，都可以使其更加智慧、灵活地适应变化中的世界。"

自然选择是最好的例子，突变要求存活下来的物种具有适应性。

尤其是在数字化时代，大数据和AI（人工智能）能模拟指数级的进化，这可能就是如今厉害的人和厉害的公司最大的秘密。

我自己的创业公司"未来春藤"，也是从规划入手，在随机性中，发现孩子们的最优解。

在这一时代背景之下，本书是两位高手写给普通人的秘籍，能够帮助我们在设计中学习，在学习中进化。

五

这个世界正在变得越来越快、越来越狭窄吗？

这个世界已被"瓜分完毕"，留给年轻人的越来越少了吗？

我们真的命中注定无法改变命运吗？

数字化为人类开辟了另外一个没有物理空间限制的疆土。

虚拟世界的飞速发展，也将极大推动人类世界的进步。

在数字化时代，你所迈出的每一步，都有可能是无人踏及的第一步。

我喜欢本书提出的一个概念：最佳可行方案。

而非最佳理论方案。关键是可行，能用，即刻行动。

作者还将精益创业理念中的“最小可行产品”深化为“最小可行问题”，意思是说：将恼人的大问题重构成最小可行问题，这样你就能解决一个更小、更容易处理的问题。

这样一来，那些关于命运的算法，似乎就和小学数学一样简单，和洗脸刷牙一样平常了。

就像鲍勃·迪伦所说：“一个人如果能在清晨醒来，晚上睡去，中间的时候做他所爱的事，那他就是成功的人。”

喻颖正
未来春藤创始人
公众号“孤独大脑”主理人
《人生算法》作者

前言

从人生设计到职业设计

我们写了两本书。

第一本《斯坦福大学人生设计课》的英文版于2016年出版。第二本，也就是本书的英文版于2020年2月25日出版。

2月底，在曼哈顿为新书的出版接受媒体采访时，我们并不知道，生活即将以一种任何人都无法想象的方式发生变化。

几周后，纽约州州长下令，要求所有非核心企业将其劳动力密度降低至50%，然后是25%，最后是0。而这一变化只发生在三天的时间里。

类似的情况不仅发生在纽约州和加州，而且发生在整个美国和全球各地。

学校关闭，失业率飙升，而工作也正如我们所知，永远地改变了。

所以，情况确实如此，在疫情暴发前的几周，我们推出了一本书，其副标题是“如何在工作中适应变化并找到快乐”。

我们仍然相信你可以在工作中适应变化，找到快乐，并且我们知道，《斯坦福大学人生设计课》中的所有工具仍然具有价值并且能够为你所用。但我们也知道你需要更多。我们都需要更多。

因此，我们在曼哈顿待了将近一年的时间，讨论我们的第二本书将如何适应不同人的不同需要，我们修改了书名，对书的内容进行了更新，以便以新的面貌再次与读者见面。

欢迎来到《设计你的工作和人生》。

我们在这本书中增加了一个全新的部分，来解决“房间里的大象”的问题。

那头大象叫什么名字？

颠覆。

一切都和从前不同，虽然我们不知道未来会发生什么，但我们知道，无论工作和生活中发生什么，接下来的事情，都不会像以前一样。

现在，我们比以往任何时候都更需要一些创造性和适应性强的工具来应对这种颠覆。尽管混乱和变化不可避免，仍然出现了一些重大的机会，能让你重新设计你的职业和人生，以应对在我们看来职场将发生的永久改变。

如果你是一名员工，这些变化带来的好处之一可能是，你可以更自由地以更适合自己的方式来工作；如果你是一名管理者，这意味着你需要学习一种全新的方式来与你的员工一起工作，以工作成果为导向，让周围的人更有信念、更投入、更有效率；如果你是一名企业主或首席执行官，那么未来的趋势是，我们前进的步伐会加快——随着互联网和家庭办公（或餐桌、露营车）取代昂贵的写字楼办公室，劳动力会更加分散，到处都有人才，运营成本也会更低。

对许多人来说（太多太多的人），如果疫情暴发前后的生活确有什么不同，那么绝对不会有人把这种不同叫作“收获”。如果你丢了工作，公司倒闭，或者整个行业的所有部门不复存在，那么那种感觉一定更像是面临危机，而不是什么机遇。颠覆并不会慢慢地到来，也不会公平地进行，我们中有太多的人都需要坚强地面对已经发生的事实，挺过这段痛苦而悲伤的日子。我们尤其对因新冠肺炎失去亲人的人们表示深切慰问。我们并不会假装巧妙的重构可以消除生离死别的痛苦，但我们确实认为，尽可能有效地应对损失是有所帮助的，而你能在这本书中找到一些设计工具。

正如我们之前所说，设计师喜欢问题，你无法解决你不愿意解决的问题。我们现在面对的是一个充满问题的新世界，一个变幻莫测的新世界，我们需要彻底改变思考方式。

是时候再一次像设计师一样思考了。

所以我们在这里，在混乱之中，希望力所能及地提供一些帮助，提供一些新的想法、工具和框架。

虽然我们知道没有适合每个人的完美工具箱，也没有回到正常生活的捷径，但我们相信，在本书新增的章节中会有一些内容可以帮助你度过这些艰难的时刻。选择适合你的，把剩下的传给可能需要它的人。

欢迎来到“颠覆设计”，准备好迎接你的新职业生涯。

引言

设计思维在工作中也奏效

我们写过一本书。

不是这本，是另外一本，不知你读过没有。在那本书中，我们教会人们如何运用设计思维来设计自己的人生。我们向许多人展示了如何行动起来，为自己的生活和事业设计不同版本的原型。[1]我们以该书为基础开设了多个工作坊，结识了成千上万的读者，见证了他们的生活变得更加美好。他们与我们分享自己的故事，那些故事现在都已成为我们所写的故事的一部分。读过并爱上《斯坦福大学人生设计课》一书的大都是面临转型之人：他们正进入人生中的许多拐点之一。他们需要有人帮忙做出下一步选择——去哪里？去做什么？在某些情况下，还包括成为什么样的人。他们要做的，是努力想象不同的未来，或是找到使未实现的梦想成真的方法。

《斯坦福大学人生设计课》是关于如何想象的。

《设计你的工作和人生》是关于如何实现那些想象的。

我们还曾收到一些读者的来信，他们说我们提出的奥德赛计划[2]很棒，但是不太可行。他们不可能跑去比米尼当潜水教练，因为你知道的，他们有诸如保险、抵押贷款、水电费账单等事情需要处理，还有在上学的孩子需要照顾。

他们希望我们能写另一本书。

他们希望我们写的书可以满足他们此时此刻的需要，并提供一些工具和妙招，帮助他们在现在的工作中表现出色。

你看，如今的职场可谓日新月异。为了适应不断变化的市场，公司变得越来越灵活，转型越来越快，职场的可预测性也越来越低。2020年全球疫情的影响仍在继续。我们将在“颠覆设计”这一部分讨论职场可能发生的变化。因此，在这个瞬息万变的环境中，越来越需要员工自己来定义自己的幸福和成功。同时，睿智的管理者和公司也应该尽力配合，向员工提供相关资源（比如本书），以构建一种文化，帮助不断变化的员工适应不断变化的职场需求，进而适应不断变化的市场需求。不过，在大多数情况下，由于在不断地变化和成长，人们更需要可以一次次创造成功的工具。（这对越来越多的自雇人士来说更是如此。）很明显，对千禧一代和Z世代的员工而言，他们特别渴求富有意义的工作体验，工作要使他们感觉到自己正在对世界产生影响。

我们都希望自己的日子充满意义和影响。

大多数人大部分时间都在工作，因此，毫无疑问，职场是我们寻找意义和影响的首要场所。然而，大多数工作都是围绕要完成的任务和要管理的事务构建的，而且大多数管理者都不大愿意谈论意义和影响。当你成为自己的职业设计师时，你就可以帮助你的老板和公司，让你的工作成为你想要的工作。如果你拥有自己的事业，你就可以反复塑造它，直到它赋予你意义和影响为止。在设计自己的职业时，你既可以以员工的视角进行设计，也可以以雇主的视角进行设计。不论你是员工还是老板，设计思维都适合你。这本书中的想法和工具层出不穷，它们不仅能帮助你在生活中创造更多意义，还能让你在工作中收获更多快乐。

职场不但时时在变化，还时时在重建。零工经济、人工智能和机器人并非即将到来，而是已经存在。它们正重塑我们关于工作的一切认知。因此，要想在全新的技术现实中大有作为，聪明的员工就必须做好准备。本书介绍了许多实用工具，可以助你像富有创意的设计师一样应对未来的职场。

如果你读过《斯坦福大学人生设计课》一书，那么无论你的“奥德赛计划”是什么，本书都会进一步丰富你的设计思维，帮助你实现快乐的职业生涯。如果你没读过我们的第一本书（或是你读过，但是并没有实践），那么单是阅读这本新书，也将帮助你运用设计思维设计你现在的工作，让你在每周 40、50、60 个小时的工作时间里感觉更加快乐、更加充实，而不必换工作或是转行，除非你真的想换。不过，如果你真的想换工作，那么我们也会教你怎么做。

所以，是时候行动起来，摆脱工作困境了。最重要的是，是时候让工作为你服务了！

为什么工作总令人失望

邦妮今年 30 岁，大学毕业后已经做过 5 份工作了。她总是以同样的方式开始——乐观、兴奋，对这份工作有多么适合她充满期待，但每次都以失望告终。每一份工作都让她失望，她也感到很困惑。每当她必须借钱来付房租时，她都会向父母解释：“就是不行啊！”邦妮知道她辞职的理由很含糊，但她充其量也只会说：“就是不对劲儿，但是我也不知道哪儿不对劲儿。”

路易斯是一家中型公司的中层经理，他在该公司工作了15年。他每天坐火车上班，早上8点15分准时到达办公室。他领导着一个销售团队，他们坐在排列整齐的小隔间里，工作毫无和谐可言。路易斯本来应该管理和激励团队成员的，但是日复一日，每当他走到销售区环顾四周时，总感觉自己仿佛是一名异国他乡的访客。

这不是我的公司。

这些都无关紧要。

路易斯下班后乘下午5点15分的火车回家。他有两个在上中学的孩子，抵押贷款刚刚还清了1/3。在回家的火车上，当他把头靠在玻璃窗上，看着世界从他身边经过时，“传声头”乐队一首歌的歌词在他脑海中反复回荡。

你可能会问自己：

我如何落到这般田地？

玛丽是一位成功的医生，是她所在领域的佼佼者。虽然她早已感觉无聊至极，但是并没有打算放弃使她获得成功的职业。拉杰夫在做的工作是他热爱的，但是他要做的事情太多，时间严重不够，甚至连喘息的时间都没有。布鲁斯是网约车司机，还在做其他兼职。虽然他喜欢工作时间自由，但是没有稳定的薪水，没有清晰的职业发展道路，没有一份“真正的工作”，这些他可不喜欢。詹妮弗是一家高科技公司的人力资源主管，她知道员工们工作不投入，表现不佳，但她所接受的培训并没有教会她如何帮助他们，所以她只能将一个又一个糟糕的绩效评估归档而无能为力。

我们认识的这些人对工作都不满意。每个人在说起自己的工作时，都有一个不愉快的故事。

> 这对我行不通。我不适合这份工作。改变很难，搞定也难，不知道我是该留下还是该放弃。我下一步该怎么办？

思维误区：这对我行不通。

重新定义：你可以设计你的工作，让设计思维在工作中也奏效。

太多人都在消极怠工

假设你每周工作 40 个小时，每年工作 50 个星期（假设你“吝啬”的假期允许你每年休息两周的话），连续工作 40 年，你的工时将达到 8 万小时，甚至更多。而现实情况是：许多阅读本书的人，每周平均工作时间超过 50 个小时，并且工作超过 50 年，这就意味着一个人一生总的工时将超过 130 000 小时。在我们这一生中，几乎没有什么能比工作花费更多的时间和精力了吧？

然而，盖洛普一项又一项的民意测验表明，大约有 69% 的美国人在工作中处于怠工状态（包括一般性质的“消极怠工”和愤怒、不满的“主动怠工”)。[3]在全球范围内，对工作单位这个自己待得最久的地方并不满意的员工比例达到了 85%，这一比例十分惊人[4]。这些员工上班的时候，从不会面带微笑。相反，他们经常说自己的工作“沉闷而无聊”。要知道，我们说的不只是平淡无奇的办公室白领，或是重复体力劳动的蓝领工人，抑或是你所在城市的汉堡连锁店工作的员工。我们在全国各地举办过多次“设计你人生”的讲座和工作坊活动，参与者来自各行各业，有教师、公司高管、教练、医生、牙医、农民、银行家、理发师、私募股权大师、图书馆工作人员、军用直升机飞行员、理疗师、卡车司机、政府官员、律师(其实律师人数可真不少)，有男有女，有老有少，有单身的、已婚的、离异的，你能想到的人，我们的受众中都有。所有人都在说着同样的话：

我不喜欢我的工作!

正如我们所说，怠工现象是个全球性问题，在其他国家，这种情况甚至更糟。在日本，有 93% 的员工表示自己属于怠工者。[5]日本人为那些特别悲惨的职场人取了各种别称：“社畜”是“公司牲畜”或者“公司奴隶”的意思，“社犬”意为“公司的狗”。甚至还有“过劳死”这个词，意思是“因工作过度劳累而死”。此外，还有很多员工因无法忍受过长的工作时间和恶劣的工作条件而自杀，因此引发高度关注的案例。所以这样一想，还是惜福吧，你已经算不错了。我的意思是，谁愿意当公司的牲畜呢，对吧？

人们对工作不满意的原因多种多样。

怪我的工作，太无聊了……

怪我的老板，他什么都要管……

怪我的公司，我表现如何，从来得不到任何反馈……

怪我的职业，我想我可能入错行了……

你的想法我们都听到了，不过我们在这儿告诉你，情况可能并不像你想的那么糟糕。如果你有一份工作，那就是一个良好的开端，比起没有工作的人，你已经是个幸运儿了。至少你有一点儿安全感，有一点儿收入，有一个可以开始重新设计的起点。很多人做着上份工作愁着下份工作，还有些人生活在劳动统计表内“长期失业”那一栏，他们才是真的难。幸运的是，不论你的处境如何，本书提供的一些想法和工具都会对你有所帮助。

如果你现在还没有工作，本书也可以介绍很多很棒的工具助你找到一份好工作，还可以确保你将来的公司会是一个你可以学习和贡献的地方，从而助你成长为你希望的样子。

我们的理念是：你是你生活和工作的设计师。通过设计思维，你可以做得更好。你可以改变老板对你的态度，改变你们共事的体验，甚至还可能对公司的文化产生影响。我们相信，每个人都可以学会设计一种在工作中持续成长精进的方式，并创造一种对所有人都更友好的工作氛围。好消息是，这并不会很难。

思维误区：我只是机器上的一个齿轮。

重新定义：我是一个可以影响机器的杠杆。

额外收获：我是人，不是机器，我值得拥有一份既有创意又有意思的工作。

像设计师一样思考

在开始设计或者重新设计职业之前，你需要学会像设计师一样思考。我们稍后会解释如何做到这一点，但首先你需要明确的是：在设计职业时，设计师并不是在“思考”向前的人生路，他们是在“创造”向前的人生路。为此，你需要了解并开始培养设计师的心态。在《斯坦福大学人生设计课》一书中，我们介绍了设计思维的 5 种基本心态，在本书中，我们将介绍 6 种基本心态。（第 6 种心态是本书新增的，其也很重要。）这些基本心态包括好奇心、努力实践、重新定义、专注、深度合作，还有第 6 种心态——故事思维。

保持好奇。对人、对工作、对世界充满好奇，因为设计师总是以初学者的心态开始思考，并不断追问“为什么”。好奇心是你与生俱来的状态，是你迈出第一步，走出去结识有趣的人所需要的能量源泉。“好奇心”是设计师最重要的心态，因为它会驱动探索和行动，是几乎所有设计行为的开始。好奇起来，将你所有的理性怀疑主义留在家中吧（当你需要评估你所有的奇妙选择时，它迟早会派上用场）。外面的世界很有趣！当你真诚地对人和事物感兴趣时（这就是好奇），人们自然会很乐意与你交往。记住，感兴趣才会有趣。

不断尝试。这一步是“从偏见到行动”，在这一步，你会将好奇心和疑问转化为切实的行

动。在《斯坦福大学人生设计课》一书中，我们展示了如何做原型对话和原型体验；在本书中，我们将向你展示更多悄悄走向未来，发掘适合你的工作和生活的方法。当你以这种心态生活时，你就会发现总是有事可做，有人可聊天，有体验可以尝试。同时，在本书中，我们还将向你展示如何实验各种“不断尝试”的策略。[6]设计师会创造自己前进的人生路，不断发掘对自己、对工作、对生活最合适的东西，靠的就是努力实践。

重新定义问题。“重新定义”是个伟大的想法，一旦你在这一点上做得好，就再也不会陷入困境。设计师总是把重新定义他们所遇到的问题作为起点，因为所谓的问题从来都不是真正的问题。本书是围绕职场，以及被我们称为“思维误区”的各种“坏问题”来进行写作的，诸如那些你坚信但实际上并不是真的，对你也没有帮助，或是让你陷入困境的信念，它们其实是你对工作和生活的信念，只是现在已经行不通了。我们将告诉你如何重新定义这些思维误区，并把它们重塑为可行的挑战。把握好重新定义的心态将有助于你解决各种问题。有句老话说得好：“成功定义的问题已经解决一半。”而“重新定义”将确保你正确定义将要解决的问题，进而为你工作和生活中的挑战找出

一些出色的解决方案。这个想法非常了不起，所以我们在第 3 章中将用大量的篇幅来谈论如何重新定义。它是设计界的超能力。

专注（了解人生设计是一个过程）。在设计思维中，有时你会突然产生很多很多想法，我们称之为“阶段性构思”，这时你会突然爆发，寻找所有能够找到的好的、坏的、疯狂的想法。而在某些时候，你关注的是某一观点或是你想要尝试的原型。在这个阶段，你会专注于某一个好问题，或是某个你非常想要尝试的具体想法。爆发与专注是设计思维这一过程的两个部分，它们有着本质的区别，所以优秀的设计师一定要了解自己的思维过程，知道什么时候该爆发，什么时候该专注。你得知道什么时候该问更多问题，什么时候该接受你生成的数据预示的结果，并继续前行。如果你身处一个设计团队，这一点尤为重要，因为团队要想取得进展，所有人都必须朝着同一个方向努力。因此，关注过程会让你更加安心，可以保证与所有人进行沟通，具备同理心并完成构思，这说明你已经为做出一个明智的决定做好了准备。

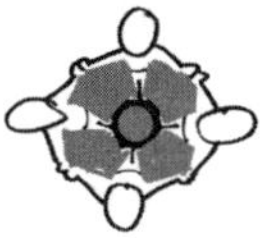

深度合作（寻求帮助）。要想弄清楚如何改变我们的工作体验，我们不能只坐在家中闭门沉思，而需要与职场和职场人互动。我们需要寻求帮助。我们将寻求帮助这一步称为“深

度合作”。再加上努力实践这一步，就会有大量快速学习和原型机会涌现，这也会带来一些改变人生的经历。走出去，与那些做着你好奇的、有趣的事的人交谈，这一点至关重要，因为这是你人生设计的调查部分。当你开始深度合作时，你会发现自己并不孤单，你会发现很多人都在问同样的问题，有着同样的担心。当人生设计的主题是工作时，我们想加倍强调这一点：设计是一个合作的过程，你的许多最佳想法将来自他人。你只需要寻求帮助即可。根据我们的经验，当你向世界张开双臂时，世界必然也会温暖相拥，而这将改变一切。

故事思维。这是本书新增的一种心态。当你采用“故事思维”时，你总是会寻找机会来反思自己的对话和经历，并不断寻找新的方式让世界了解你的故事。人人喜欢好故事，如果你保持好奇，努力实践，建立了很多原型，那你就有很多故事可讲。把故事讲好的能力是可以培养的，并且一旦你掌握这种能力，讲故事将成为你与他人互动、推进工作，并使人生设计向前发展的主要方式之一。有意思的是，一旦你开口讲故事，世界也必将回应，讲述它的故事。世界回应你的方式可能是新的友谊、工作机会，以及实现目标的创造性方法。还记得吧，在“保持好奇”一节中，我们曾说“感兴趣才会

有趣”，的确如此，不过这种说法的另一面是“有趣本身也很有趣”。这是“故事思维”的核心所在。当你将真正的好奇心与讲故事的能力相结合，你就获得了一个可以为你所用的强大组合。但是在世界能够做出回应之前，你必须得先开口讲述你的故事。我们会教你怎么做。

讲好故事更性感

当你采用这种全新的“故事思维”心态时，你就进入了超强的人类经验流——叙事。讲故事是人类进化的自然要素，是使自己的经历和生活变得有意义的方式，也是我们彼此建立联系的方式。英国伯明翰大学的哲学教授丽萨·博托洛蒂甚至认为，讲故事会增加性吸引力，增加繁衍机会。克莱蒙特研究生大学神经经济学研究中心主任保罗·扎克博士的研究表明：高度沉浸式的故事可以改变人们的态度、观点和行为。讲一个新故事，尤其是对自己讲一个新故事，是改变你工作体验的有效方法。[7]

这也许可以解释，为什么第一批穴居的人类围坐在“火”这个新技术旁的石头上时，会开始讲故事，并且自那之后人类从未停止讲故事。不论是在火堆旁，办公室的微波炉旁，还是孩子足球比赛场的边线上，好故事和会讲故事的人总是受人欢迎。我们将向你展示如何成为那样的人。

讲出你的故事，然后变得更性感。

如果你对你现在的故事不太满意，别担心，我们将帮助你设计你想要的职业，并在此过程中重新书写你的人生故事。我们会帮助你保持好奇并不断尝试，打造努力实践的心态。最终，我们希望不论你从事什么工作，都能够敬业积极、乐于创造。事实上，如果你对工作压根儿不满意，那么有很大概率，你对你的生活也不满意。

你不应该那样活着。

你应该对自己的工作和职业感到满意。世界需要更多快乐和敬业的员工。

在本书中，我们将讲述自己的故事，讲述读者的故事，讲述工作坊参与者的故事，讲述其他人的故事。他们曾利用人生设计的思维和工具重新设计了自己的工作、职业和公司。他们和你没有什么不同，他们用设计思维成功改造了自己的工作。我们将向你展示如何设计富有成效、参与度高，并且充满意义和乐趣的职业。

未来，你一定会工作得很愉快，你只需要知道如何慢慢走近那个未来。

让我们开始吧……

第 一 部 分

心态设计

1
我们还没到吗？

思维误区：足够好还不够，我想要更好。

重新定义：足够好意味着非常好——对当下而言。

在斯坦福大学的设计工作室有这样一个标牌，上面写着“你在这里”（You are here）。我们都非常喜欢这句话，这句话背后的含意很简单：在确定要去哪儿之前，你需要先知道自己在哪儿。一旦你知晓并接受自己所处的位置，便可以设计自己想要去的地方。

“我们还没到吗？”就不一样了。正如标题所示，这是对现在所处位置的不满足。这是我们在长途旅行时经常从后座的孩子那里听到的问题。

我们还没到吗？

我们到了没？

现在到了没？

我们什么时候到啊？

我们，到底，到了，没啊？

可以想象，那趟家庭旅行的车上时光毫无乐趣可言，它只是到达终点的一种无聊手段而已。一旦到达那儿，不论是哪儿，他们才会感到快乐。还没到吗？那就不快乐！

我们并非坐在家庭小汽车后座上不满足的孩子，但是有多少人在自己的人生中，尤其是职业生涯中，过着那样的日子呢？

我们是不是也在经常等待到达目的地？那个我们等之又等的魔法之地，那个我们最终会感到满足和幸福的地方。我们常常以为，一旦我们有了一份更好的工作，赚到了更多钱，获得升职，我们最终就会到达一个全新的、不同的、神奇的、更好的地方。有多少人因为这种想法而深感不快？事实是，当我们一辈子都在等待着实现某个目标时，我们唯一的结局就是被困住。

接下来要说的话很重要：无论你处在职业生涯的什么阶段，无论你正从事何种工作，这都已经足够好了。至少在当下是如此。

不是永远，就当下而言。

这难道不是一种慰藉吗？“当下足够好”是本书想要重新界定的重要观念之一。培养这种认知并不意味着你的人生或职业不能变得更好，或者事情永远不会改变，也不是说你会停止学习和成长。相反，将我们的内在叙事转变为“当下足够好”，才能使得外部环境中的一切改变皆有可能。

但是让我们面对现实吧！在这个社会里，来自媒体、文化以及外部环境的信息都在告诉我们：适可而止永远不够。你脑海里那个喋喋不休的声音，那个将自己和他人做比较的声音，一直在告诉你：别人拥有更多，如果我也拥有更多，我会更开心。你很确定别人已经比你拥有更多，你正在错失机会。你知道我们说的是什么声音，它一直在你的脑海中循环播放。

这种总是需要“更多”或是想要“更多”的想法会让我们极度不开心，甚至有点儿抓狂。当我们总是追求更好的工作、更豪华的汽车、更宽敞的房子、更大的城市时，我们的脚步就永不停歇，永不。这个问题还不仅限于“东西”。你可能无休止地追求更多的平和、更多的正念或是更多的慈悲，就像追求更多的财富一样，容易深陷其中。这也许是一场更加高尚的比赛，但它仍然是一段令人沮丧的旅程，永远没有终点。这种永不满足、想要更多、不够完美的心态会毁掉你生活中的一切。

心理学家用一个术语来形容这种无休止地追求“更多”的状态——“享乐跑步机”（享乐即追求快感）。在我们看来，享乐跑步机描述了一个沉迷于新体验和获得新事物的过程。就像所有上瘾行为一样，每一次新的“快感”都伴随大量快乐的大脑化学物质，这些化学物质会很快消失，并产生对下一次“修复”这种失去的快感的需要。而每次的快感都要比上一次弱一点儿，让寻求快感的人在享乐跑步机上越跑越快，强迫性地寻找更多、更刺激的快感。但问题是，你永远都无法重复第一次体验到的“快感”。每一件新事物、每一次新体验，都会给你带来一阵很棒的感觉，然后那种感觉就会消失。在争夺“更多”的战斗中，你永远不可能赢。相信我们，在享乐跑步机上的旅程很少有好的结局。

真正的问题不在于你有多少钱、时间、权力、影响、意义、地位、退休金、______（填上你最想要更多的钟爱之物）。真正的问题是：当下怎么样？

一个没有人生设计思维的人，沉湎于“不够好”的泳池尽头，对自己所拥有的一切都不太满意，对刚刚那个问题一遍又一遍地给出重复的答案：“不怎么样。我们还没到吗？”

同样的问题如果问有人生设计思维的人，那么他会说：“生活是美好的。[8] 当然，我还在学着感恩，学着管理我的健康/工作/游戏/爱情仪表盘。我一直努力在工作中做出更有意义的贡献。老实说，一切都还不错，我对我眼下所拥有的一切很满意。我已经得到了我想要的，我很知足了。”

两者最大的区别就在于：那些有人生设计思维的人已经找到了摆脱“更多”享乐跑步机的方法，他们以一种知足常乐的心态生活，这就很好。

大量证据表明，世上许多的不快乐来自我们没有意识到自己拥有的已经足够，在许多情况下甚至已经超出了我们的需要。这种不快乐有很多种形式，但它几乎总是表现为你需要……

更多的钱

更多的认可

更高的社会地位

更多的社交网络粉丝

更多的乐趣……

那么，哪些信号可能已经在警告你，你可能正在享乐跑步机上无所事事呢？如果你发现自己坐在新沙发上，看着大屏幕电视，听着功率 1 000 瓦的超级 7.1 环绕立体声音响，却还是感到孤独，这就是一个警告信号；如果你在将照片发布到社交网站之前花了一个小时来修图，试图让你的生活看起来比实际中的更有魅力，这也是一个警告信号；如果你发现自己在附近的购物中心四处游荡，想买点儿什么却觉得没什么值得买的，无聊得要死，想知道自己是怎么走进这家商场的，又找不到这一切的意义所在——这也是一个警告信号。关掉电脑，把智能手机调成静音。跑步（而不是走）去最近的海滩、森林看美丽的日落，停下来，休息一下，四处看看。为了增加仪式感，带上某个朋友、家人，或者任何你爱的人。这是个好主意，因为这会时不时地提醒我们自己，这才是真实的，这才是生活的真谛。

在过去的 20 年里，来自马丁·塞利格曼、米哈里·契克森米哈赖、丹尼尔·戈尔曼等人的积极心理学研究发现，幸福并非来自拥有"更多"。对彩票中奖者的研究表明，在一年之后，这些更富有的人并不比中奖前更幸福。[9] 研究还发现快乐的人会享受得到的东西，而不是浪费时间去操心如何得到他们并不需要的东西。研究已经充分表明，幸福生活的秘诀之一就是学会享受你所拥有的。[10]

哈佛大学的"格兰特研究"是西方社会一项时间跨度极长的成人发展研究，它发现了幸福生活的另一个秘密。这项历时 70 多年的研究发现，幸福与你挣多少钱、你的社会地位，或其他衡量成功的外部指标之间没有必然的关系。（当然，这是假设你能谋生并能够维持基本生活——过了这个阶段，科学证明金钱就没有那么重要了。）让生活有意义，让你的幸福和寿命最大化的是人际关系——你爱谁，谁爱你。为他人做一些好事和活得更长久、更健康之间具有强相关性。最后一位负责格兰特研究的哈佛大学心理学家乔治·维兰特用一句话概括了整个研究，他说："幸福就是爱。句号。"[11]

因此，当设计能够让自己投入的工作时，请记住，我们是人类，我们在与同类共事时表现最佳。人际关系、俱乐部、教堂、社区，这才是让世界运转的真正原因。与人而不是与事物建立关系，是让你摆脱享乐跑步机的一种方式。

"当下足够好"为发展和改变提供了更多可能性，但其目标并不是为了改变而改变，获得"更多"也不是其首要任务。这是一种强有力的观点，让你可以明白自己的生活需要什么，想要邀请什么人或事进入你的生活。

与此同时，这也是当下能够最大程度提高你工作幸福感的方法。此时此刻，无论你的生活中发生了什么，你都可以摆脱自己目前"闷闷不乐、无所事事"的工作状态。调整心态为"知足常乐"，就可以将已经获得的快乐最大化。

加思的知足常乐

加思以为自己什么都做对了。他研究了行业，调查了公司，并且与公司里所有合适的人都聊了聊。他的面试非常顺利，当然，他的前任，一位女士没有给他回电话。由于他交谈过的每个人都给了他积极的回应，所以他接受了这份工作邀请。现在，加思正式担任一家大型电信集团公司的营销经理，负责多个产品线。加思很开心。

在他上班的第二天，那个在面试过程中始终没有回他电话的难以捉摸的女人终于给他回了电话。

“你真的很难找啊。”加思说。

“呃，你不知道为什么吗?”她回答。

那一刻，加思坐在他崭新的办公室的崭新办公桌旁，胃里开始翻腾。他深吸了一口气。“不，我不知道，”他说，“为什么呀?”

“他们不让我和你说话，因为他们知道我会如实相告，和你说你现在的工作有多糟糕，和看起来的完全不是一回事儿。我真是躲都来不及!”

加思听着她解释公司的真实情况，点滴细数他将要面临的混乱局面。[12]她说她很高兴被调离了该州，倒不是因为她想搬家，而是只要她能摆脱这份工作，让她去哪儿都可以。现在这份工作成了加思的工作。

加思发现自己陷入了我们能够想象的最糟境地。他基于已有的信息，判断新工作会很不错，自认为做了一个很好的选择。他根据所掌握的信息做了最佳决定。他不该因为某些重要信息被故意隐瞒而责怪自己。斯坦福大学教授罗恩·霍华德被认为是决策分析之父，他说:“切勿将决策的质量与结果的质量混为一谈，它们实际上是两回事。你唯一能控制的就是你调研的质量和最终决定的质量。”这是关于决策的重要见解，值得铭记。当然，加思知道自己有麻烦了。

加思挂掉了电话，垂下了头。他不知道该怎么办。他觉得不应该辞职，毕竟这才是他工作的第二天。他刚当上爸爸，和妻子一起买了新房子。在房子和孩子之间，除了账单还是账单。他很清楚，如果没有这份工作带来的收入，他就不能养家糊口，如果他现在就辞职，那么他又如何向未来的雇主解释简历上快速离职的经历呢？他已在业内公开宣布了入职的事，任何新雇主肯定都会问发生了什么事。情况看起来很不妙。他有无数个理由不得不留下来。

他不得不硬撑下来。过了一段时间，他意识到他的前任所言不虚，这份工作糟糕透了。加思的老板也不是个好人，或者说离好人的标准相距甚远。情况已经很糟糕了，而且加思预测，随着时间的推移，情况只会越来越糟。

事情就是这样。

选择权在加思手里。

他可以选择每时每刻都沉浸在痛苦中。他可以为自己做的糟糕决定而自怨自艾（很遗憾，他没有上过霍华德教授关于决策和结果之间差异的课程）。他很容易就变成我们都认识的那种人——总是抱怨自己的工作、老板和公司，却从来不采取任何行动。又或者，他可以改变自己的观点，想办法让这份工作在“当下足够好”。于是他迈出了设计师们常走的第一步——接受现状，并基于现状，设计自己的职业。

首先，他制订了一个计划，每三个小时进行一次积极的休息。他会从办公桌前站起来，在公司周围散散步，然后去自助餐厅买一个蛋筒冰激凌。他的体重增加了，但是他也发现了一些东西，这些东西能让他每隔几个小时就开心一下，并有助于他重新坐回办公桌前投入工作。有了这些安排好的休息时间，一天也就不那么难熬了，加思也不再觉得自己像是在坐牢了。

买个蛋筒冰激凌还是可行的。

这是第一个解决方案。

其次，加思环顾这家庞大而复杂的公司，发现他可以从这里的聪明人身上学到很多东西，尤其是那些市场部以外的人。他决定多去公司的其他部门走走，尽可能多地了解情况。他特别与销售部建立了联系，尽其所能学习电信销售方面一切可学的东西，结果发现在销售部结交朋友对他的营销工作很有帮助。

加思的工作仍然很烂，这不是他期望中的工作，但是加思保持好奇并与人交谈。因为他每天都在学习新事物，再加上薪水还算不错，每天的工作也能出色完成，他还能够接受“当下足够好”的观点。18 个月后——这个时长足够让他的简历看起来不那么糟糕——加思决定跳槽。由于他销售部朋友们的积极推荐，他在一家更好的公司里找到了一份更合适的工作。最后，他在离开时感觉很成功，因为他不仅积累了良好的人脉，还使自己的简历（灵魂）保持了良好记录。

“当下足够好”的思维帮助了加思，同样也可以帮助你，让你不再是一个在工作中无所事事的人，不再是一个统计数字，而是成为设计你的职业的人。

让我们把话说清楚——我们并不是要你自欺欺人，或是将就干一份糟糕的工作，甚至是一份不满意的工作。我们的建议是：改变你的观点，开始朝着更幸福的方向前进，最好不要等待他人他物改变。你无法控制他人，有时也无法控制自己的处境（想想加思就明白了）。当我们设计自己的职业时，可以从接受现实开始，然后找到一些小方法来重新调整我们的处境。我们可以保持好奇、与人交谈、不断尝试，然后开始讲一个新故事。在这个过程中，我们会发现自己更加投入、更有活力。这些都以拥有“当下足够好”的心态为前提。

不是永远。

只是当下。

重构而非重命名

需要明确的是，我们不是只告诉你审视事物的光明面，或是建议你盲目地相信一切都好。我们并没有忽略工作环境可能很糟糕的现实。“当下足够好”是一种重构，而非重命名。

重命名就是给原来的烂摊子贴上新标签。在一盒变质的牛奶盒侧边写上酸奶并不会让它变得美味。同样，给你艰难的工作环境贴上一个“足够好”的新标签也不会让它变得更好。加思不是这么做的，我们也不建议你这么做。

我们都听过这样的建议：尽可能地利用糟糕的情况。这个建议并不坏，但如果你只是尽可能地利用糟糕的情况，那你仍然处在糟糕的情况中，没有触及问题的本质，也没有创造改变情况的机会。也许你会更加熟练地处理糟糕的情况，这算是一种进步，但并不是很大的进步，并且随着时间的推移，情况会很难维持。

当你重构时，你实际上是在完全重新组织你对某种情况的感知（当然这意味着一个新的观点），这会从根本上改变你注意力的方向和行动的部署。而当它起作用时，会带来截然不同的故事和经历。

了解了重命名和重构之间的区别后，我们再来分析一下加思是如何用“当下足够好”重构自己的工作的。首先，加思接受了他的处境，然后将“从工作和老板那里得到满足”重构为“和有才华的人在一起，学习新事物”。他还在自己的处境中发现了对雇主（和自己）真正有价值的事情，并专注于此。（在加思的案例中，就是让营销部和销售部协同工作）。加思并非仅仅把一份差劲的工作重命名为快乐的工作，而是为自己的工作设计（重新设计）了一个全新的前景和框架。对于“最近怎样？”这样的问题，他可以回复“一切都好，谢谢”，这是他对重构现实的诚实回答。当然，这份工作中最糟糕的部分仍然存在，但是通过接受他的处境并转移注意力，加思重新塑造了自己的工作现实。

当然，重构思维并不总是能奏效。我们是现实主义者，我们充分理解，有时候你的生活真的不够好。悲剧时有发生，人们痛失所爱，陷入毫无乐趣或是虐待性的关系中，或是做着可怕且有损人格的工作。我们知道有时候情况就是糟糕透顶，有时候你必须采取行动。如果你正从事一份遭到虐待的工作，或是受到歧视，或者被要求做一些不道德、不合法的事情，或者两者兼而有之，那么一定要跑着离开，走都不行。人生苦短，无须忍受。

话说回来，如果只是一个平庸的差事，一份没有意思的工作，一个文化糟糕（或者根本没有文化）的公司，那么我们建议你坚持下去。相信我们，我们知道一些非常有效的方法，可以把一个糟糕的工作变得更好。

或者至少在当下将其变得足够好。

请记住，“当下”意味着希望，希望未来会有更好的结果，这就为我们提供了一个原型化的空间。这也是人生设计者的工作方式——他们接受现实情况或是手头工作，寻找一个新的框架。通过践行“不断尝试”的基本心态，他们进行原型构建，然后学习，再次构建。我们称此过程为“构建向前之路”，这几乎在任何情况下都有效。这是一步一个小脚印，最终让你走向大成功的过程。

（最坏的情况是：你每天都要吃一个蛋筒冰激凌。）

有时候最好的原型就是稍等一下。我们总是那么匆忙，再等一等往往会发现新的可能性，开辟前进的道路。

“足够好”总是相对于你的处境和需求而言的，“当下”也是相对的，而不断改变，向着更好的方向改变却几乎总是可能的。

当你像设计师一样思考时，你总是有选择的余地。

问问加思就知道了。

思维误区：要想职业生涯令人满意，我一定得“努力奋斗”，目标高远。

重新定义：“当下足够好”的秘诀是努力实践，不过要将标准调低，达成目标，如此循环，往复不断。

降低标准

你不喜欢自己的工作，也不怎么喜欢你的老板，你很无聊，觉得自己没有得到应有的重视。你知道自己工作过度，别人可能都不知道。你的第一个冲动就是辞职，重新来过。不跟任何人抱怨或是倾诉，直接切断所有退路，置之死地而后生。

这是一个办法。

本书则提供了许多其他办法。

设计思维可以改变你的工作，改变一切，包括你自己。这并不是说一切都会很容易，或是能很快达成目标，但我们确实认为它令人满意，并且非常可行。改变行为一向不易，接受和适应诸如不断尝试、重新定义问题这些新的设计师心态也不容易。世上并不存在沙赞那样的超级英雄，可以突然改变你的想法和行为。但我们确实从积极心理学家那里了解了方法，可以让行为改变变得更加容易。

据估计，新年刚过三个月，90% 的新年目标就已经宣告失败了。节食计划 2/3 以上都以失败告终，更别提购买 6 个月后便被扔进杂物抽屉的踏步追踪器和健身带了。[13] 在斯坦福大学人生设计实验室里，我们对这些现象进行了研究。行为改变实在不易，人们努力得太多，追求得太多，几乎每次都会失败。这也是许多人工作和生活不如意的另一个原因——他们认为自己必须做出重大改变。他们做出了尝试，但并没有成功。

还有另一种方法，叫作“降低标准”。

设定小目标

“降低标准”是基于一些优秀的心理学研究和行为改变模型而得出的方法。[14] 这些研究和模型表明，采取小而可行的步骤是建立新行为或新习惯的最佳方法。

假设你是一个典型的美国电视迷，你读了锻炼有益身心健康的研究文章，于是你决定开始跑步。你想将跑马拉松作为目标，但你也明白，跑马拉松这个目标太不现实了，很可能会失败。你想做出改变，并且方法得当，首先就要“接受”——这是你愿意努力去解决的问题，然后抱着努力实践的心态，拿出日历，圈出头两个星期，定下每天走 5 000 步的目标。你打开智能手机的计步器，记录每天走了多少步。这个目标不难实现（大多数人每天步行约 5 000 步），但它会让你养成留意自己每天走了多少步的习惯。留意是行为改变的一个重要因素。当你“接受”了自己正在努力实现的健身目标，并开始“留意”自己的进步时，你就已经迈出成功的第一步了。

一旦你成功完成了一周内每天步行 5 000 步的目标，就庆祝一下。对加思来说，他的庆祝方式是去吃冰激凌——你的庆祝方式可以比加思更健康一点儿。庆祝至关重要，因为它能让你的大脑产生一点儿多巴胺，作为成功实现转变的奖励。然后你可以提高目标，比如每天走 7 500 步，然后是每天走 1 万步。经过几周的 1 万步训练之后，你可以将目标改为“慢跑 0.25 英里①”。每隔两周，一旦你达成了先前的目标，就做出一个微小的、渐进式的改变。如果你落后了，也没问题，只要重新设定你的目标，重新开始就好，但是没有冰激凌奖励。你的大脑需要为搞砸事情付出代价。

现在你大概知道事情会如何发展了吧？在某个时刻，你就可以开始参加 5 千米慢跑竞赛，然后 10 千米，慢慢加码，逐步朝马拉松这个目标前进。报名参加比赛也会引入另一个行为转变的强大动力——责任感。最好和朋友一起报名参加这些比赛，然后达成共识，要一起完成比赛。研究表明，当我们有了责任感，我们实现承诺的可能性就会大大增加。承诺参加一场比赛，同意一起跑完马拉松全程，就是这个例子中责任感的体现。[15]

你真的会跑马拉松吗？也许会吧！但这不是重点。一路走来，你的目标可能会改变，这没关系。你可能需要 6 个月左右才能够达到一定的里程数，到那时候，跑马拉松可能也不再是你的目标，但重要的是，你已经建立了一种可靠的方法来做出行为转变。

从小事做起，将标准降低，开始尝试吧！

---

① 1 英里≈ 1.61 千米。——编者注

关注工作中的可行因素

在《斯坦福大学人生设计课》一书中，我们让读者尝试一项基础的自我意识练习，叫作“美好时光日志”。在这里，我们想请你试试这个练习的变体，我们称之为美好工作日志。它是一个简单的工具，用来关注和记录让你投入工作、受到激励，以及能让你进入“心流”状态的事。我们建议将其作为一种日常练习，坚持几个月，以便你可以更加可靠、准确地了解在你的职业生涯中，哪些事可行，哪些事不行。

美好工作日志的基本原则与美好时光日志相同，你在工作时观察并记录你的想法、情感和行为，然后记录你在职场和工作中所注意到的事项。我们列出了几类与“美好工作”相关的可“关注”事项，它们是：

我学到了什么？

我发起了什么？

我帮助了谁？

写下你对工作的观察，这个过程会让这些观察更加明确而具体。通过问“我关注到了什么”这样的问题，你可以看看是否有什么不寻常的事情发生。这会打破你对“今天过得如何？”这个问题的老套回答（还好吧，我想），让你更好地感知到底发生了什么。像美好时光日志和美好工作日志这样的练习可以帮助你意识到生活中哪些事行得通，哪些事行不通。随着时间的推移，这些练习将助力你朝着正确的方向前进。当你习惯于将标准降低，留意生活中可行的因素，逐步做一些微小但有益于改善情况的调整时，这一切就会给你的工作体验带来重大改变。

下面是一个美好工作日志的例子。（我们所有的工作表都可以从 www.designingyourwork.life 网站上下载。）你可以每天按这个表记录，然后“关注”你对表格中三个问题的回答：

表 1–1　设计你的工作表格

日期	我学到了什么？	我发起了什么？	我帮助了谁？
星期一	学习了如何在电子表格中创建数据透视表		
星期二	得知会计部的格拉迪斯第一次当祖母		帮助前台的约翰——给复印机里放了纸
星期三		组织大家为会计部的格拉迪斯写一张“祝贺卡片”	帮助清洁工人——地毯清洁工人来打扫时，我将所有的东西都放到了桌子上
星期四	学会如何根据正负值对电子表格中的单元格进行颜色编码	离开休息室时休息室更干净了	
星期五			向会计部的西莉亚演示如何有条件地将电子表格中的单元格进行颜色编码
奖励日	学会安装自行车车轮		向自行车俱乐部的朋友演示如何安装车轮
奖励日	学会通过手机拍照存入支票——不用跑一趟银行，耶！		向我的搭档演示了如何通过手机拍照存入支票

1. 我学到了什么？回想你的每一天、每一周，问问自己：我学到了什么？想一些小事、一些新鲜事。不一定非得是什么大事。可能是一个新的流程或程序，或是一种制作幻灯片的新方法，或是有关会计部格拉迪斯的新鲜事。也要注意我们所讲的“反学习”，你并没有增加新的知识，但是你发现某个你认为正确的知识实际是错的。比如说，你一直以为美国的国土面积比俄罗斯大，然后发现事实并非如此。（俄罗斯的国土面积约是美国的 1.8 倍。）

你以为没人会喜欢草莓味冰激凌，因为你不喜欢，结果你却发现它是第四大受欢迎的口味，仅次于香草、巧克力和奶油山核桃。（谁能想到奶油山核桃也会上榜？）科学研究发现，要想感觉工作称心，就必须每天学习。所以多多留意你每天都学到了什么吧！

2. 我发起了什么？为了让自己在工作中有设计师的感觉，大多数时候，你需要创造或发起某些事。当你主动采取一种行动，谋求一种改变，或是应用一种新的做事方式时，你就满足了心理学家所说的“天生需求”。这些需求是人类独有的。当你的天生需求得到满足时，会觉得你对自己的世界有了更多的控制权。最棒的是，这种需求你并不需要老板的批准就可以满足。主动做一些小事，一些你可以自己完成的事，你就会获得作为创造者的精神回报。比如组织大家为同事写一张生日卡片，下班时打扫一下休息室（让营地在你离开时比你来时更好），或是创建一个更棒的电子表格，用彩色标注最重要的单元格。设定一个目标，每周至少在工作中发起一件新鲜事。那种美好的感觉会让你很惊讶。如果你的新举措都没有引起同事们的注意，我们才会觉得奇怪呢！

3. 我帮助了谁？科学清楚地证明了帮助他人的价值。我们之前提到的哈佛大学格兰特研究发现，为他人服务与长寿和幸福有很强的相关性。就像我们内在的成长需求一样，人类对心理学家所讲的“关系需求”有天然的内在动机，我们称之为“对他人有用”。因此，每天或者至少每周一次，留意你为同事所做的事情。需要再次强调的是，哪怕是很小的事也可以。在复印机的纸快要用完之前给它续上纸张，减少同事的麻烦；在同事休假时帮他给植物浇水；帮助同事解决电子表格里奇怪的颜色编码问题；在夜班时给你的同事带杯咖啡；等等。这些微小的善意举动会在办公室里营造良好的互助氛围，并且有助于满足一种内在动机——一种你可能都不自知的动机。

在本章“不断尝试”部分，我们介绍了美好工作日志练习，并鼓励你至少尝试一个月。当你留意到自己正在学习新事物，正在办公室里做出有益的改变，正在帮助他人享受工作时，你可能也就注意到了自己对工作的满意度正在提高。更棒的是，你无须任何人的许可就可以开始做这些事情，你要做的改变完全由你掌控。

记住，从努力实践开始，降低标准，在完成一周的美好工作日志后给自己一个奖励。即使你一时失去动力也没关系，从上次中断的地方开始，重新设定目标，继续前进。

不过，少吃点儿奶油山核桃冰激凌吧！

反思时间

我们知道，你很难将工作和生活区分开来。这不仅仅是因为我们一生中要花很多时间在工作上，更是因为我们在家和在工作中的身份并没有多大不同（除非你是一名秘密间谍，或正在参与证人保护计划）。那些使我们快乐，给我们意义的东西，会从家里一直跟随我们到工作中，反之亦然。设计生活就是设计工作，设计工作也是设计生活。我们很少花时间去反思二者是一个整体。

你可能听说过“安息日”，这是犹太传统的一部分：每周休息一天，以便更充分地享受生活。大多数信仰和传统智慧都给出了类似的建议，每周后退一步，做些反思。这些传统促成了我们现代人将“周六”和“周日”作为周末休息日（尽管现在的许多人已经把周末变成了疯狂完成任务的日子）。

我们建议你在每周的一个非工作日（对大多数人而言就是周六或周日），抽出 5~10 分钟的时间来（仅此而已），做“第七日反思”练习。要想做好这件事，你必须了解我们对于“反思”的具体定义，以及为什么我们认为反思值得一试。

反思是确保你在工作和生活中获得更多收获的关键一步。

反思就是对一个想法或经验进行“思考”“思索”“冥想”。当我们使用“反思”这个术语时，就表明我们想安静而专注地关注某些想法或经验。

关于人生设计的反思有两种类型：

1. 回味

2. 洞察

“回味”是指回顾某次经历或某个想法，然后重新体验并重新感受它。你需要找一个安静舒适的地方，在一个可以全神贯注进行回忆的环境里回味。通过记忆和想象，你可以以自己的节奏来进行反思。因为回味事物本身就具有内在价值——所以回味反思就是关注有价值的事物，并给予它最真切、最专心的关注。这就是从你的生活中得到更多（而非塞进更多）的核心所在。通过回味反思，重新体验你的经历，你可以更加全面地参与你所反思的全部内容，无论是社会经历、运动锻炼、工作成就、艺术邂逅，还是新的商业理念。回味将使你的经历更深刻，将经历保存在你的记忆中，并深化你对这次经历为什么有价值的理解。瞧！只需要一点儿时间的投入，你就能得到更多东西——还是免费的！当然，如果你在日志中记录下你的回味反思，你在生活中获得更多意义的机会就会大大增加。这种练习回报多多，并且屡试不爽。

第二种反思的类型是洞察，它像一只更加难以捉摸的野兽，可能出现，也可能不出现。反思固然可以帮助你避免错失深刻的洞察，但你不能要求每次经历过后都会产生深刻的洞察。可以通过反思和回味我们的经历，激发洞察，增加深刻的洞察出现的概率。

洞察通常以一个问题开始。我们可以认为，洞察是与你自己以及你的内心世界进行的持续对话。洞察通常来自看到某次经历背后的“大局”，或是感受到某个更深层次的结构或情感框架，这使得那次经历更加重要。

以下是一个关于回味反思和洞察反思的例子。

在戴夫撰写本章的那一周，他去圣路易斯参加了一个为期三天的会议。在旅途中，他给妻子送了一束小插花。等他回到家时，妻子给了他一个深深的吻和一个拥抱，并对他说那些花对她有多珍贵。

在戴夫做“第七日反思”练习时，那次温暖的欢迎回家仪式浮现在他脑海里。那是一个短暂的时刻，但是当戴夫细细回味时，当他仔细地回忆起那一刻时，甜蜜的感觉更浓了。他想起了他有多爱他的妻子，有多高兴能和她结婚，有多幸运能拥有她作为挚爱。最初的拥抱和亲吻很美，但是反思时的回味让记忆更赞！

这次经历同样也伴随着洞察。作为一名作家，去世界各地旅行对戴夫来说是家常便饭，那些旅行盛大而令人兴奋，以至他经常忘记一些小事。对他的妻子而言，跟戴夫去布拉格为新书做宣传，和那束花一样让她兴奋。这种洞察简单而深刻：事物的情感价值与其大小不成正比。简单地说，就是永远不要忘记那些小事！

别忘了反思也是一种练习，这意味着定期进行反思才最有效。尝试几周“第七日反思”练习，然后花一点儿时间反思一下这个练习本身，看看它是如何对你起作用的。反思是一种有效的方法，可以训练你关注自己经历的能力。因此，继续努力吧，在你的经历里收获“更多”吧！

启用你的设计思维

职业设计是一个不断构建向前的路径的过程。从努力实践开始，行动起来就好。接受“当下足够好”的观点，现在就试试。不管工作中出现什么问题，去做一些事情来迎接挑战，接受你可以使工作在“当下足够好”的观念。找出你的“享乐跑步机”，解决它，用“降低标准”的方法改掉坏习惯和坏行为。养成每天写美好工作日志的习惯，每天留意生活中一两件积极的事，每周完成一次“第七日反思”练习。回味你的经历，然后深入挖掘其中的深刻洞察。你可能会发现，努力实践和重构的心态已经成了你的第二天性，这会让你以一种全新的方式体验你的工作——不论你从事的是何种工作。你会开始留意自己是多么轻松惬意、精力充沛，你能更好地处理与其他人的关系，对出现在周围的机会也会更好地把握。很快，“当下足够好”就会真的变成感觉很好了。这是因为你不再坐在生活的后座上问：“我们还没到吗？”

现在你已坐在驾驶位上，运用设计思维，准备好从你所在的位置出发了。

不断尝试

微目标练习

1. 选择一个你想改变的坏习惯，或者一个你希望变成日常生活一部分的新习惯或新行为。（多锻炼，开始正念练习，拥有一个永远一尘不染的厨房，等等。）
2. 设定一些远大的目标。为最终目标写下清晰的、可衡量的标准。（例如：我每周有规律地进行三个小时的有氧运动；我每隔一天就有规律地冥想30分钟；我保证睡前水槽里没有碗碟，厨房总是干净的；我已经为迎接第二天清晨做好了准备。）
3. 将远大的目标变成你“故事”的一部分。如果想让这种新行为变成你日常生活的一部分，那么最好能写下你能得到的东西及其在情感方面的好处。（例如，我会拥有更好的健康和睡眠，对自己的外表感觉良好；我会拥有一种平静且专注的生活方式，更好地管理我的愤怒；我会得到一个诱人的厨房，每天为家人做营养餐。）
4. 利用“微目标”悄悄地进行改变。计划前8周的微目标（建立一个新常态大约需要8周时间），旨在朝着大目标迈进一步

（大约 20%？）。每周的微目标尽量设定得简单一些，确保你能完成才好。无论你设定的目标是什么，你都要能衡量结果。

5. 确保在实现了微目标后定期奖励一下自己。

6. 如果你没达成定下的小目标，就不要奖励自己了，但是也不要评判自己。改变很难，如果你完成了 70% 的目标，你就做得很好了，并且会越来越好。你只需要重设目标，回到正轨。

7. 在第 8 周结束时，评估你实现目标的进度。如果你已经完成了大部分目标（还是 70% 原则），恭喜你！现在你对自己完成目标的进度充满信心了，继续加油吧！再接着设定下一个 8 周的微目标，重复之前的练习。

你可能会受到诱惑，想增加微目标的难度。一定要小心，这可能会导致整个过程的失败。要记住，这是“降低标准”的方法。测试微目标是否合适的方法很简单：它应该看起来很容易，你应该确保能做到。随着你在这个过程中不断收获信心，达成更大的目标可能会变得更容易。目标定得小没关系，但是一定要相信你的直觉，不要过度设置你的目标。保持耐心，不断通过一些小成功（和庆祝）来强化你的进步。

我们都听过这样一句话：“想要改变世界，请先改变自己。”

我们说：“去努力改变世界，改变自己，从一次一个小目标做起。”

美好工作日志

1. 使用我们提供给你的工作表（你自制的表也可以）完成你每天的日志。关注你“学习”、“发起”和“帮助”的时刻。试着每天记录，或者至少每隔几天记录一次，每周不少于一次。

2. 坚持记录3~4周。

3. 每周末，记下你的观察结果，然后问问自己："我观察到了什么？"

4. 你的观察结果有什么令人惊讶的地方吗？

5. 你有没有发现"学习"、"发起"和"帮助"这三类事中哪一类更多？如果某类事明显更多，那么你认为这意味着什么？

6. 如果你发现三类事中的某一类经常缺失，请制订一个计划来促进你下周将进行的"学习"、"发起"或"帮助"训练。

7. 体会一下这种干预带给你的感受，并在日志中记录下来。

表1-2 记录你的一周美好工作日志

用这张工作表反思你的一天和一周，问自己三个问题：我学到了什么？我发起了什么？我帮助了谁？研究表明，关注这些事情将有助于你从工作中获得更多，并让你在工作中更投入。尽量保证每天至少有一条记录。

日期	我学到了什么？	我发起了什么？	我帮到了谁？
星期一			
星期二			
星期三			
星期四			
星期五			
奖励日			
奖励日			

“第七日反思”练习

这是一个简单的四步练习，你可以每周做一次。我们建议你把这个练习作为一项日常练习，把练习的效用发挥到最大。

1. 静心

- 找一个你可以舒舒服服地坐上5~10分钟的安静处所，可以是桌子旁，也可以是任何可以写字的台面。（最好可以手写，如果你喜欢，打字也可以。）
- 闭上眼睛，深呼吸片刻。做3~4次深呼吸，让自己慢下来，庆幸自己还活着，拥有属于自己的安静时刻。

2. 回味

- 现在，闭上眼睛，让过去7天的记忆在你的脑海中流淌。与此同时，在过去的一周中寻找2~4个你被吸引或是心生感激的时刻。
- 注意：不要被问题、冲突、被遗忘的待办事项等“吸引”。大脑容易被这些东西吸引，当它们出现的时候（它们会出现的），告诉自己，改天再说，然后让它们过去。不要与之抗争或是试图解决它，两者都会吸引你所有的注意力。你要做的只是承认它，然后让它过去，回到你的反思中即可。是的，你需要一些练习才能掌握诀窍。
- 当你回顾过去的一周时，要特别留意这2~4个时刻，简要地为每个突出的时刻记下一两笔，这样你就不会失去它们。例如“可爱的售货员”“已完成的文章”“心平气和的老板”等。

3. 反思

- 当你拿到清单之后，再从头看一遍。
- 再次充分回味每个时刻，充分感受它们。
- 如果有某次经历特别吸引你，就在日志上多写几笔。无须长篇大论或是多么戏剧性的内容，只需一个关键点来记录那次经历即可。

4. 强化和保留

- 最后，强化你的反思，可以对自己说“我真为这些事情感到高兴”之类的话。记住这些，这就是美好的一周，也让“当下足够好”的心态发挥更加积极的作用。

就是这样！真的只需要5~10分钟。

奖励步骤——洞察

- 在你发现的那些时刻中，如果有些时刻提供了你想要记录的洞察或学习经验，也请写下来。
- 洞察并不总是会出现，但是当它们真的出现时，会让人感到惊喜，当它们出现时请务必抓住它们。

奖励步骤——故事思维

- 让生活发挥最大价值的一种方法是通过讲故事来分享生活。
- 如果你家中的其他人也在做此练习，你们就可以分享自己的反思。
- 我们大多数人都会被问道：“嘿，最近过得怎么样？”至少每周一次，甚至会更频繁。你可以在回答时讲一个你进行“第

> 七日反思”时的故事。“其实还不错！你知道吗，就在上周，杂货店的收银员跑到停车场去还我落在那儿的信用卡。是不是很赞?”

这个练习的作用是帮助你优化你的生活体验，使之对你有利。不管怎样，我们的注意力是有所选择的。问题是，我们大多数人都把注意力放在消极或是困难的事情上，这会对我们的记忆和心态产生消极的影响。

这个练习与假装或幻想无关，一切都是为了将现实以最大化的程度呈现。你一周中最美好的时刻是真实的，我们只是确保你能从中得到最大的收获。

2
金钱还是意义？

思维误区：我必须在金钱和意义之间做出选择，因为二者不可兼得！

重新定义：金钱与意义（如工作与生活的平衡）是错误的二分法。金钱和意义只是衡量价值的两种不同方式而已。

你是由金钱主导的还是由意义主导的？

这是一个令很多人困扰的问题和选择。

应该选哪个呢？是金钱，还是意义？

事实证明，没有正确的答案，因为这是一个错误的问题。

我们真的不喜欢错误的二分法，将两种东西互相对立，进行非此即彼的零和游戏。金钱与意义之争便是一种错误的二分法。虽然乍看起来，有意义的工作和赚大钱完全是两码事，而且经常互不相容，但是细看就会发现事实并非如此，或者说，不一定非得如此。

有些医生在美国乡村工作，挣钱很少，却很有意义；有些整形外科医生在洛杉矶做整形手术，挣钱很多，却没什么意义。

有些老师教一二年级的学生阅读已经40年了。我们就认识一位叫马里恩的老师，之前给比尔的女儿们上阅读课，最近刚刚退休。他们的人生充满了意义，挣的钱也刚好可以让他们过上舒适的生活，这足以支持他们对教学的热情。

有些私募股权投资大师赚了很多钱，然后斥巨资购买毒品和酒精放纵自己，或是购买一些他们不想要或不需要的东西来分散自己对无意义生活的注意力。

当然，也有些精疲力竭的教师失去了对教学的热爱；还有些私募股权投资人热爱自己的工作，在让资本更有效率及产生更大的效益的过程中，他们发现了意义。

对于金钱和意义之辩，答案没有对错。关键在于人生应具备一致性，也就是说，你的生活应符合你的价值观。为了做到这一点，你需要一种方法，知道自己何时走在正轨上，何时又偏离了轨道。

你需要创建自己的指南针。（如果你在《斯坦福大学人生设计课》一书中已经做过这项练习，可以跳过这一部分。）

工作观与人生观的一致性

工作观与人生观的一致性，意味着你可以清楚地将“你是谁？”“你信仰什么？”“你正在做什么？”这三件事联系起来。[16] 在《斯坦福大学人生设计课》一书中，我们解释了构建你的指南针所需的两样东西：工作观和人生观。

工作观并不是工作描述，更不是“我想要一间高级办公室和一辆公司配发的汽车”这样的愿望清单。工作观是一种宣言，是你定义“好工作”的价值观，是阐述你对工作整体看法的哲学思想。工作观可以解决如下问题：

- 为什么工作？
- 工作为了什么？
- 工作意味着什么？
- 工作与个人、他人以及社会有什么关联？
- 好工作或者所谓有价值的工作是什么？
- 工作和金钱有什么关系？
- 一个人的经历、成长、成就感和工作有什么关系？

人生观听起来似乎很高深，让人望而生畏，其实它只是你对一些问题的独特看法，比如，是什么赋予人生以意义？是什么让你的生活具有价值？人生观还可能涉及你的家庭或社区的其他成员。人生观可能有一种精神层面的成分，可以帮助我们定义什么是最重要的事情。它可以解决以下问题：

- 我为什么在这里？
- 生活的意义或者目的是什么？
- 个体和他人之间有什么关系？

- 家庭、国家和周围世界的融合点在哪里？
- 什么是善？什么是恶？
- 是否存在更高级的力量？比如上帝或者其他超自然的事物？

如果存在，这将对我的生活产生什么影响？

除了努力让人生观和工作观一致，拥有自己的清晰的工作观和人生观的另一个好理由，就是你不会意外地生活在别人的工作观或人生观中。这真的有可能发生，请相信我们。我们的头脑中往往有很多强有力的声音，这些声音无疑会表达我们的观点，告诉我们，我们将成为谁，要如何生活，要做什么工作。但是假如不够小心，我们在最终航行时所用的指南针就可能并不是我们自己的。

一致性是这项练习的目标。例如，如果在你人生观的指导下，你认为让你的人生有意义的方法是花时间陪伴家人，但是你工作太忙，以至忘记了孩子的生日，而且你已经三周没有回复你兄弟的语音留言了，那么你的生活一定会因为缺乏这种一致性而产生压力。又比如说，如果你的工作观是应该为意义和价值而工作，而作为一个零工经济者，你发现大部分的高薪自由职业岗位都来自一家公司，而这家公司的产品你永远不会购买，因为它的产品正在破坏环境。如此一来，你就需要花费大量的时间来说服自己，你并不是那个卖空未来者。你看，这与你的人生观又不是很一致吧？

一致性并不意味着一切都会完美地融入你完美生活中完美的每一天，而是意味着你正在尽自己所能让你的人生观和工作观保持一致，不论你的人生观和工作观是什么。如果能清楚地看到“我们是谁？”“我们信仰什么？”“我们正在做什么？”之间的联系，我们就知道自己正在按照正确的航线行驶，我们的指南针起作用了。

工作观反思

写一小段工作观反思。我们不是让你写一篇学期论文，也不会给你打分，但是我们确实希望你认真地把自己的工作观写下来，而不只是在大脑中想一下。这个过程大约需要30分钟，写250字左右，一页纸以内就好。

人生观反思

和工作观一样，写一小段人生观反思，大约需要30分钟，250字左右即可。

唯一能错误地进行这些反思的方法，就是根本不进行反思。像设计师一样思考，保持好奇，看看你能发现什么。你无须将这些读给别人听（除非你愿意——分享的力量很强大）。做就是了！如果你是那70%的消极怠工人群中的一员，请集中精力回答本章开头提到的重点问题，只需几分钟，你就可以找到问题的症结所在。

说真的，现在就开始做这个练习吧！写完工作观和人生观反思之后，看看二者之间是否存在互补的地方。留意你的生活哪里是一致的，而哪里又是不一致的。

准备好迎接“啊哈”的顿悟时刻。

我们也期待着。

酗酒者不应该在酒类商店工作

对戴夫而言，9岁时失去父亲令他感觉异常痛苦。他错过了在父亲陪伴下成长的时光，时至今日他仍然感到非常失落。从他小时候起（尽管他内心深处一直渴望成为海底探险家雅克·库斯托），每当有人问他长大后想成为什么样的人，他的回答总是一样的。

“我想当爸爸。”

这并非一个早熟孩子的可爱回答。戴夫真的很想当爸爸，不是随便哪种爸爸——他想当个好爸爸，那种花很多时间陪伴孩子的爸爸。他发誓永远不要成为那种只专注于事业的人，他的生活将一直与家庭息息相关。

然后他开始在硅谷的高科技企业工作。他很努力，每周工作五六十个小时，有时甚至达到 70 个小时。他有妻子和家庭，但他的工作要求他四处奔波。他错过了大部分家庭晚餐，很多时候，到了晚上 10 点——孩子们都上床睡觉了之后——他才到家。戴夫说他想多花点儿时间在家陪伴妻儿，但他的实际行为却并非如此。

戴夫为了早点儿回家想尽办法，但都没有奏效。当他听到同事说他是工作狂时，他很困惑。他并不像他所认识的“真正的”工作狂那样，对工作上瘾。工作狂只关心工作和金钱，戴夫不是那种人。

不过他确实过得像那种人。

他的生活缺乏一致性。

事实证明，戴夫其实患有注意力缺陷症，这意味着他很容易分心，也很容易对事物感兴趣。他的工作有很多有趣的事情要做，尤其是在飞速发展的硅谷，在这样一家快速成长的新兴技术公司里。所以，戴夫的情况很危险。

戴夫知道自己有问题，他并没有过上生活观与工作观一致的生活，因此他辞职了。他确信新工作能让他及时回家吃晚饭。

然而并没有。

他又尝试换了新老板、新职位，甚至尝试了一个新行业，他以为这样可以解决“工作过度”的问题。能试的他都试了，但无论戴夫去到哪里，他还是那个戴夫。他还是会一样长时间地努力工作，因为他对眼前每一次闪亮的新对话都同样感兴趣。他无法控制自己。

最可悲的是，即使在家，他也没有真正陪伴家人。儿子想跟他玩，他却累得在椅子上睡着了，不能陪儿子玩。戴夫已经完全背离了他长大后想当个好爸爸的愿望。这个问题需要重新构建，需要好好地重新构建。但他不知道该怎么办，他只知道他没有过上自己想要的一致性生活。

有时候，生活会以最出乎意料的方式介入，给你指明一条新路。戴夫的妈妈得了癌症，戴夫知道她时日不多，便请了假，此时他已经是公司市场部副总裁了，他想确保自己有时间专心照顾妈妈。几乎就从那时起，戴夫注意到事情开始变得有所不同。他和妈妈一起度过了一段美好的时光，他知道这样做是对的。他还很高兴地发现，他也有更多时间关注自己的家庭了。他的人生观和工作观开始变得一致，他成了自己想成为的人。

紧接着，其他事情陆续发生。一些以前的老板和其他公司的朋友开始给戴夫打电话，问他能否抽出几个小时或一两天的时间帮他们做一些小项目的咨询工作。他根据妈妈和家人的需求进行了权衡，拒绝了一些请求，同时也接受了一些请求。与全职工作不同的是，上班时，戴夫不可能拒绝任何项目，而咨询的工作给了他一种之前做全职工作时所没有的自由感。他之前也曾短暂地想过做一名独立的咨询顾问，但这个想法似乎有点儿吓人，他不确定这么做能否养活全家。但现在，他偶然地“原型化”了这种新的生活方式（那时戴夫并没有称之为原型化，但却一直在那么做），它看起来并没有那么可怕。他妈妈去世后，他本该回去工作，但他却再也没有回去。他成了一名全职顾问。虽然他放弃了高薪和漂亮的头衔，但他争取到了一些时间，可以指导儿子的棒球队，与家人一起度假，并在主日学校教书。戴夫认识到自己很擅长努力工作，喜欢做很多工作，但在公司里工作对他而言并不合适。戴夫适合零工经济的工作方式，甚至在零工经济出现之前，他就在以零工经济的方式工作了。

戴夫最终承认自己其实是个工作狂，倒不是因为他热爱工作，而是因为他压根儿停不下来。就像酗酒者可能不应该在酒类商店工作一样，像戴夫这样的工作狂也不应该在硅谷的初创公司里工作，因为那里的工作永远也不可能做完。作为一名咨询顾问，戴夫能够将他的工作观和生活观变得一致，他找到了一种方法来抑制自己过度工作的倾向。他再也没有回头。

创造一致性

几年前，在内华达州拉斯维加斯的一家快餐店等汉堡时，戴夫和他当时 19 岁的儿子与一名长途卡车司机闲聊。卡车司机夸耀地说:“我现在的生活无忧无虑，我过得比我认识的所有人都棒。”他接着说，在他多年独立、自由的卡车司机生涯中，他从不知道下一份工作来自何方，但他现在与一家公司签约，跑一条固定的路线，这种重新设计的生活真的很适合他。他的常规路线是每周驾驶 2 500 英里，从太平洋西北部开始，一直绕到西南部，然后回到他在怀俄明州乡下的家。在那里他有一个小农场，他每周有两天半的时间可以在自家的农场度过，并且每周都可以见到妻子和孩子。

多棒的工作和生活设计啊！他是戴夫见过的最幸福的人之一。他在谋生的同时可以享受工作，和家人一起想办法设计一份适合全家人的工作。他对戴夫的儿子来说是个好榜样。

你也许不是长途卡车司机，但如果那名卡车司机能设计出好的职业，你也可以。挑战在于如何遵循你的指南针并使其具有一致性，使你感觉自己的生活正在为你服务，就像戴夫讲述的故事中的卡车司机一样。

一个警告：在现代职场中，人们希望带给他们收入的工作也是可以创造意义的工作。你能在自己最关心的领域里发挥影响力，还有人因此付钱给你。对很多人来说，尤其是对千禧一代和Z世代的年轻人来说，这显然是完美的工作或为他们量身定做的工作。

这就是独角兽。

真的。

这些人似乎认为你应该能够发现自己的激情所在，并因此获得报酬，整天如此，每天如此，并且报酬还很丰厚。然而，大多数时候，这都是不可能的。大多数人，即使他们找到了自己的兴趣所在，也无法以此为生。

我们对这个世界的运作方式感到非常遗憾，但一致性的其中一部分就是要面对现实。所以，是时候接受另一种观点了，是时候打破这种关于工作的浪漫想法了，要记住，工作并不总是如人所愿。在19世纪和20世纪的大部分时间里，人们都在追求一种更简单的想法，即在一个地方赚钱，在另一个地方生活。这一直以来都是一种有效的生活方式，我们怀疑这也是当今大多数人的生活方式，只是人们不承认罢了——这也是使人们感到不快乐的部分原因。

举例来说，戴夫的“使命”除了要做个伟大的父亲（现在还要做个伟大的祖父），还包括帮助年轻人找到自己的生活方式和“使命”。但在戴夫职业生涯的大部分时间里，如前所述，他都以做顾问为生，帮助年轻人找到自己的生活方式只是他的业余爱好。事实上，他第一次因为做这项重要的工作而获得报酬是在斯坦福大学的人生设计实验室，那是他和比尔共同创立的实验室。

在本章接下来的部分，我们将致力于解决“金钱和意义”的两难问题（一劳永逸地解决），并帮你确定你希望在何地产生何种影响。

输出组合：金钱、影响力、表达力

我们都被问过这样一个问题：“你是做什么的？”（通常是那些无权过问的人问的，但这是另外一个问题。）不论这个问题是否让你感到不适——大多数人都不喜欢这个问题，但它确实引出了一个非常重要的话题。

你是做什么的？

这是一种重构——做某事本身就很了不起。设计师喜欢作为创作者的自己，我们也认为每个人都应该是创作者。现在的问题是你要做什么，而不是做多少。正如爱因斯坦所说：“不是所有可以衡量的东西都有价值，也不是所有有价值的东西都可以被衡量。”我们十分赞同这个观点，尤其是在“计算”金钱和意义方面。

我们希望你能以不同的角度来看待自己的输出，也就是说，要清楚自己衡量的是什么。

金钱和意义是输出的两种不同方式，让我们带上有智慧的创作者的帽子，解决金钱与意义的难题。让我们弄清楚如何衡量自己作为创作者在工作和生活中的价值。

在市场上，我们通常用“金钱”来衡量我们的输出。当人们问起一份工作时，总是会问：“这份工作你能挣多少钱？”你赚的钱越多，在就业领域就越成功，至少在大多数以营利为目的的“市场经济”中如此。

在非营利的世界，从现在起，我们称之为“创造不同的经济”，人们输出的是影响力。利润不是目标，目标是终结疟疾、教育孩子，或者改变世界。不管是为非营利性组织还是营利性组织工作，大多数人都关心自己在赚钱以及影响力方面是否成功。找到二者之间正确的结合方式并使之保持下去，有助于他们过上更有意义的生活。[17]

然而，这还不是全部。我们还发现，当人们确定了自己的工作观和人生观，创建了指南针后，更具创造性的生活总会以这样或那样的方式出现。大多数人，甚至那些不从事“创造性”工作的人，都希望自己在生活中能有更多的创造力。所以，将你内心的艺术家带到这个讨论中来是个好主意。当我们走出去与艺术家交谈，并对他们的需求表示共情时，他们告诉我们，他们重视“表达力”胜过一切，那是他们追踪自己创作的方式。

“我必须编写并表演我的戏剧。”

“我出版了我的诗集。”

“我画了一幅我非常喜欢的新画。”

在艺术领域或是“创意经济”中，将你的想法和创意成果展示给全世界的人看，这种价值就是一切。

金钱、影响力和表达力，这是人们衡量自己在工作和生活中输出的三种不同方式。这是一个很好的方法，可以衡量你有多成功。请注意，这并不是另一个错误的二分法，也不是一种非此即彼的情况。找到三个衡量指标的“组合”会增加你的成就感和幸福感，因此，找到你在当下的金钱、影响力和表达力的“组合”至关重要。

当你接通你的输出组合时，你的生活就处于和谐状态，听起来不错，氛围也会很好。获得正确的曲调、声音和氛围是音响师在进行音乐混音时所做的事情。他们使用的工具是混音板，看起来像下图这样：

图 2-1　音响师使用的混音板

优秀的音响师很擅长将几十首曲子正确地混合在一首好歌里。我们喜欢简单，幸运的是，我们认为只需要三首曲子就可以成功创造你的输出组合。这是我们输出组合仪表盘上的三首曲子。

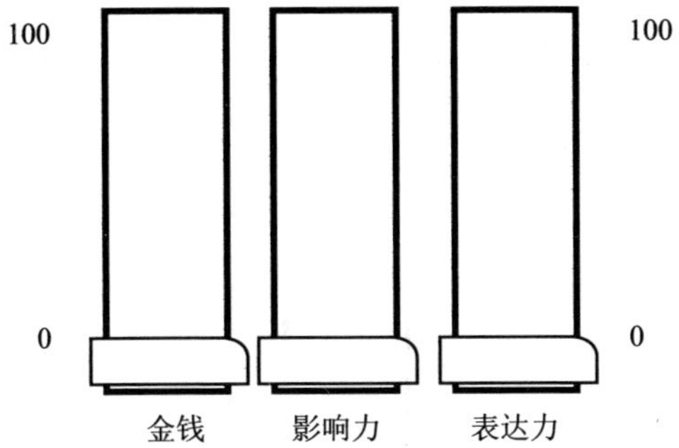

图 2-2　第一种输出组合仪表盘

这个仪表盘显示了我们建议你衡量和管理的三种输出：对于市场经济，我们衡量的是“万能的金钱”；对于“创造不同”经济，我们衡量的是影响力；而在创意经济里，我们衡量的则是表达力。和其他图形工具一样，我们的目标是帮助你梳理出其中的微妙之处，帮你了解自己当下在哪里，以及你希望自己明天在哪里。你可以直观地调整滑块，并不断调整金钱、影响力和表达力的组合，直到你感觉正确为止。你可以随时选择不同组合，决定权在你。量表只有 0~100 的范围，没有单位。你可以独立移动每个滑块。没错，我们知道可能会有重叠。你可以从你的影响力中获得报酬，如果卖掉你的艺术品，那么你也可以从你的表达力中获得报酬。这些都没关系，但是你画画不是为了赚钱，所以你的目的很重要。继续调整滑块，直到你觉得仪表盘看起来顺眼为止。

在比尔去斯坦福大学工作之前，他是一家咨询公司的总裁，手下有 40 人。他喜欢和客户一起工作，解决他们棘手的设计问题。有时他认为他们团队设计的产品会对世界有帮助，有时又觉得那些只是不错的产品设计而已。在咨询工作中，如果总是考量别人的想法，就很难控制影响力和表达力。他做这项工作主要是为了找到一种有趣的赚钱方式。在他的输出组合仪表盘中，可以看到金钱的分量远远超过了影响力和表达力。比尔对此并不介意，至少当时如此。

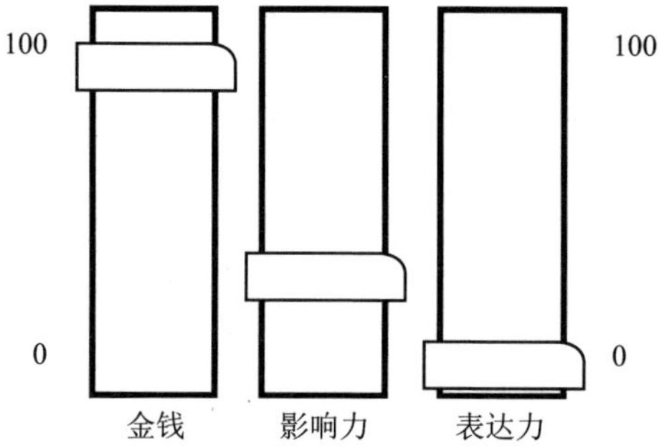

图 2–3　第二种输出组合仪表盘

接着比尔收到了斯坦福大学的工作邀请，他的输出组合仪表盘随之变为如下图所示。

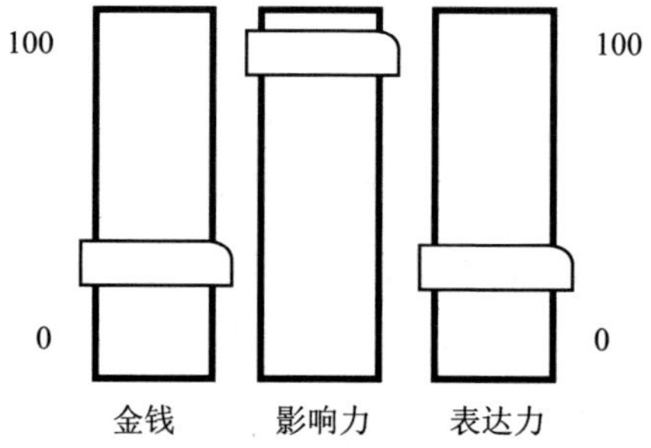

图 2–4　比尔目前的输出组合仪表盘

当比尔决定成为一名全职学者时，他的薪水减少了50%，所以他把仪表盘上的“金钱”这项设为30。与沃伦·巴菲特相比，比尔赚钱不算多，但是对比尔来说还不错，并且工作让他很开心。他在教学中发挥了巨大的影响，他的目标是培养1 000名聪明的设计师，时刻准备解决世界上的各种难题。他已经为这个目标努力了12年，现在离实现目标近在咫尺。“产生影响”这一点他基本已经做到了，在他的仪表盘中，影响力达到了可观的80。比尔未来的“工作”即将到来——在未来几年内，他计划到“创造表达”领域去做一名全职艺术家，靠写作和绘画“谋生”。现在，为了迎接这个未来，他在旧金山的道格派奇街区开设了一间工作室，这里离他家只有4个街区。他可以在两处轮换着过周末，精进他的写作和绘画技能。如今他的“表达力”在他的输出组合仪表盘中仍然处于低位，但这是他的选择，当下已经足够好了。

重申一下，你的目的是使生活具有一致性，让你的目标和人生阶段很好地契合。比尔和其他像他一样的人可以说是成功的，甚至是成绩斐然的，因为他们正在对自己的“创作者组合”做出有意识的选择。

我们相信，你职业生涯中的快乐来自给予关注。给予关注会帮助你理顺你的输出组合。当你的输出组合混淆不清的时候，麻烦就来了。根据我们的经验，我们在工作坊和课堂上遇到的那些人之所以不快乐，就是因为他们混淆了衡量自己工作成果的不同要素。他们往往自相矛盾，与自己的目标背道而驰。

例如，不快乐的艺术家通常会把其表达力的价值与赚钱的价值混为一谈，并做出错误的比较：“我不快乐，因为我卖不出我的画。我希望我的表达力具有同等的金钱价值。”

再来看一个例子。一个为低收入社区的孩子们提供课外活动的非营利性组织的领导者，她策划的活动让孩子们远离街道上的小混混和帮派，因此具有很高的影响力，但是她却很不开心，因为她希望她赚的钱和软件工程师一样多。她将赚钱和创造影响混为一谈了。

反之亦然。我们在一家大型律师事务所里遇到了一个可怜的合伙人，他年收入达百万美元，却仍然不开心，因为他以为从事法律工作会丰富自己的内心（为正义和小人物而战），而实际上他的大部分报酬都来源于为开发自然资源的大型跨国公司撰写合同。

在上述例子中，他们的痛苦都源于使用了错误的标准来衡量自己的成功。当你接受并理解你正在玩的游戏时，你就会明白，应该根据游戏规则来衡量游戏回报的价值，无论是金钱、影响力还是表达力（不论你从事何种工作，往往都是这三者的某种结合）。

归根结底，就是要做出正确的选择，与你的指南针和价值观一致。许多成功而快乐的艺术家、诗人和作家，他们以绘画、作诗和写作为生。他们选择按照自己的方式做这些事情，而不是按照市场的方式。如果他们在乎金钱，也就是市场的价值衡量标准，他们就必须画出人们想要购买的东西。（小狗玩扑克牌的黑色丝绒画，有人要吗？）或者，他们必须写一些他们预计能够卖出去的故事。（过度注射肉毒杆菌的名人行为不端的故事，保证高点击率，有人要吗？）他们选择不这么做。他们选择忠于自己的灵感和热爱，尽管这种选择往往意味着他们无法将自己的艺术创作变现。而且，由于这是一种有意识且一致的生活设计，他们对此表示接受，至少比那个丑陋的丝绒狗的画更能让他们接受。

如果这是你的选择，有了这些你选择的东西，你的生活可以过得很好，甚至很棒。

没有任何内在原因能阻止你拥有金钱、影响力和表达力，或者至少在某种程度上拥有这些。人们总是这样做，他们设计巧妙又易变通的方案，将他们对影响力和表达力的需求与靠做自己喜欢的事谋生的方式结合起来。他们会在他们的社区里成立本地艺术团体或是工艺美术工作室。这些企业通常是非营利性组织，其本质是关于影响力的。在为社区提供有价值的创意服务的同时，艺术家创始人有机会创作自己的作品，以满足他们对表达力的需求。更棒的是，这些聪明的、有影响力的、富有表现力的人，也会被热爱艺术的人包围。

我们的朋友詹姆斯是一名音乐工作者，除了写作和表演自己的歌曲（为了表达），他还在其他三个乐队参与演奏，并为商业广告录制歌曲（为了赚钱）。詹姆斯喜欢说："这可能意味着在一场又一场的婚礼上一遍又一遍地演奏惠特尼·休斯顿的专辑主打歌曲，但即便如此，我宁愿选择这样的日子，也不要从事一份普通的工作。"他汽车保险杠的贴纸上写着："玩音乐最糟的一天也比坐在办公室里最好的一天更好。"

对比尔来说，当他成为一名全职艺术家后，他的输出组合仪表盘将会如下图所示，表达力将成为他"最响亮"的音轨。也就是说，他大部分时间都会在工作室里画画、写作，这就是他（接下来）关于成功的想法。

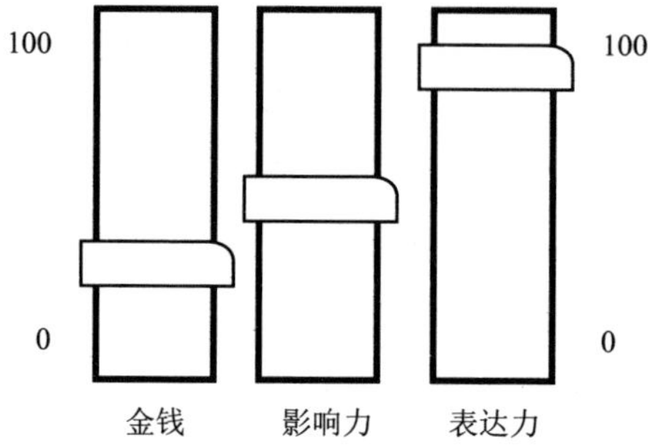

图 2-5　比尔未来的输出组合仪表盘

最后，值得重申的是，这一切都与你在这个世界上的“输出”有关，而金钱、影响力和表达力是衡量你“输出”的三种重要方式。因此，请注意你目前的位置，为你的梦想设定一个目标，然后去努力实现它。

思维误区：我不能以艺术家、舞蹈家、歌手、画家……为生。

重新定义：我知道将金钱与意义的问题进行二分法式的划分是错误的，我不会让市场定义我是谁，我创造了什么。我的金钱、影响力和自我表达如何组合，由我决定。

影响力图谱

我们认识成千上万正在设计职业的人，其中许多人都在为以下三个问题烦恼：

这里真的适合我吗？

我所在的职位/行业/公司真的适合我吗?

这真是我想要做出的正确贡献和影响吗?

这些问题都与你正在扮演的角色以及你的影响力来自何处有关。可能是你在工作中的角色，在非营利性组织中的角色，或者在没有报酬，甚至连工作都算不上的事情中的角色有关。如果我们寻求一种一致性的人生、一种和谐的人生，那么在我们寻找的人生中，你也应该可以感受到自己的影响。因此，我们真的应该密切关注我们在做的事，我们在这个世界上扮演的角色，以及这一角色如何能实现我们所寻求的影响力。当我们问他人，什么使他们的工作或角色有意义时，他们都说，自己所做的工作能给世界带来积极影响。他们只是不确定自己是否做到了。

为此，我们设计了一种工具，可以帮助你确定影响力的类型和范围。我们称之为“影响力图谱”，它看起来如下：

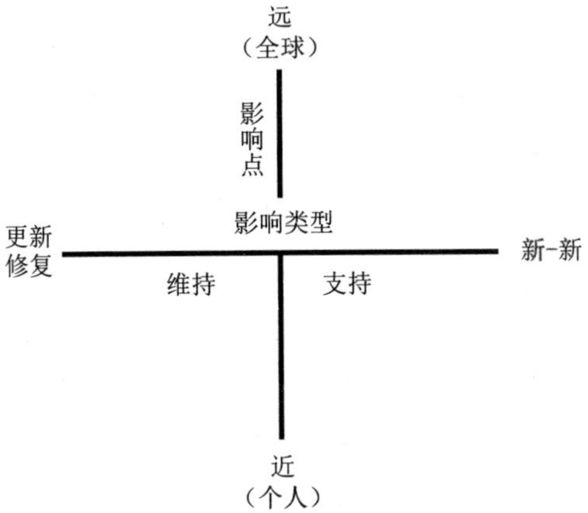

图 2-6　影响力图谱

这张图上有两个轴：横轴是“影响类型”，纵轴是“影响点”，在图中，基本上有三种不同类型的影响，它们之间没有好坏之分，但是性质有所不同。

- 更新和修复事物
- 维持和支持事物
- 创造“新–新”事物

如果你正在更新和修复事物，你就在重建或修复这个世界现有的系统和工作。如果你正在维持和支持事物，你就在参与管理世界的系统，并确保它们运行良好。如果你正在创造“新–新”事物，你就在创造一个全新的流程或系统。这三种不同的影响方式沿着这幅图的横轴绘制。

在纵轴上绘制了影响点，即我们接触世界的地点。这些地点可能离我们很近（个人影响），也可能离我们很远（全球影响），是我们与世界发生联系的地方。最近的个人影响点是一对一的，表现为与另一个人一起解决问题或提供服务。往上一层是和一组人一起工作，再往上一层是和一个机构或组织的人一起工作。在纵轴上，影响力的最高点是全球层面的工作。

正如我们所说，这张图上的象限并无好坏之分，就是一些你曾经工作过的地方，或者扮演过某种角色的地方。不论是营利性组织还是非营利性组织，任何组织都可以被映射到影响力图谱上，你所扮演的每个角色都能在图上找到相应的位置。这张影响力图谱可以帮你梳理出一些关于你过去工作的信息，目的是帮助你看到一个模式，一个能够代表你最满意的角色的模式。

我们认识一位投资银行的分析师，她的工作是根据货币评估系统对公司进行分析。从维持和支持银行业务并使其更有效地运转的角度看，她对这份工作表示非常满意。她的工作角色的作用是在机构层面提供支持。盖茨基金会疟疾项目经理的工作是管理这个项目，使地球永远摆脱疟疾。这是在全球层面上改善和修复世界。如果你喜欢在大型机构中工作，盖茨基金会疟疾项目经理会是个相当令人满意的角色。脑外科医生也在修复一些东西，一些非常非常重要的东西，例如切除脑部肿瘤。但是他们只能在个人层面工作，他们没有创造什么新东西，也没有发明什么新的外科技术，所以他们的角色位于影响力图谱的左下角。但是医生的病人告诉他，他对他们的生活产生了“重大影响”！或者，拿无家可归者救助中心的厨师来说，他在照顾那些真正有麻烦的人，给他们提供食物，他正在解决饥饿问题，一次帮助一个无家可归的人。但是他也在和一小群人一起工作，教他们如何做饭，所以他的角色位于图中的修复和支持部分之间。谷歌自动驾驶汽车开发项目的工程师正在努力让数百万人无须手动驾驶，她正在创造一种全新的出行方式，一种前所未有的方式。她的角色位于图中“新-新”的顶端，具有半全球化规模（还没有完全全球化，仍然有很多地方因为没有修路，人们无法顺利到达）。

当我们在斯坦福大学教书时，我们正在做一件相当新的事情。我们谈论的东西——人生设计——在大多数大学都是相当新的概念，我们会把它放在横轴“新-新”的那一端，影响点则放在“群体”这一级。与此同时，我们也会花时间与全美各地的教育工作者沟通，并开办工作坊来培训其他大学的老师，让他们在自己的学校教授《斯坦福大学人生设计课》。在大多数高校，这种人生设计课绝对是前卫的，所以这是一个新-新事物。我们现在的培训规模也正在扩大，并扩展到机构层面，人生设计实验室正在培训来自其他高校的数百名教育家和管理者，期待为高等教育带来一点儿改变。作为作者，我们的书已在全球范围内出版。因此，你可以在影响力图谱上看到我们扮演的不同角色。

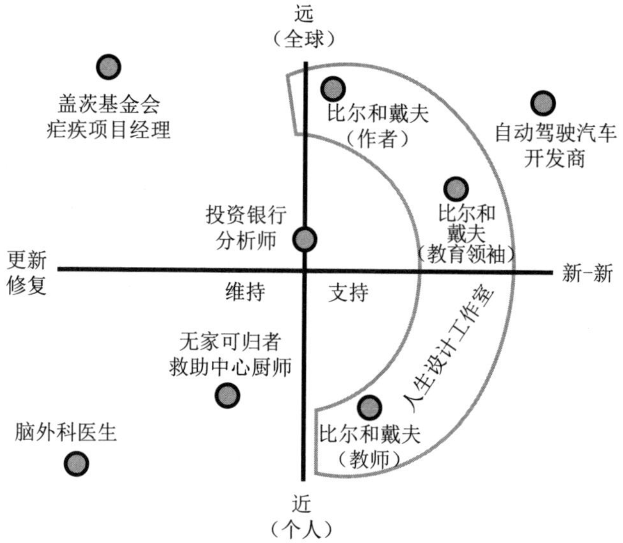

图 2–7　我们在影响力图谱上扮演不同角色

通过上述示例可以看出，你可以将你曾扮演的角色放在几个不同的位置，你也可能在当前的工作中扮演多个角色。绘制你的影响类型和影响点的目标，是为了看看有无任何模式可以解释你对不同角色影响力的定义和体验，以及随着时间的推移，影响力可能会如何变化。

例如，当我们采访无家可归者救助中心的厨师时，他很清楚自己需要与服务对象进行一对一的联系，这样才能感受到自己的影响力。“我曾尝试在机构的管理层工作，有一段时间，我当过食物银行的主管，那是个非常重要的角色。我筹集了资金，提高了大家对无家可归者问题的关注度，这可能比我的厨师工作能养活更多人。但这对我不起作用，所以我自愿降职，重新成为一名厨师，这样我就能看到那些人在吃我做的饭时脸上的喜悦。当你帮助一个无家可归的人时，不仅仅是给他们一碗汤，还帮助他们学会为200个人做汤，这相当于给了他们持久的希望和爱。感觉到自己有影响力，这对我很重要。”

可以想象，如果我们与盖茨基金会疟疾研究项目经理交谈，他可能会说：“我非常钦佩亲自前往非洲的人，他们在农村工作，给那些疟疾高发地区的人们发放蚊帐。他们在艰苦的地方表现出色，但那不是我的工作。我正努力确保比尔和梅琳达拨给这项事业的数百万美元得到高效的使用，这是我的影响力发挥作用的方式。我擅长处理数字和系统性的工作，在基金会项目中做专业程序管理员，我的标志性优势能得到最大限度发挥，这就是我的职责。”

所以你看，两个人，两个角色，他们各自有着不同的影响类型和影响点，并且两个人都对自己的工作非常满意。我们也希望你能满意，所以稍后，当进入本章的“不断尝试”部分时，我们邀请你绘制自己的影响力图谱，看看结果会是怎样的。

你在世界上创造了什么？你想要在哪里产生影响？对这些问题有了更清晰的想法之后，我们仍然需要解决许多有趣的问题，才能让你对自己的工作满意，设计你想要的生活。

好消息是，设计师喜欢问题。

当设计师面对一个顽固的、重复出现或难以解决的问题时，首先要做的就是设计一个更好的问题，我们称之为“重新设计”。设计师总是这样做，你也可以。

不断尝试

注意：在你尝试输出组合仪表盘和影响力图谱这两个新工具之前，确保你有一个可靠的指南针。在建构你的工作观和人生观并检查二者之间的一致性时，你可以构建自己的指南针。工作观和人生观没有好坏之分，只要你所写的内容能够准确反映你的感受（实话实说，你所写的内容应该基于你现实的工作观和人生观，而不是你渴望的东西），这就是一个很好的开始。我们建议你每年都重新审视你的指南针，每当你考虑进行重大的改变时，比如换工作、换行业，或是搬到一个新的城市，又或者每当你开启人生新的篇章时，都重新审视一下你的指南针，因为一个精确的指南针在此时最有帮助。

有一个可靠的指南针在手，就可以试试接下来的两个练习，它们可以帮助你解决金钱、影响力和表达力的难题，并助你确定何处是你在世界上最有影响力的地方。

输出组合练习

1. 本练习的目的是对你现在的生活做一个主观评估，评估你的金钱情况、影响力情况和表达力情况，评估你的输出组合以及你的感受。可视化很简单：设置你的输出组合仪表盘，表明你当前生活的组合情况。请再次注意，没有正确的答案，任意组合就很好。不论是表达力很好金钱很少，还是金钱很多影响力很少，只要听起来正确或者看起来合拍，就说明你的仪表盘滑块位置没问题。请记住，你应基于你对“你在这里”这个状态的本能理解，来设置金钱/影响力/表达力输出组合仪表盘上滑块的位置。

2. 写几句话，说明你在金钱、影响力和表达力这三项指标方面的进展情况。

3. 根据你当前的情况调整每个滑块的位置。[18]

4. 问问自己对组合仪表盘的看法。

5. 现在开始打造你渴望的仪表盘，朝更好的平衡迈出可控的一步，最终带来更加连贯一致的生活。

6. 头脑风暴一下你想做出的简单改变，以此来调整你的“滑块”。

7. 提出一些简单的原型，你可以尝试稍微移动一下滑块，以更改组合中金钱、影响力和表达力的分配情况（请参阅第1章中的“降低标准”法）。

输出组合工作表

下面是输出组合仪表盘——对于市场经济，我们将调整金钱滑块；对于“创造不同”经济，我们将调整影响力滑块；对于创意经济，我们将调整表达力滑块。和其他图形工具一样，我们的目标是帮助你了解你当下所在的位置以及你明天希望到达的位置。你可以凭直觉移动滑块，不断调整金钱、影响力和表达力的组合，直到你感觉合适为止。没有单位，只有0~100的范围。

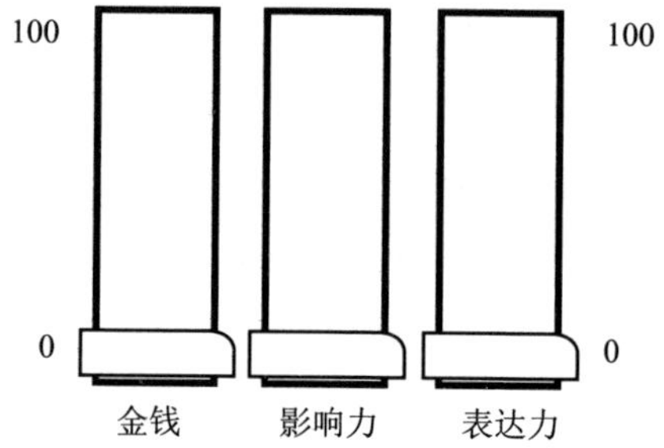

图 2–8　随意移动你的输出组合仪表盘滑块

现在就开始设计你未来想要的组合吧！你是不是正在用双倍的钱来偿还学生贷款？好吧，那就把金钱滑块往上推。还是说你正处于一个影响力和表达力直接和报酬的支付方式挂钩的人生阶段？无论哪种组合，适合你就好。

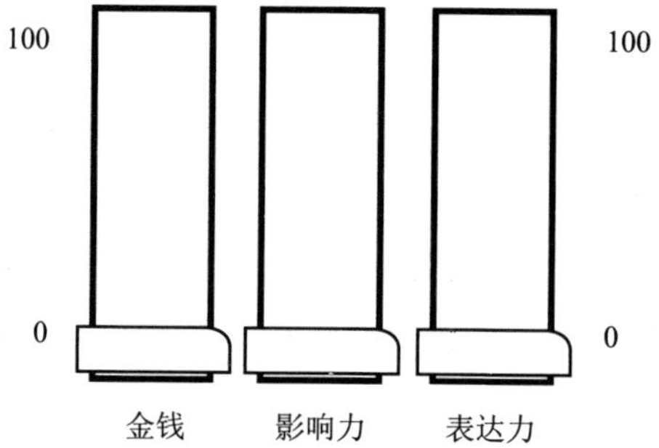

图 2–9　设计你的输出组合仪表盘

请写下三件事来帮助你朝着你喜欢的输出组合前进。

____

____

____

现在请走出去，尝试几个原型，然后重新制作你的输出组合仪表盘。你是否成功移动了其中某个滑块？有什么意想不到的事情发生吗？听起来怎么样？你现在的生活过得更好了吗？你是否开始意识到，你的生活需要更多的表达力？（毕竟，你是一个有创造力的人，不是吗？）你是否真正清楚金钱对你的重要性？（没你想象的那么重要！）你是否对自己答案中隐藏的享乐跑步机保持警惕？提示：享乐跑步机的负面影响通常与金钱的积累有关，所以要小心金钱这个滑块。

时不时地检查并更新一下这个简单的输出组合仪表盘，或者在你认为自己的人生一致性可能受到影响的时候，随时检查并更新仪表盘。在超忙碌的现代工作环境中，我们很容易脱离正轨。苏格拉底所说的“审视的生活”（值得一过的生活）需要定期审视，而设计金钱/影响力/表达力输出组合则是回答“过得怎么样？”这个问题的另一个好方法。

角色映射练习

影响力图谱

列出你的4~6个角色（过去、现在和未来可能的角色）。

在一份“工作”中，你或许要扮演好几个角色，每个角色在图谱上都有自己独特的位置。

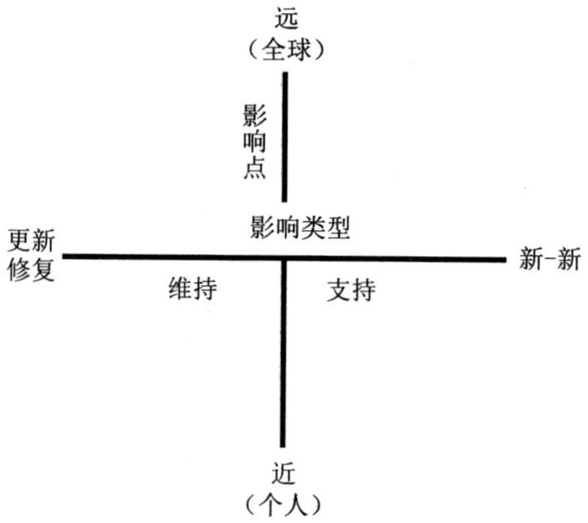

图 2-10　设计你的影响力图谱

反思：

你注意到了什么？

产生了什么洞察？

反映了什么问题？

1. 列出你可能扮演的4~6个角色。别忘了，你在工作中可能同时扮演多个角色。你可能既是制片助理又是策划人，同时还是企业文化委员会的委员。所以一定要列出所有的关键角色，还可以列出你曾经扮演的角色。事实上，想想你过去曾经扮演过的其他角色及其合适的位置也是个不错的主意，甚至还可以想想你一直希望扮演的未来角色。《斯坦福大学人生设计课》一书中讲过的"奥德赛计划"练习，就包括想象未来5年中3个完全不同的人生版本。如果你正在制订"奥德赛计划"，请确保在你的影响力图谱中包括每个人生版本中的角色。

2. 现在，在你影响力图谱的象限中找到你列出的每个角色。没有好的、更好的或者最好的象限之分。人们倾向于认为更大的影响力和创造"新-新"事物是更好的象限，其实不然。消灭疟疾的影响并不一定就比担任一名脑科医生的影响更大，尤其是对那些大脑疾病得到治疗的人而言，没有比这更大的影响了。影响力图谱上没有好坏之分。在横轴上，你在思考更新和修复、维持和支持，以及创造新的东西。在纵轴上，你的影响可以从亲密关系和个人关系扩大到全球层面。也许你是负责记录无家可归者个人情况的工作人员，那是一对一的影响。或者你在为无家可归者筹款，你的影响力正沿着纵轴一点点上升，朝区域层面的影响力前进。在联合国地下室一间没有窗户的办公室里制定防止非法性交易的政策，这将会在国家乃至全球层面产生影响，如果这份工作适合你的话，将会给你带来超强的满足感。我们的一个学生就经历了这样一个完整的变化过程。他曾是一名星巴克咖啡师（支持个人日常咖啡需求），后来成为一名911紧急调度员（扑灭小镇的火灾并打击犯罪），最终成为一名县级卫生政策制定者（想出新办法来提高5个城市和地区人们的健康水平）。没有好坏之分，只有合不合适。

3. 绘制完角色后，下一步是要关注（意识是任何改变过程的第一步），并问自己一些问题：

我留意到了什么？这些数据有什么规律吗？

这个练习使我有了怎样的洞察？

这个练习中出现了什么问题？现在我对什么更加好奇了？[19]

在审视自己的影响力图谱的过程中，你有没有发现一些适合你的角色信息？影响力图谱上有没有哪个角色是你从来都不喜欢的？或者有没有哪个角色是你之前认为不那么重要，现在却意识到实际上它是很有影响力的？如果所有你不喜欢的工作都集中在某一个象限里，那你就要重点关注了。在你的影响力图谱上写下你的反思。

你不是一个静态的物体。随着你的成长，你的需求和能力会发生变化，你感知影响力的方式也会发生变化。请对此项练习所揭示的内容保持好奇。如果你发现自己对某个象限有所偏向，例如，我很乐意在个人/“新-新”象限中完成所有工作，那就打听一下在这个象限中承担某个角色需要掌握哪些技能。

这个工具可以让你更清楚地了解如何设计自己的角色和工作，来确保自己体验到意义和影响力。你还可以用它来重新设计你正在扮演的角色，只需调整其衡量元素的数值或程度即可。

3
重新设计你的问题

思维误区：工作中的问题是无法克服的，我完全陷入了困境。

重新定义：我从未完全陷入困境，因为我知道如何将问题转化为最小可行问题。

我们正在努力设计一种更幸福的生活，一份更满意的工作。我们希望没有换工作、搬家或者减肥的烦恼。这意味着我们可能正在处理工作中的一些问题。我们不得不问：

问题是什么？

正如在上一章中所说的那样，设计师喜欢问题。我们可以坦诚地说，很多人可能会在错误的问题上耗费数天、数周、数月、数年，甚至数十年的时间。弄清楚哪个工作中的问题是你真正要解决的问题，可能是你在设计职业时需要做出的最重要的决定之一。

重构的艺术

很多技能有助于你有效地“发现问题”。所谓发现问题，即确定需要解决的最有效的问题，也就是那个能够让你最有机会得到许多优秀解决方案的问题。学会“重构”的艺术，发现更佳的问题，是你在进行人生设计时最关键的技能。伟大的设计师都擅长重构，他们总是不断地（甚至是令人恼火地）说：“嗯……如果我们从这个角度来看……”然后他们会描述一种看待手头问题的新方法。当你这样做时，可能的新解决方案就会立即浮出水面。

重构是一种技能，是一种设计的超能力。

总是有人问我们：“你们是怎么做到的？”

“这是魔法。”我们酷酷地回答。

好吧，其实并不是什么魔法。但是明明你好好的，却深陷某个问题无法自拔，突然走进来一个人，利用重构的艺术打破了一切，那时那个打破僵局的重构确实就像魔法，也使得重构者看起来像是终极魔法师。

重构到底是什么？就是重新来过，将已设计好的问题框架推倒重来。

当你定义问题时，你总是在“架构”它，在它周围放置一个框架（架构），给框架中有什么下定义，当然，有什么不在框架中也同样重要。问题一旦架构好，你就进入这个框架，开始着手解决它。

跳入框内：这就是人们一直努力“跳出思维的框框”的框框。俗语有言：“跳出思维的框框”听起来好像是一种完全不受约束的创造性的思维方式，即“无框思维”。其实并非如此。总会有个框架，必须得有，因为你的大脑不可能一下子覆盖整个宇宙。（要控制自己！）

创造力即你如何架构你的框框，如何在框框内“玩耍”。

第一步：接受总有一个框框存在的事实。

第二步：提醒自己，你在架构问题时设置了框框，当你需要新的、更能提供帮助的解决方案时，你可以随时改变架构。

最小可行问题

很多问题听起来似乎无法解决。例如，我们认识一个叫伯尼的人，他在一家大型陆运公司工作（我们无法告诉你是哪家）。尽管他喜欢他的工作，但有一个问题困扰了他很长一段时间。“我的老板就是个混蛋，”伯尼说，“我在这里辛勤工作永远不会得到任何赏识。”我们经常听到这样的问题，几乎都是类似这样的抱怨。但这是一个有问题的“问题”，需要将其重新进行架构。何为正确的重新架构将依具体情况而定。（顺便说一下，没有通用的架构，需始终依具体情况而定。）路德维希·密斯·凡德罗是一位非常著名的建筑师，也是世界上最早的设计学校之一——包豪斯的负责人，他有一句名言："上帝存在于细节之中。"

重构也存在于细节之中。

你可能听说过 MVP（Minimum Viable Product），意为最小可行产品，是创新和创业世界里的一个伟大创见。初创企业都知道，将任何新产品推向市场难之又难。你肯定不想难上加难，所以打造第一款产品时只需让其具有所有有价值的（可行的）特点即可，仅此而已。这是个好主意，也同样适用于重构，但这次我们将其称为 MAP（Minimum Actionable Problem），而非 MVP，意为最小可行问题。一旦你重构了那些恼人的大问题，将其变成最小可行问题，你就能解决一个更小、更容易处理的问题。

生活本身就已经够艰难了。真的。如果每个人的生活都很完美，工作也没有麻烦，就没人会读我们的书了。不要把你的问题扩大至不必要的程度，以免增加额外的负担。遇到问题时，你应该将标准降低并跨越过去，就像我们在第 1 章中讨论的那样，然后继续打泡、冲洗，如此往复。

我们发现，像伯尼遇到的那种所谓的不可逾越的问题，通常是（1）真正无法解决的问题，因此不是可行问题，只能接受。我们将这类问题称为"重力问题"，因为我们对重力无能为力，它就在那儿。或者是（2）架构不好的问题，这类问题我们可以重构，使其更具可操作性。

我们真正需要关注的是第二类问题，所以现在是时候学习重构的艺术，并且善用我们免费重来的机会了。你可能需要多尝试几次才能学会，不过总是可以熟能生巧的，就像所谓的魔法一样，你只要学会如何变戏法就好了。

聚焦——剥离冗余信息

戴夫担任独立管理顾问已经超过 25 年了，在任何项目开始时，进行彻底而深入的情况分析至关重要。戴夫算得上是情况分析方面的专家。多年来，他通过在该领域的实践，研究出了一套非常复杂的方法。他把整个过程归结为只问两个问题：

> 专家顾问戴夫的一号问题：怎么了？
>
> （然后他会倾听客户给他的很长的答案，沉思一会儿，然后问第二个问题。）
>
> 专家顾问戴夫的二号问题：好吧，到底怎么了？

仅此而已。真的。当人们陷入困境，压力重重时，要找到一号问题的答案并不难，而且这正是极佳的起点。戴夫会直接发问，然后开始记笔记。在听完客户短则三五分钟长则 45 分钟的回答之后，戴夫会进入咨询过程的战略重点环节，提出深入而富有洞见的后续问题：现在说说，到底怎么了？

几十年来，这一直是戴夫的二号问题。在大约 95% 的案例中，都可以在很短的时间内找到问题的根源。在大多数情况下，心理学家喜欢区分当前情况和潜在情况。一号问题主要针对当前情况，而二号问题主要针对潜在情况。

这是你找到新的最小可行问题的方法，属于你的最小可行问题。

学习如何重新架构的第一个关键问题，就是打破"怎么了？"和"到底怎么了？"之间的藩篱。要做到这一点，诀窍是先拉近镜头，把对一号问题回答中的冗余信息剥离。然后，为了摆脱你可能背负的其他包袱，再拉近镜头，去解读幕后的真相。让我们看看前面伯尼和“坏老板”的例子：

第一步，问一号问题：“怎么了？”

伯尼回答：“我的老板就是个混蛋，我在这里辛勤工作永远不会得到任何赏识。”

第二步，聚焦，剥离冗余信息。

从这个问题开始，在伯尼对这个问题的回答中，有哪些个人偏见、固化反应或嵌入式的解决方案，使这个问题变得过于庞杂？顺便说一句，不要怪伯尼或你自己把问题搞得比实际情况更加复杂。在陈述问题时掺杂一些偏见和情绪很正常。为什么？因为我们都是人。伯尼已经郁闷一段时间了，已经体会到痛苦了。虽然我们尊重伯尼合理的情绪和挫败感，但我们同时也需要委婉地指出，在描述问题时增加冗余信息会分散设计之路上的注意力。因此，所有重构的一个关键步骤就是放大真实问题，对其进行客观分析。

现在，看看通过聚焦，做一些冷静、平和、客观的分析后，我们都发现了些什么。

戏剧性成分之一：混蛋

“混蛋”是伯尼对老板人品的判断。他的老板真的是个混蛋吗？还是只是不向伯尼提供反馈而已？当伯尼想找到一些可能的办法来改善自己的情况时，叫他的老板混蛋真的有帮助吗？比如说，在这个特殊的例子中，伯尼的老板其实很努力，甚至有点儿拼命，他可能对孩子和宠物都很友善，但是他的社交能力不是很强，并且就伯尼需要的反馈而言，他表现得很糟糕，因为他没有给伯尼任何反馈。伯尼可能不喜欢他的老板，如果“喜欢”意味着他愿意和老板一起喝杯啤酒或打保龄球的话。但这是一种个性问题，与“拉近镜头”分析不太相关。伯尼的老板客观上确实不善于反馈，但是因此就把他称为混蛋并不能帮助伯尼找到解决问题的办法。

让我们放弃这个称呼，因为它引入了一种不必要的偏见。

戏剧性成分之二：就是个混蛋

试着说“我的老板就是个混蛋……”，大声说出来，特别强调一下“就是”这个词。去吧，现在就做。听到了吗？再试一次。当你说“就是”这个词的时候，你听到了没？这个词有着很强的力度，别有意味。它强烈暗示着伯尼的老板是个彻头彻尾的混蛋，一直都是。这可够狠的。这样可能还有点儿不公平。更合理一点儿的说法应该是伯尼的老板改变的可能性不大，也不会很快做出一些重大的“反馈转变”。所以，去掉那些戏剧性的情节和夸张成分，我们可以直截了当地说：伯尼的老板是一个糟糕的反馈提供者，并且他不太可能改变。这与之前那句“我的老板就是个混蛋”中所包含的全面灾难相比可是相去甚远！

戏剧性成分之三：永远不会得到任何……

“永远不——任何”是伯尼糟糕的问题陈述中最情绪化的部分。为什么？因为它包含了一个不可动摇的、普遍的（永远不、任何）声明，暗示了两件事：第一，工作中唯一有效的赏识必须有且只有一个来源，那就是伯尼的老板；第二，如果没有老板的赏识，伯尼“永远不会得到任何（赏识）”，永远。“永远不会得到任何……”

是伯尼问题的升级版，你不会想要，不会需要，也不应该遇到这样的问题。

> 这就是所谓的锚定问题，伯尼已经在问题陈述中嵌入了他想要的解决方案。请参阅本章后面关于锚定问题和重力问题的描述。你将得到一个很棒的提示，可以重构大约一半的架构糟糕的问题。

第三步：问二号问题，到底怎么了？

现在我们要问这个问题：到底怎么了？这是关键的一步，你可以从第二步中得到启发，重构你表述问题的方式，从而定义新的最小可行问题。这个重构有多个正确答案，所以不要纠结，只要“可行”就好。

在斯坦福大学设计学院，我们喜欢以“我们怎么才能……”开始为团队重构问题，以“我怎么才能……”开始为个人重构问题。这种开场白开放而积极，往往会带来更多衍生性和创造性的可能。以下是三个重构的问题，分别给伯尼提出了他可以去解决的最小可行问题。

最小可行问题之一：如果我的老板很少给出正面的反馈，那么我怎么才能得到组织中其他人对我工作的明确赞赏？

最小可行问题之二：我的老板有很多特质，但就是不太会赏识别人，我怎么才能从其他我认可的渠道得到肯定？

最小可行问题之三：我老板的管理方法缺乏给予积极反馈的步骤，那么我怎么才能重新调整，从薪水上获得工作满足感，在办公室以外的地方得到赏识？

对于最小可行问题之一，显而易见有很多可能的有趣原型。伯尼可以和公司里的其他经理喝杯咖啡聊一聊，看看他们是如何给出反馈的，还可以向项目经理征求他所参与的项目的反馈意见。同时，为了保持自己的职业操守，伯尼还可以练习向同事提供反馈，和任何自愿加入的人（他们必须是自愿选择加入）一起进行所谓的360度评估，以确保他在践行自己心目中的优秀管理实践。

对于最小可行问题之二，伯尼扩大了可能的反馈来源。他想起了一位商学院教授，他很喜欢这位教授，时不时和他一起喝咖啡。伯尼决定记录下自己的工作成就，并向这位教授寻求一些客观的反馈。他还有一位十分尊敬的研究生时代的朋友，这个朋友后来创办了自己的科技公司。他决定请他的朋友看看自己的工作质量是否达到了创业标准。这两个人都是他想要获得的反馈的可靠来源。

请注意，在最小可行问题之三中，伯尼仍然坚信他的戏剧性成分之三，即他永远不会在工作中得到赏识，因为他的老板不会这么做，并且伯尼显然认为他老板的特定行为是整个公司的管理规范。如果真是这样，伯尼可以通过与其他部门的同事交谈来找到答案，这也许是这个问题的合理重构，同时意味着在这家公司获得赏识是一个重力问题（又是这个词，别担心，后面会解释）——这不是个可行的问题，而只是伯尼公司文化中的消极部分。一旦伯尼有了“接受”的心态，他就可以专注于重构一个新的最小可行问题，从别处寻求赏识。在最小可行问题之三中，伯尼接受了公司文化的局限性，不再生气，而是将这方面的精力（希望得到赏识）投入到工作之外的地方，包括待在家里，做一名父亲，当教练，参加读书俱乐部、教堂或其他团体及俱乐部的活动等。

这里的核心要义是伯尼有很多方法获得反馈和赞赏（或其他他渴望的任何解决方案）。这三种重构的最小可行问题都表明了他可以立即尝试的原型和采取的行动。这种困境再也困不住伯尼了。

奖励环节：全景——正视问题的全貌

许多（不是全部）重构都会产生一些小惊喜。这些有惊喜感的分析可以帮助你摆脱一些包袱，一些你可能拖拽已久的包袱。它们隐藏在重构的第二步确定的那些戏剧性成分里，关键得知道如何利用你的好奇心去找到它们。

在上面的例子中，“混蛋”、“就是个混蛋”和“永远不会得到任何……”都是戏剧性成分，事实上它们并不是问题的客观因素，只是给问题增加了情感因素，而且往往使问题更加难以解决。不过这些小小的情绪并非随机凭空出现的，如果我们能理解它们与问题之间的紧密联系，我们就能得到惊喜。

因此，我们首先需要推近镜头来聚焦问题，现在再推远镜头来全景地看问题。当我们在寻找摆脱包袱的奖励时，我们首先要拥有设计师的好奇心态。伯尼这么做的时候，听起来像是：“嗯……我不知道这些东西（这些关于我老板的负面能量）是不是真的和我老板有关。也许是从别的地方传来的？”以这种开放的、带着好奇心的立场。引导伯尼提出下一个问题：“假设情况是这样的，那么这些负面能量是从哪里来的？为什么会和我老板的问题联系在一起？”

伯尼的问题为他提供了自我反思的机会，你也可以。和伯尼一样，你可能需要思考一下你的问题，在日记里记下你的想法，散散步，或是问问你的雪纳瑞狗狗是怎么想的，任何适合你的办法都可以。但是一定要向内看，看看你关注到了什么。在困境中，戏剧性成分往往包括我们自己过去的旧包袱，如尚未愈合的伤口，似乎无法抑制的敏感，难以逾越的偏见，等等。

在伯尼的案例中，当他问自己，这种强烈的被低估感来源于何处时，他想起了自己以前的童子军团长。他是一名前海军陆战队士兵，喜欢对穿着制服的小人物大声发号施令。称赞他人“干得好!”或是“嘿，干得漂亮!”就像能要了他的命一样。那位童子军团长缺乏赏识能力，对当时年仅 12 岁、有点儿害羞的伯尼造成了很大影响。

戴夫其实也遇到过一位这种类型的童子军团长。他曾是一名二战时的海军陆战队队员，也是参加过阿登战役的老兵。他很了不起，如果你在森林里迷路了，除了一把小刀和鞋带什么都没有，你就会希望他在你身边。但是你不能指望从他那里得到任何表扬和肯定，在这方面他是新手。幸运的是，戴夫很擅长重构，在他“成熟的”12 岁时就是如此了。“他真是个冷酷无情的混蛋，我希望他对我更好一些，不过我已经认识很多好人了。我真正需要的是有人教我如何背包，如何在户外照顾自己，这个家伙肯定能做到！谢谢你这么棒的训练，史密斯先生!”

因此，伯尼注意到，与缺乏赏识能力的领导有过一些摩擦，可能是他对他人的评价或反馈更加敏感的原因。如果是这样的话，伯尼一直没有得到反馈的经历，可能会放大他对老板不置可否的不称职风格的反应，这对他们两个都不利。

奖励环节到此结束。

大重构

镜头持续推远 奖励加倍

伯尼继续他的“全景”分析，“永远不会得到任何……”这句话引起了他的注意，尤其是“得到”这个词，这其实并不是他最初进行重构分析的重要内容，但是现在引起了他的注意。

> 嗯……得到任何……得到任何……得到任何……等等！我明白了，要想得到什么，就得有人给你，对吧？就是这样。我希望收到别人自愿给予我的赞赏，最好是主动的、自发的赞赏。我真正想要的是无须要求便能得到的赞赏。事实上，现在想想，我心目中赞赏他人的黄金标准是邓利维夫人，我三年级的老师。她真的超级棒！我永远不会忘记那天课间休息后我走回教室，邓利维夫人在30码[①]外看到我，当着所有人的面大喊：“哦，伯尼！我刚读了你的文章，写得真棒。干得好，亲爱的！”天哪，那真是我一生中最美好的一天。

因此，伯尼有了一个“啊哈”的顿悟时刻，意识到其实自己

---

① 1码=0.9144米。——编者注

一直在等待一个老板，一个像邓利维夫人一样的老板。其实在某种程度上，我们所有人不都是在等待邓利维夫人吗?

不幸的是，这样的老板很少见。伯尼得出结论，他等待这样一位老板已经够久了，于是准备尝试另一种方式。他又保持好奇起来（好奇心真好玩儿），和同事巴斯兰谈起这个“缺乏反馈”的问题。巴斯兰告诉伯尼，他知道老板对自己工作的看法。实际上，巴斯兰每月都会和老板见面，一对一地讨论他的职业发展目标。见面是巴斯兰要求的，他并没有等着老板主动建议会面。他主动要求获得反馈，并且“如愿以偿”。

但伯尼心想:“这并不是自发、自愿的呀!”自发、自愿给予赞赏才是伯尼喜欢的反馈方式。邓利维夫人就是那么做的。需要他主动去要求的反馈真的是好反馈吗？伯尼也不确定。

就在那一刻，伯尼意识到自己又犯了同样的错误：他把自己首选的解决方案（……自发给予的反馈才是“好”反馈）嵌入到对问题的陈述之中，从而破坏了他找到可行的解决方案的机会。

伯尼的目标是摆脱困境，为更美好、更愉快的职业生涯打下基础。他的设计目标最应具有可行性，而非完美性。自发的反馈固然可爱，但是伯尼知道他的老板不是那样的人。如果巴斯兰仅仅是主动要求便得到了他渴望的那种反馈，伯尼也可以做到呀!

他也可以主动要求反馈，然后如愿以偿，对吧?

真是太棒了!

问题可能并不总是这么简单，但有时候又确实如此。当问题变得简单时，你可能会突然听到铃声响起：**叮叮叮！加倍奖励，奖励！**

在重构过程中，时不时进行一次“推远镜头”的反思，你就会收获“大重构，加倍奖励”。你会发现，如果你想要什么东西，只要主动去争取，就有机会得到，就像伯尼一样。

这种突破性的重构并不经常发生，但当它发生时，它的强大和把你从困境中释放出来的能力会让人难以置信。

“推远镜头奖励”这种反思过程孕育了走出旧问题的机遇。在你重构问题之后，如果发现角落里隐藏着某些旧包袱，也许是时候摆脱它们了。当然，选择权完全在你。

人生是一场选择多元的测验

现在你已经重新构建了框架，重新定义了问题，你该如何处理你全新的、可以执行的最小可行问题？不要试着解决它。对的，你没听错。大多数真正的问题是无法解决的，至少不能用许多人一直在寻找的、一劳永逸的解决方案来解决。生活可不像代数题：

> 用下面的方程解出 X：3X+2=11
>
> 解：X=3

这个漂亮、清晰的数字 3 就是你真正可以依赖的解决方案。你看着它，就会知道它是正确答案，你的问题很好并且已经得到解决。但是，以我们的经验来看，生活中要求我们去创造性地处理和重构的有趣问题，很少能以这种方式解决。在大多数情况下，我们所能做的最好的事，就是在“当下”解决问题。所以更准确地说，与其说我们解决了一个问题，不如说我们只是对一个问题做出了反应，试图让它进入一个可接受的新状态。当我们进入一种新的、更容易接受的状态，我们就可以找到解决办法。问题可能并没有完全解决，但是至少在当下得到了解决，得到了重新解决。

心理学家约翰·戈特曼毕生致力于研究人类关系，尤其是婚姻关系。他在华盛顿大学的“爱情实验室”里录制了三千多对夫妻的视频，并在他们数千小时的互动中对其心率、面部表情和肢体语言进行了编码，由此得出了一个惊人的结论。[20] 他的数据显示，70% 的夫妻面对的问题都是无法解决的。他称这些问题为“永久性问题”，但这并不一定是坏事。他的结论是：那些终生相伴的夫妻，也就是他所说的“大师级夫妻”，接受了他们的生活中确实存在许多问题，并找到了变通的解决方案。他们不会让这些问题毁掉他们的幸福，而是为这些永久性问题寻求一个“足够好”的解决方案，然后继续前行。

我们认为这是非常重要的数据，可以推演出我们生活中大多数的难题。

第一步是要认识到我们正在寻找一种可接受的解决方案，而不是完美的解决方案。（如果这听起来让你想起第 1 章中的“当下足够好”的想法，那就对了。正如我们此前在书中所说，“当下足够好”是一个很棒的想法，它会贯穿本书，以多种形式出现。）

明白我们正在寻找一个可接受的解决方案，而非永久地解决某个问题，这就使我们有了更开阔的思路，可以为重构的最小可行问题设计解决方案。

最佳可行方案

当我们在“办公时间”与人交谈时，无论这个人是斯坦福大学的某个学生，还是过去几年里与我们交谈过的各个年龄段的人，我们通常会在他们描述完某个棘手的问题之后，马上按照惯例行事。

“天哪，钱德勒，你的处境听起来很复杂。我看得出你有点儿泄气，因为你不确定你是否真的能很好地理解这个问题，从而想出一个好的解决方案，对吗？”

“对，没错！就是这样！我真不知道从哪儿开始，因为我不太了解情况。我该怎么办呢？”

“这个嘛，我想你可能走运了。事实证明，你的情况，和很多人面对的很多复杂情况一样，其实你并不需要理解问题才能去解决它。”

“等等，你说什么？那是怎么回事？”

“很简单，真的。事实经常证明，生活中许多真正困难的问题都可以作为多选题来处理。你不需要把一切都弄清楚，你只需要知道足够多的选择就可以了。”

知道了这一点，再加上设计师努力实践的心态，你就可以出发了。我们称之为“寻找最佳可行方案”。

想想看，尽管情况的复杂性有很多层面，但很多时候解决方案并不是无穷的。通过采取努力实践的方法，你会摆脱困境，做出决定，走向未来——一个你主动选择的未来，而不是一个你被动等来的未来。当你变得善于识别自己的最佳可行方案时，你就变得善于做出可行的选择，成为你未来的设计师。

让我们举个简单的例子。假设你和你的朋友不知道晚餐该做什么。你不知道自己想吃什么，也不知道去哪里吃。他看着你问："怎么样？你想吃点儿啥？"你真的不知道想吃什么。怎么办呢？

这实际上是一个无解的问题，因为你真的不知道（也不值得因此去做心理治疗，来搞清楚你为什么不能回答这个简单的问题）。但这实际上并不重要，因为你只有少数可行的选项可供选择。确切地说，你有4种选择：

1. **在家做饭**
2. **出去吃**
3. **叫外卖**
4. **饿着**

就这么简单。其他选择只是这4种选择的变体而已（不，把沙发靠垫中间剩下的爆米花都吃了并不算选项1）。因此，你真正需要知道的是：你是出去吃还是待在家里（1或3），还是你宁愿不去面对这个问题而滚去睡觉。你很快决定第4个选项不行，因为你实在太饿了。那是去外面吃还是在家里吃？你太累了，不想出去，所以还是待在家里吧！现在我们有进展了，那么是自己做还是叫外卖？立马看看橱柜和冰箱，你就会明白，拉面、开了封的饼干和蔓越莓汁可能不是你真正想要的。那就只剩叫外卖了！你有4家餐馆备选，这4家餐馆离你家很近，很快可以送达。你从中选了一家，搞定！这就是努力实践。虽然你还是不清楚晚饭想吃什么，但是你（算是）很开心地做了决定，并且在宫保鸡丁和荷兰豆送来时得以尽情享用。

这就是最佳可行方案的原理。

事实证明，很多问题，即使经过很好的重构，仍然难以完全理解。但在大多数情况下，你只有数量有限的可行方案，所以你不需要真正“理解”你的问题。不管它有多复杂，你只需要充分了解现有的选择，选择可行的方案即可。

最佳可行方案，而非最佳理论方案

这里需要提醒一下，你正在寻找最佳可行方案，而非最佳理论方案。

我们总是会不由自主地想要找到最佳理论方案，那个你认为你“应该”能够找到的选择，你觉得自己“应得”的选择，但是这个选择可能根本就不存在！它只是你的幻觉。如果你真的知道自己晚餐想吃什么，那么你的最佳理论方案就变成了最佳可行方案，但事实是你并不知道呀！说老实话，就算你知道，这个时候附近的匈牙利炖牛肉店开门营业的概率有多大？当你因最佳理论方案的想法分心时，所有的最佳可行方案（你实际上能做的事情，比如点宫保鸡丁或费城芝士牛排三明治外卖）似乎都是一种妥协。在你看来，它们都是“让步”，而你不想让步。但是其实你这样做并不是真正的让步，因为现实中不存在的选择根本就算不上一个选择，只是一个想法。设计师旨在创作东西，真正的东西。我们希望你能实现你的梦想，而不是做梦。因此，列出实际可行的选项列表，然后选择最好的那个，即最佳可行方案。不要因担忧不存在的最佳理论方案，导致你无法享受所选的最佳可行方案。

明白了吗？太棒啦！

比尔大一时选修了经济学课程，他在这门课中学到一个概念，经济学家称之为“满意原则”（satisficing）。这个词很有意思，是满意（satisfy）和满足（suffice）的结合。维基百科是这样定义这个词的：

满意原则是一种决策策略或认知启发方法（一种决策公式），其会不断搜索可用的备选方案，直到找到一个可接受的阈值。

当你选择最佳可行方案时，你实际上是在对你的“可接受阈值”进行复杂的经济分析，就像美联储主席一样，在推动最好的“决策经济”。

恭喜，诺贝尔奖委员会马上就会给你打电话。

锚问题和重力问题

有两类问题一直困扰着人们：锚问题和重力问题。这对可怕的双胞胎曾多次困住很多人。

锚问题：这些问题就像有形的锚一样，将我们固定在原地，阻止我们前进，让我们陷入困境。要进行良好的工作设计，一定要警惕锚问题。

纳撒尼尔想每个周末都去航海，但他买不起船。所以纳撒尼尔认为他的问题是："我没钱怎么买船？"

切尔西所在的初创公司日趋成熟，不再以每年100%的速度增长，而且该公司在不久的将来不会任命任何新董事。切尔西想晋升为董事，她这样形容自己的问题："当他们不再提拔任何人时，我怎么才能得到董事头衔？"

明白了吧？锚问题之所以发生，是因为我们实际上将问题定义为我们可选的解决方案，我们在问题中嵌入了某个解决方案。换言之，锚问题并不是真正的问题，它是一个不留任何空间的解决方案，并且对你来说不幸的是，这个解决方案根本不可行，它只是一个伪装成问题的解决方案。也就是说，我们将自己托付给了一个根本不可能实现的解决方案。

摆脱这个牵制我们的锚而重获自由的方法就是重构问题。如果我们按照上面讲述的重构步骤来做，很快就会发现"买一艘船"只是解决方案之一，而这个难题可以用多种方法来解决。这就可以让我们把问题重新定义为"纳撒尼尔怎么能以有限的预算定期航海呢？"这个问题是可行的。虽然有一定的限制（由纳撒尼尔的预算决定），但它有不止一个可行的解决方案，所以他不会被锚定在一个无解的难题上。

纳撒尼尔每周末都出海航行的方法有很多，有些办法甚至比买艘船还好。他可以去码头，无偿为别人的船当船员（周末出海时几乎总有船员临时有事）。他还可以加入航海俱乐部，乘很多不同的船出海航行。方法多种多样。

这个例子表明，重构可以激发人生设计过程中的活力。当你重构你的问题时，它将为你提供多种可能的原型（最佳可行方案)。学习有关航海的趣事，并在途中结识水手和船员，这本身就是一件非常有趣的事。因此，人生设计不仅仅是找出解决方案，整个设计体验（包括保持好奇、与人交谈、不断尝试、故事思维）也是充实且快乐的。

切尔西的问题可以用类似的方式来重构。仔细研究这个问题，很快就会发现，切尔西认为，得到一个千载难逢的升职机会是她在公司获得快乐的唯一途径。毫不意外，切尔西在她的问题中也嵌入了一个解决方案，并且其被锚定了。她是真的只想升职，还是厌倦了眼前的工作，想寻求新的挑战？如果是后者的话，我们可以把问题重构为："切尔西如何在公司里找到一个不同的角色来学习新技能，并在这个过程中发展自己的事业呢？"她真的有很多选择。切尔西可以换个部门做同样的工作，或者重新接受培训，做一份全新的工作。如果在学习新东西的过程中，切尔西发现她真的想在管理方面有所作为，她就会更有信心，可能会接受去其他公司面试的挑战。我们再次看到，重新设计引发了各种可能性，激发了切尔西的好奇心并促使她进行原型设计。重新设计会带你逐步找到"最佳可行方案"，从而更好地设计你的职业——这正是我们追求的目标。

多年来与人共事的经验告诉我们，锚问题往往与恐惧有关。与其去尝试一些新的东西（或许还会失败），有时候，坚持我们熟悉的、不能解决的问题会更加舒适，这就是我们的锚。无法达成的首选解决方案是一个很好的藏身之处。我们可能得不到我们想要的，但至少不用面对失败的恐惧。

别让这成为你的故事。需要勇气的时候就鼓足勇气。记住，勇气不是毫不恐惧，勇气是面对恐惧时有所行动。所以，你做这些的时候有点儿害怕也没关系，试着继续前进，不要被困住。

重力问题：我们也会陷入所谓的重力问题中。在人生之旅中，我们总会遇到重力问题。

> 约翰真的很想成为一名诗人，但是在我们的文化中，诗人赚的钱不够过体面的生活。约翰怎样才能过上当诗人的好日子？
>
> 弗朗西斯一直在照顾孩子，已经5年没有工作了。大家都说，社会对不工作的人有偏见，这将使她很难找到工作。弗朗西斯如何避免这种不公平的偏见？

这两种情况都是重力问题。在进行人生设计时，如果某个问题无法解决，那它就不是问题，而是一种情况、一种环境、一种生活的事实。这个问题可能是一种拖累，而且还可能不公平，但它就像重力一样客观存在。它不是一个问题，因为你没有可以采取的有效措施。如果你无法采取行动，它就无法被“解决”。

这里的关键是，不要纠结于一个你根本没有可能解决的问题。不要误会，我们都非常支持人们拥有积极进取、改变世界的人生态度。一定要与市政厅抗争，反对不公正，为维护妇女权益而奋斗，为阻止全球变暖而战，为终结无家可归者的漂泊而战，支持诗人获得公平的报酬。如果这些是你的目标，那就去积极争取吧，我们祝福你！

但是，如果你不想参加这场战斗，那么这些问题对你而言就是重力问题。如果你接受这种现实，就可以自由地将重力问题重构为可行的问题，然后设计一种方法来得到你想要的东西，以一种令你满意、让你在乎的方式参与进来。

为了帮助我们沮丧的诗人约翰，我们必须帮助他接受他的重力问题，并对其进行重构。约翰想“过上当诗人的好日子”。

我们首先应该接受的是：诗人通常不会因为写诗而获得较高的报酬。在我们的想象中，大多数诗人都是“饥饿”艺术家俱乐部的成员，并以此为豪。当然我们也认为诗歌美妙而重要，我们的社会确实需要更多诗歌，但是约翰必须接受诗歌在市场中的价值不高这个事实。也就是说，他在表达力方面成绩很好，但在金钱方面就不怎么样了。

好吧，让我们为约翰和可怜的诗人们难过一会儿。[21]

这是一个“首先接受”的重力问题，因为没什么可商量的，就像试图否认万有引力定律也没什么可商量的一样。一旦我们接受了这个问题，我们就可以从容地问问约翰他真正想要的是什么。很明显，就是写诗。反过来，这又可以被重新定义为有机会写诗、吟诗，并尽可能多地做与诗歌有关的事，从而最大限度地发挥自己的表达力，而不必担心写诗如何赚钱。因此，对约翰来说，问题可以被重构为：“我很好奇，诗人是如何享受和维持他们的艺术生涯，同时又做其他事情来谋生的？”这样就可以开发很多可能的原型。约翰可以试试出版诗集，加入诗歌圈子。（在他保持好奇并与人交谈之前，他压根儿不知道还有这个东西。）约翰还可以写诗歌博客，给诗歌杂志投稿，或者更棒的是，创办自己的诗歌杂志。他还可以与文学经纪人聊一聊，与他们进行一些深度合作。他们可以给约翰介绍一些诗人，这些诗人不靠诗歌谋生，但是以业余诗人的身份过上了幸福的生活。

约翰还可以用另一种方式来重构这个诗歌和金钱的问题，例如：“我怎么才能靠每周只工作 10 小时的收入来生活，这样我基本上就等于是一个全职的诗人了？”

我们的学生奥吉就决定解决这样一个问题。他得出的结论是：富有意味着你拥有的资源超出了你的需要。变富的一种方法是花费大量的时间和精力去赚钱和搜集资源，另一种方法是从根本上减少你的需求。他决定进行彻底的改变。他决定以极低的成本生活，即以一个普通人预算的 10% 来生活，以便彻底解放自己的时间。他做的第一件事就是把他不愿意一直带着的东西都扔掉。最终他将所有的东西精简到 15 磅[①]，装进了和普通书包差不多大小的一个背包里。他每年工作 3 个月，收入只有他朋友的 10%，然后其他 9 个月时间去旅行，做那些有钱人说要做却一直没有时间做的事。

奥吉觉得现在的自己很富有。

约翰也可以采取这种方法，成为他一直梦寐以求的“富有诗人”，只要把他对金钱的需求降低到他当前收入的 10% 即可。所以问题的关键是要了解你到底想要什么，以及你愿意为之付出多大的努力。

还要特别强调的是，你的问题需要你自己负责重构，你想设计多么激进的方案也由你自己决定。你可能不愿意尝试奥吉的解决方案，因为大多数人不认为这是一个“可行的选择”。但是，如果你认真地寻找正确的问题，并且善于重构，你就可以创造性地原型化许多解决方案，从而享受你喜欢的工作和生活。

这就是我们所追求的——我们想给你最好的机会，让你拥有最好的职业生涯和人生。

---

① 1 磅 ≈ 0.45 千克。——编者注

重构问题是能让你追求这两个目标的超能力。

如果你对锚问题和重力问题之间的区别感到困惑，请记住，锚问题会将你困在某个解决方案上，而重力问题会将你困在一个不是问题的问题上。按照这个定义，锚问题和重力问题根本不是真正的“问题”（即可解决的问题）。它们要么是某种情况，要么是伪装成问题却无法实现的解决方案，它们会让你陷入困境，无法摆脱。

当然，生活中还有很多合理的、真实的问题需要解决，这让人感到压力山大。事实上，这些压力山大的问题简直令人不堪重负，所以我们决定单独为这些问题写一章。

不断尝试

最小可行问题工具包

让我们练习一下，看看我们的问题——某个我们工作或生活中的真正问题，看看我们能否消除戏剧性情节，把问题缩小至最小。让我们试着找出最小可行问题吧！

1. 选择一个你想解决的问题。可以是你在工作中遇到的问题，比如我们谈到的“反馈问题”，或是戈特曼提出的那种“永久性问题”。但是请确保这是一个真正的问题，一个已经困扰了你一段时间的问题。
2. 尽可能清楚地把问题写下来。把问题写下来有助于你理解你陈述问题的方式中隐含的“框架”。
3. 检查有关这个问题的陈述是否存在偏见、嵌入式的解决方案、戏剧性或情感性因素。这点颇具挑战性，因为我们经常看不到自己的偏见。要做到这一点，需要绝对的诚实、一点儿健康的“接受”，还可能需要朋友的帮助。

4. 如果你很难客观地陈述问题，请朋友帮忙。读一读你对问题的陈述，请他们帮你发现偏见、嵌入式的解决方案、戏剧性或情感性因素。让他们试着帮你找出几个最小可行问题。

5. 一旦你大致想好如何将你的问题重构成一个最小可行问题，就用“我们怎么能……”或是“我怎么能……”这种句式来陈述你更加客观、不带偏见的问题重构。

6. 一旦你有了几个最小可行问题，就可以进行头脑风暴（也许再和朋友一起），想出至少三种可能解决你问题的原型。请记住：我们要降低标准，接受许多问题无法完全解决这个事实，并为重新解决最小可行问题寻找一些好主意。

最佳可行方案练习

1. 选择一个你想解决的问题，或者你正在努力解决，并希望找到一个好的解决方案的问题。

2. 根据你目前的理解进行头脑风暴，提出至少 5 种解决问题的方法。

3. 检查你在头脑风暴后得出的结论，将其分为最佳理论方案和最佳可行方案两类。

4. 现在排除最佳理论方案，专注于最佳可行方案，致力于努力实践，选择一个方案，然后执行。

5. 问问自己“感觉如何?”，时刻提醒自己，做出这个决定后，你就有更多时间去做其他事情了。做出这个决定后（确保将决定的质量与结果的质量区分开来），其他问题你都可以从容应对了。

继续行动，找出你的最小可行问题，执行你的最佳可行方案。一旦你习惯了这种处理问题的方式，就会发现自己有更多时间来享受美好的生活，而不会花太多时间去纠结那些不值得关注的问题了。

4
职业倦怠与压力类型

思维误区：这么多工作我怎么可能做得完？我不堪重负。

重新定义：是我选择的这条路，我一定可以设计出前进的道路。

让我们暂停一下，发布一个简要的公共服务公告，主题是不堪重负。

这个公告不会很长，因为如果你已经不堪重负了，我们最不愿意做的就是给你加上压死骆驼的最后一根稻草。如果你读这本书是因为你不喜欢自己的工作，并且认为某处一定有一份更好、更赚钱、更体面的工作等着你，那么我们必须得解释一下，并不是每个不喜欢自己工作的人真的都不喜欢自己的工作，否则就是我们的失职了。有时候我们喜欢我们正在做的事，只是做得太多了。我们热爱我们的工作，但不喜欢我们的处境，因为我们正在处理的任务清单和收件箱，就像科幻电影中的外星人一样，不断复制、发展，侵入我们的生活。我们知道我们会被吞噬，我们无法逃脱。不管你处于什么样的工作环境，不论你是公司高管、小公司员工，还是个体承包人，你都有可能不堪重负，这是一种机会均等的压力性疾病。

有时候我们工作的问题在于，我们拥有太多美好的东西，而美好的东西会变成一个吸食生命的怪物，它只想吃掉我们的大脑，把我们变成对我们心爱之人来说陌生的人，它甚至会在这个过程中让我们生病。所以有时候我们会被工作中太多的好东西压得喘不过气来。虽然不总是这样，但有时候确实如此。

当然，我们也会被工作中太多不好的事情搞得不堪重负，有时候甚至两者兼而有之。（注：2020 年，一种全新形式的“不堪重负”开始主导新闻周期——“疫情不堪重负”。这种新的致命病毒所带来的压力，以及它对我们生活各个方面的影响，使我们所有人都不知所措。我们将在接下来的“颠覆设计”一节中讨论这些问题。）

重要的是，不要让不堪重负变成倦怠——我们可以帮你设计摆脱压力的方法，但是倦怠是一种完全不同的野兽。当你感觉倦怠时，如果不先解决它对你身心的切实影响，你就不可能设计出前进的道路。所以，快点儿，让我们一起来看看倦怠是怎么回事。

如果你不确定自己是否已经从一般的不堪重负过渡到了倦

怠，请看看梅奥诊所对于职业倦怠的定义："职业倦怠是一种与工作相关的特殊压力，即身体或精神的衰竭状态，还包括成就感下降和个人身份的丧失。"[22] 他们设计了一份由 10 个部分组成的调查问卷，帮助我们确定自己是否有倦怠的症状。

问问自己以下问题：

- 你是否在工作中变得愤世嫉俗或者无比挑剔？
- 你是否必须拖着疲惫的身躯去上班，到达公司之后又很难开始工作？
- 你是否对同事、顾客或客户变得易怒或不耐烦？
- 你是否缺乏保持持续高效工作的精力？
- 你是否对自己的成就缺乏满足感？
- 你是否对自己的工作感到失望？
- 你是否在用食物、药物或酒精来减轻压力或是麻痹自己？
- 你的睡眠习惯或者食欲是否发生了变化？
- 你是否受到无法解释的头痛、背痛或是其他身体不适的困扰？

如果你对其中两个及两个以上问题的回答为"是"，可能表明你已经感到倦怠，或是离倦怠不远了。那么我们是如何从不堪重负发展到倦怠的呢？梅奥诊所将其归因于许多潜在原因和触发因素，例如：

- **缺乏控制权**。你无法影响那些影响你工作的决策，如日程安排、工作分配或是工作量的大小。
- **工作期望不明晰**。你不清楚自己的职级权限或主管对你的期望。

· **职场动力失调**。你办公室里有个恶霸，你觉得被同事们欺压，老板对你进行事无巨细的管理，或者有很多你不理解的“办公室政治”（请参阅下一章，以获取有关办公室政治的更多信息）。

· **价值观不匹配**。如果你的价值观与你老板做生意或处理问题的方式不同，那么这种不匹配最终肯定会导致某些后果。

· **工作不适合**。你的工作不符合你的兴趣和技能，或者你的工作不饱和，你一直感觉很无聊。

· **任务让你不堪重负**。你的工作混乱，有太多工作要做。

· **缺乏社会支持**。你在工作和个人生活中都感到孤独。

· **工作与生活不平衡**。你的工作占用了太多时间，以至你没有精力与家人和朋友在一起。

你看，忽视或不解决工作倦怠可能会产生重大后果。

但我们不是医生。

我们既不会在电视上扮演医生，也不会在书中扮演医生。

如果你认为自己的重压实际上是倦怠，并且需要专业人士的干预，那就去做吧。设计师的手册不能代替专业的诊断。需要帮助就去找人帮助。

现在就去。

与此同时，让我们一起来看看一般情况下的不堪重负。

多线程工作的压力

一般情况下的工作压力有几种不同类型。类型之一就是我们所讲的“九头蛇型压力”。九头蛇是古希腊传说中的一个九头怪兽，每次被砍掉一个头就会长出两个新头。这听起来是不是有点儿像你现在的工作？假如工作中有太多的任务要完成，或要向太多人汇报，让你难以应付，就会让人不堪重负。当一个组织中每个人都要同时完成两三件工作任务时，往往会发生这种情况。或者当公司发展过快，经理们的任务和管理的人员超出了他们的管理能力时也会如此。

如果你面临下列情况，你可能正遭受九头蛇型工作压力：

- 有太多不同的职责。
- 同时向太多领导汇报工作，或者正在同时管理太多客户项目，或者兼顾太多副业。
- 正在整合太多不同来源的重要数据。
- 必须向许多人提供状态信息或报告。
- 经常使用那些笨重且设计糟糕的过时系统。
- 没有控制权或受到事无巨细的管理。
- 工作时总是单打独斗。

类型之二被称为“快乐型压力”。这种情况是你有太多值得一做的事要做，有太多有趣的事要做，而你犯的错就是甘愿全部都做。你的工作充满挑战，也很有乐趣，和你共事的人都很棒，你拿到的项目都很有影响，值得去做。只是你做得太多了。

“九头蛇型压力”和“快乐型压力”其实都非常简单，实际上也有同样的解决方案，只是实现方式略有不同。你需要减少工作量，并控制好自己的时间。那句古老的设计行业的格言“少即是多”此时就能派上用场了。至于你如何实现“任务削减”，则取决于你正经历的“九头蛇型压力”或“快乐型压力”。

九头蛇型压力

在“九头蛇型压力”中，你会想要摆脱许多东西，或是获得许可摆脱一些。首先看看上面列举的九头蛇型压力来源列表，理清思路，然后列出你正在做的所有任务。尽量客观，但是要列出全部任务。然后进入难点部分：选择列表中的一两个你可以调整、变通，甚至完全跳过的项目。记住要“降低标准”，并选择一些你可以启动的简单调整。比如：

- 如果不堪重负的根本原因是要整合太多来源的数据，那就请会计部门给你一个电子表格，而不是6个，然后再将每月的预算数字进行整合。（在理解会计方法的基础上）向大家解释这样做会使预算更加准确，对每个人都有利。
- 如果不堪重负的根本原因是在工作中单打独斗，那就带头组织一次周一的下午茶（和同事一起吃小吃），周三的步行马拉松（中午绕办公楼散步），甚至周五的聚餐（和同事一起吃午餐，讨论当天的新闻——但不谈政治、办公室内发生的事或类似的事）。

一旦开始集思广益，减少任务清单上所列事项或与同事建立更多联系，你就可能会惊到自己。你会发现，你对“九头蛇”的掌控比你想象的要强。不过，除非你自己当老板，否则解决“九头蛇型压力”的一些方案可能需要上级的批准才能实施。要让你需要的解决方案得到批准，最佳方法就是从了解你老板的需求开始，然后根据这些需求灵活地表达你要求做出什么调整。

“老板，”你说，“情况是这样的，我被一堆事搞得焦头烂额，而这些事和我们要做的事没什么关系，这极大地降低了我的工作效率。这对我，对团队，对你都不好。我可以更有效、更快速地完成你认为重要的工作，但我需要你的帮助。我需要……”

- “……周四晚点儿到……”
- “……把你的关键办公软件从1998年版升级到2015年版……”
- “……将周报改为月报……”
- “将我的内部客户分为两组：A和B（我在这里为你提供了一份清单），以便使A的周转时间为24小时（和往常一样），B的周转时间为96小时……”
- 或者……或者……你明白了吧？

唯一能改变你正在经历的“九头蛇型压力”的方法，就是做出改变。弄清楚你可以采取哪些小的增量行动，选择最有影响力、最有可能得到老板批准的那一个，然后尽最大努力去做。老板可能会拒绝你的提议，但你也可能会感到惊喜。如果你与老板共情，尤其是当你尝试通过原型设计重构你的请求时，你就会更有可能得到批准。我们的许多学生、客户和读者使用这种方法，在很大程度上改变了他们工作过度负载的情况。

玛拉是我们工作坊的参与者之一，她提出了一个改变的原型：不要周周做资产报告。那份报告写起来很麻烦，而且她很确定压根儿没人在乎。她和老板商量是否可行，老板说她可以先试（原型试验）一个月。一个星期后，没有邮件，没有投诉，什么也没有，所以她没有做下一周的资产报告。在连续 4 周没有做报告也没有收到投诉之后，她去找老板，说："老板，我想再讨论一下我们之前说过的每周资产报告原型。"

老板：怎么样了？

玛拉：结果出来了。我已经连续 4 周没有做报告了，也没有任何人投诉。

老板：我都没注意到你停下来了！

玛拉：是的。原型显示你从来没有读过那个报告，其他人也没有读过。我觉得报告可以不写了，应该将时间用于更好地整理我们的销售数据。你说过这是你的第一要务——提供更好的销售数据。

老板：好的，不过我们一直都在做资产报告，也许你可以先试着按季度报告来做。如果一年后，没有人对季度报告发表评论，你就可以完全不做了。如何？

玛拉：好的。

老板：太好了，现在可以启动那个重要的销售数据项目了。

玛拉的故事给我们的启示是：事情可能比你想象的更有商量的余地。玛拉的做法也很聪明，她之前一直忙于做没人阅读的资产报告，使她从繁忙的工作中脱身的关键，是她理解还有更多的战略性工作要做，并提出一个低风险的原型来进行任务的重构。

忙着做没人看的工作报告真是一个创造闲散员工的好办法。玛拉也从以前无所事事的状态转变为忙于做具有战略意义的工作。这真是一个双赢的局面。

所以前进的道路……嗯，其实很简单。我们鼓励你开始对任务列表进行原型化的微小调整，你会发现你比想象的更有掌控力。不论你是否需要得到许可才可以去尝试，你都是发起者，而主动发起之事是你美好工作日志一直记录的内容，对吧？

快乐型压力

“快乐型压力”略有不同。“快乐型压力”中那些不堪重负的事情都是你自己选择的，所以解决起来会更加灵活，也更好选择。“快乐型压力”的首要解决方案是委任。当然，你必须愿意放弃一件或多件你每天要做的、很酷的、有趣的、有影响力的、很棒的事情。但是如果你学会分享快乐，你就可以更长时间地做这些了不起的事，并且避免产生潜在的倦怠感。既然让你不堪重负的事情很有趣、很有挑战性，还很好玩，那么其一定也很有吸引力，你可以很容易地把它们交给你的同事。这一点与“九头蛇型压力”非常不同，后者的问题是要摆脱没人愿意做的事情。

如果你真的想不浪费时间和精力，你应该放弃你最珍视、曝光度最高的活动，因为那些活动最容易找到接手的人，放弃它们会给你节省大量的时间。例如，戴夫曾经为《斯坦福大学人生设计课》做课程负责人培训的工作。他已经做了十几次培训，并且为培训准备了一套很棒的讲义。他很享受这个过程，但是他需要适度放手。他让我们人生设计实验室的一位研究员（他只看戴夫讲过一次）主持下一次培训，结果他做得很好，让戴夫大吃一惊。自那以后，戴夫再也没做过那个培训。几个季度之后，戴夫旁听了由另一名员工主持的负责人培训课程，这次培训比戴夫当时做的培训已经好太多了。

戴夫的委任奏效了，他有了更多时间，课程的培训工作也做得更好了。

当然，我们的身份不仅仅是员工。有时候，当你经历“快乐型不堪重负”时，你也需要在家里交接一些事情。

比尔在苹果公司任职时，加入了全新的PowerBook团队，当时他们正在对苹果的第一款笔记本电脑进行最后的设计调整。代号蒂姆的PowerBook 170发布，迅速席卷了整个行业。比尔作为机械项目的负责人，接手了下一个笔记本电脑项目。代号三得利的另一款笔记本电脑当时正与索尼合资设计，这意味着比尔几乎每个月都要飞去东京。由于产品非常成功，新的笔记本电脑项目出现的速度远超苹果公司雇用新员工的速度。比尔因此接手了另一个代号为朝日的笔记本电脑项目，还有一个项目的代号为盆栽（比尔非常喜欢日版的代号）。就在这时，比尔和他的妻子辛西娅有了第二个孩子。家里有两个年幼的孩子，妻子有一份全职的商业顾问工作（每周出差），而比尔需要每隔几周就去一次日本，他发现自己深陷“快乐型压力”之中，没有时间去做正确的事，有些事就是做不完。要知道，比尔可是自愿参加这些项目，有些甚至还是他努力去争取来的。比尔已深陷让他心甘情愿的重负之中。

这场灾难持续了大约6个月，比尔和他的妻子叫了暂停。他们都认为目前的生活模式不可持续，因此他们聚在一起，仔细审视他们的工作，看看他们是否愿意退出他们正在做的某些事情。辛西娅刚从商学院毕业，在她的咨询公司中树立信誉非常重要，因此两人一致认为她的职业选择是对的，两人能找到一种方法来支持她的新工作。同时比尔也意识到，现在是苹果公司的一个特殊时期，他们正在创造一项全新的业务，这项业务的营收已经超过了10亿美元。他以后不大可能有机会再参与这么激动人心的项目，所以两人决定支持比尔努力地工作和出差。

在做出了决定后，他们列了一张请单，上面有他们必须做的事情，他们不能妥协的事情，比如陪伴孩子，养育孩子。他们又列了一张清单，上面有他们可以交给别人做的事情——那些不那么重要的事情，比如做饭、洗衣服、修剪草坪、打扫房间。他们计算过，如果不做这些事情，他们就有足够的时间来照顾彼此和孩子，也会有足够的时间来处理重要的事情。

只有一个问题：他们没钱请保姆。

因此，比尔去找他苹果公司的老板，跟他讲了这件事："现在是我们团队的关键时刻。我们正运营着苹果公司业务增长最快的项目——笔记本电脑，我们骑虎难下。我们正在为这个行业制定标准，而现在，我们的项目比人还多，而且我们的招聘速度跟不上项目发展的速度。我正全力以赴，100%地投入这个项目，因为我意识到这是一个非常难得的机会，可以参与到这么棒的事业中来，我才自愿同时做3个项目。与此同时，和我职位相当的人都只做一个项目。我想清楚了，我要是想继续这么拼命工作，还能抽出时间陪家人，我就需要把生活中的很多事情外包出去，而这需要很多钱。我需要加薪。"

比尔的故事讲得很好，也很真实。他得到了加薪的承诺，虽然不是立马生效——他需要证明自己能够同时做三个项目，并获得成功。比尔和他的妻子通过"外包"他们"快乐型压力"中的一些工作，实现了这一目标。

别让猴子全在你的肩上

如果你是小企业主，你将特别容易面临不堪重负的风险（尤其是“超级不堪重负”，下面将讲到）。许多企业主觉得自己被困在了一个盒子里，无法脱身，因为他们自己制造了那个盒子。如果你也是这样——很多时候你的工作让你不堪重负，那么你唯一可以交谈的老板就是你自己。你不仅拥有公司，还与相关的流程、程序、角色和责任密不可分。公司从形式到内容都归你所有，而这种个人所有权和责任感会让你陷入一种特殊的困境。

这本书和我们在第一本书里讲的所有内容都适用于你。你可以像员工、咨询顾问或零工经济者那样，设计出让自己走出困境、摆脱压力的方法。你可以从现在开始就设计职业，设计思维和他们也是一样的，而且你不必征求谁的许可。

然而，你的特殊困境别人往往很难体会。局外人可能会挠头，想不明白，既然这是你的公司，由你负责，你为什么不能想怎么改变就怎么改变呢？

这些局外人也没错，不过既然他们无法理解你的工作，也无法欣赏你所做的一切，你只需忽略他们，更加努力地工作便是了。然而，讽刺的是，大多数选择做企业主的人，都想要规划自己的道路，按照自己的方式工作。他们想要自主权，所以才自己做企业主。然而一旦企业开始运营，他们往往会感到自己的自主权还不如许多企业员工。

总之，企业主陷入“不堪重负”境地的风险很高，但是也有出路。

第一步：记住你仍然掌控全局

随着时间的推移，会有些微妙的变化发生，你会感觉是生意在掌控你，而不是你在掌控生意。诚然，你承担着无数的责任和义务，员工和客户都指望着你，但你还是可以用自己认为合适的方式来管理企业。与刚创业时相比，你的权力和管理能力丝毫没有减弱，你只是更忙了而已。

第二步：只有一条规则——别把钱花光

在任何企业或机构，无论是营利性组织还是非营利性组织，只有一条不可侵犯的规则——不要把钱花光。只要你销售足够多的产品或服务，或者从投资者那里获得足够的投资来支付你的开支，你就可以继续经营下去。要保证财务报表的颜色是黑色而不是红色。如果财务报表是红色的，说明你的公司快要倒闭了。（如果这是问题所在，那么你可能需要去其他书中寻求其他帮助。）这条规则带来的自由度令人难以置信！作为一名企业主，只要你有能力保持大门敞开、业务继续，你就可以做任何你想做的事（缴纳税款、不违反法律等）。你可以缩减或者扩大你的业务；你可以卖掉一部分生意，这样操作起来会更简单；你可以把本书中所有的观点运用于你的经营策略。即使你需要对业务做出重大改变以摆脱不堪重负的情况，你也可以做到，因为你在掌控全局。

仅此而已。

艾莉以前是戴夫的邻居，在当地经营一家餐馆数年，生意做得很是成功。只是这门生意没有尽头，因为人们几乎每天都想吃东西。她厌倦了这种望不到头的日子，却不知道如何改变她不堪重负的处境。后来她意识到这其实完全取决于她，因为那是她的餐馆。她想起当初之所以开这家餐馆，只是单纯地想做人们喜欢的墨西哥美食，而这与一个摆满桌子的大房间毫无关系，只与食物本身有关。最后她关了餐馆，买了一辆餐车。她省去了房租，减少了员工和自己的工作时间。她用 10% 的钱，甩掉了 100% 的不堪重负。

她重新设计了她的生意，让它更适合自己。你也可以。

“创业型压力”——一种特例

工作压力的最后一种类型是特例，通常会出现在新的组织或初创企业中。我们称之为“创业型压力”，即管理人员和工作人员一边忙着造飞机，一边忙着试飞的情况。在这种情况下，没有可以遵循的组织规范，支持性基础设施也很少，事实上，建立支持性基础设施可能也是你的工作之一，但谁有时间呢？企业正在取得巨大的成功，并且规模正迅速扩大，这意味着每周要工作七八十个小时甚至90个小时，因为活儿总是做不完。这让人兴奋、焦虑，但最终会让人感觉精疲力竭。在小企业或飞速发展的初创企业中担任领导或创始团队的成员不适合胆小者，也不适合朝九晚五的上班族。如果这是你正在走的路，试着把你的日常工作想象成马拉松，而不是短跑冲刺。

这就意味着你需要实现一个特定版本的故事，即“当下足够好”的故事，方法是重构，可能还需要与你身边的关键人物进行妥协（我们很少独自处于这种情况之中）。只有新的叙事方式才能真正在“当下”支撑这种解决方案，它展示了“故事思维”的强大力量。也许解释这一切最好的方法就是讲个故事……

很久以前，戴夫有一个想法，问比尔是否愿意和他合作。戴夫想教大学生运用设计思维来设计他们的人生。那次对话的后续是：斯坦福大学开设了最受欢迎的选修课程之一——斯坦福大学人生设计课。

那门课程一开始就迅速起飞了！

事实上，它简直火爆极了。这就使得戴夫陷入了“创业型压力”中。你看，戴夫的人生设计实验室实际上是一家初创企业，像大多数初创企业一样，在初期，只有创始人尽其所能，长时间地拼命工作。即便企业已经开始运转，也没有人可以任用。

所以就得工作，一直工作。直到在帕洛阿尔托的一个深夜，所有的事情都凑到了一起。

戴夫走到斯坦福大学的停车场，看了看手表，发现已经是晚上8点了。“该死，”戴夫说。事实上，他说了好几个词，有些比“该死”还严重。

他钻进车里，给妻子打电话。

“嗨，亲爱的。”

“哦，你好啊，亲爱的，”她说。

“真对不起，”戴夫说，“我又这样了。很显然，我又错过了咱们7点半的晚餐约会。”

事情是这样的，每周三晚是戴夫家的晚餐约会之夜，他现在应该已经在距斯坦福大学一个小时车程的家里才对。很明显，戴夫的妻子克劳迪娅半小时前就已经知道他不会回家了。

这样的事已经不是第一次发生了。

“什么情况?”她问道。

“我今天又忙翻了。一大群学生没有提前预约，就在办公时间跑来了。然后我还收到通知，学校的副教务长让我去他办公室一趟，讨论实验室未来的发展方向，那个会议我真的没法儿不去。所以你看这些事，再加上与那些不期而至的学生的谈话，时间很快就过去了。真对不起，亲爱的，我又搞砸了。我会尽快赶回去的。”

“哦，”克劳迪娅说，“那你一定很开心吧。”

这个反应有点儿出乎戴夫的预料，也许他听错了她的话？

“什——什么？”他结结巴巴地说。

“我是说，你一定很高兴，因为这正是你想要的。我的意思是，你告诉我的一切都在说明‘这很完美’。越来越多的学生在办公时间出现，而和学生交谈是你最喜欢的事。然后你收到了副教务长的消息，这意味着你已经开始在机构层面产生影响了。你和比尔正在做的事的影响越来越大，这不正是你所希望的吗？现在有成效了，你一定很开心吧！”

戴夫想了一会儿。

“嗯……是的，没错，我是很开心。我打电话是想让你知道这些事情有多美好，而这些美好的事情又是如何在不经意间让我错过了晚餐。谢谢你，亲爱的。”

“哈哈，不用谢，等你回家后见吧！”

你看，这个故事的首要也是最重要的寓意是：一定要嫁（娶）得好。

戴夫做过的最明智的事情就是通过设计自己的人生，娶了一位善解人意的好妻子，过上了幸福的生活。

话虽如此，这个故事中还有其他很多事情值得学习。

你看，在“创业型压力”中，许多美好的事情正在发生，但问题是这种事太多太多了。而且和“快乐型压力”可以把任务委派给他人不同，此时你没有人可以委派。

这个故事发生时，人生设计实验室几乎没有资金支持，所以戴夫每季度要教三门课，每个季度都是如此，没有人可以任用（除了比尔，而比尔也一样处于初创时期的“创业型压力”之中）。

也正是在这段时间，戴夫试图打造人生设计实验室的品牌。因此，戴夫和比尔在初创的人生设计实验室里其实是事必躬亲、亲力亲为的。

那段时间真的很美好、很令人兴奋，但是也让人不堪重负。对戴夫而言，事情真是太多了，但是他知道，事情只是在当下太多了。他认为自己可以找到一种方法克服困难，挺过初创期，然后将“创业型压力”降级为“快乐型压力”，并更好地管理它。

对戴夫来说，他的新故事是这样的：

> **老故事：**“哦，天哪，我要做的事情太多了”或者“哦，天哪，又来一个会议，我哪儿有空去开会啊”，然后就是“我搞砸了”或者“我做不到啊”！
>
> **新故事：**“哇，我很幸运，终于实现了我影响高等教育和学生人生的目标。虽然有时候我可能会觉得很难，但这种情况不会一直持续下去。这是我一生的愿望，虽然我现在很忙，但我会尽情享受这一切。”

这个故事的寓意是：如果你选择加入“初创企业”，你管理“创业型压力”的方式就是改变故事。这个故事必须简短，两到三句话，你必须能够记住。这样，当糟糕的感觉出现时，你可以迅速重构，并在情绪低落、注意力失控之前控制住自己。

有句老话说得好：“你不能阻止鸟儿从你的头顶飞过，但你不该让它们在你的头发上筑巢。”这意味着坏的想法随时会出现，包括思维误区、毁灭性想法和破坏情绪的想法，但是你无须与它们搏斗，也不必让它们在你脑海中盘旋。练习用更好的故事代替这些想法。

一个重要的忠告：你并不是孤身一人！你会发现，当你处于“创业型压力”的状态时，总是会有其他人也受到影响。为了使你的新故事奏效，你会希望他们也参与其中。最好的结果是他们也愿意说：“新故事现在对我也有用了。”

如果能让你的关键伙伴、密友、合作者和你一起暂时拥抱你的“创业型压力”，那么所有人的情况都将变得更加顺利。你总是会做出一些调整，优先考虑伙伴的问题，在大多数情况下，因为你选择与初创成员一起面对“创业型压力”，你们可以一起渡过难关。请记住，“创业型压力”只是暂时的，当你们并肩实现目标时，会感觉更加快乐，因为目标是你们一起达成的。戴夫就是这么做的。哦，看他现在多开心啊！

我们每个人都会时不时经历这样或那样不堪重负的情况。我们要传达的信息现在应该很清楚了——不堪重负的情况是可以管理的，它只是你工作和生活的暂时状态。

你是自己的设计师，你掌控着一切。

现在回到你的日常工作中吧！

不断尝试

释放工作压力

1. <u>是否不堪重负？</u>问问自己，是否持续地感到不堪重负？你是确实有这个问题，还是仅仅觉得这一周比较难熬？如果确实有问题，请继续。如果没有，那就去玩飞盘或是遛遛狗吧，这是你应得的。

2. 是否倦怠？查看前文列出的倦怠指标，检查你是真的感到倦怠，还是因为回答有关倦怠指标的问题让你感觉厌烦。如果你认为自己马上要进入倦怠的状态了，那么请放下书，立即为自己找一位专门从事倦怠感治疗的心理医生，以获得专业的支持。如果没有倦怠感，请继续。

3. 确认你的不堪重负类型：九头蛇型、快乐型，或是创业型。回顾一下这三种工作压力的特征，看看哪种描述最符合你现在的情况，然后开始设计你的出路。

4. “九头蛇型压力”和“快乐型压力”——实施方案

a. “少即是多”列表：制作你的“少即是多”列表，列出应该放弃、委派他人去做或是重新谈判的事情。请注意，“九头蛇型压力”和“快乐型压力”的管理手段是完全不同的，但是目标是相同的——有些事必须做减法。列个清单吧！

b. 老板或同事的给予计划：如果你处于“九头蛇型压力”中，你就必须重新想出一些能够缓解该状态的措施，很可能要从你的老板开始。弄清楚你的“少即是多”清单上最不想做的事情是什么，想想你能说服老板的最好方法，然后安排一次谈话。如果你处于“快乐型压力”中，你可能就需要将工作交接给同事（如果你交接的是好差事，就不难找到人接手），所以要计划好把什么事交接给谁，然后策划相关会议和交接流程。可能需要几个步骤才能完全放手，但请一定坚持到底，最终会有成效的。

c. 执行：好的执行力无可替代。从你的老板和同事开始，跟进所有流程，你马上就会感觉好些。

5. “创业型压力”执行计划

a. 重构：找出重新定位你处境的方法，让自己尽可能从目前的处境中有收获，尽管当下的成本可能很高。你可能需要在朋友、同事、配偶或合伙人的帮助下才能弄清楚这一点。

b. 更好地讲故事：编一个新的故事，重塑你的处境，将其转变为优势。请参阅戴夫的示例，并亲自撰写你的新故事，它应该少于 250 个字。连续两个星期，每天早晨大声读给自己听，直到你将它变成现实。

c. 谈判：判断其他人在当下需要做出什么妥协，才能使你的重构奏效。你的“创业型压力”可能会对与你最亲近的人产生最大的影响。如果你在重构时和讲述新故事时寻求这些人的帮助，成功的机会就会增加。当然，你也要准备好处理来自亲密关系中的一些问题和抱怨，不要为自己辩护，努力创造一个对每个人都有用的故事。

d. 追踪：6~8 周之后，安排自己和同样处于“创业型压力”中的亲密伙伴聚在一起，开个碰头会，问问“进展如何”。这将确保你们度过这个“创业型压力”季的方法对每个人都有效。如果大家都没问题，那就继续前进。如果不是，就找出需要完善的地方（重构、故事思维或协商），并确保所需的调整到位。一定要做出必要的改变，努力摆脱“创业型压力”，那不会是你想永久保持的状态。

5
工作心态、坚毅与职业要求

思维误区：我不喜欢我的工作，也不知道该怎么办。

重新定义：你有能力重构和重新设计任何情况和任何工作。

有些日子感觉特别漫长。

当你在工作中无所事事时，每一天都会感觉比前一天更长，没有任何东西可以让时钟无休止的嘀嗒声加快一点儿，就连再看一个猫咪的视频也不行。你着急下班回家，向家人或你的猫抱怨你的老板、工作、客户、公司有多糟糕。你目前的计划是领薪水、耗时间，最终熬到退休，然后开始真正的生活。你会做公司要求你做的事，向你的经理汇报，对你的同事点头微笑，同时心里想着：等自己退休了，这些都不再重要了。在你小时候，你从没想过你将来会卖保险，或是为软件公司撰写技术手册，又或是为别人的泳池安装泳池盖。但不知怎么的，这就是你的归宿。

听起来耳熟吗？如果是这样，那你就是70%消极怠工的员工之一，他们对每小时/每天/每周/一生都不满意。那你打算怎么办？

你打算让谁负责？

剧透一下。

你能得到工作满足感的地方只有一个。它来自不同的工作或公司，人力资源部的入职培训包中也找不到。你的公司无法将它给你，虽然他们可以更好地帮你获得满足感。那么，作为你工作和职业的设计师，你的工作满足感从何而来？请继续读……

谁是我的老板？

当我们在生活中遇到困难时，我们倾向于将责任外化：困扰我的坏事是别人或别的什么事造成的，不是我。

> 我的工作表现糟糕不是我的错——你见过我的老板吗？
>
> 文化糟糕是公司的错，所以这里的每个人都不快乐。
>
> 我的伴侣不理解我，永远也不支持我去太阳剧团当小丑的梦想。

但是，实话实说，你觉得不快乐，这并不总是别人的错。当然，那些糟糕的老板和糟糕的公司肯定更帮不上什么忙，但有些时候，你必须扪心自问：“谁是我的老板？”

在进行人生设计时，答案只有一个。

你是你人生的创意代理，你有能力做出你需要和想要的改变。这需要一些努力，也可能需要一些时间，因为我们会降低标准，然后悄悄进行这些改变，但这个问题的终极答案是明确的。

你是你自己的老板。

如果你不喜欢这个答案，请和你的老板谈谈。

如果你想要参与度、满意度更高和更有意义的工作，那么是时候重新设计你的工作体验了。首先要从你自己开始，从你的思维模式和心态开始，因为是它们写就了你工作和事业的故事。

培养你的思维模式

我们斯坦福大学的同事，心理学教授卡罗尔·德韦克的研究表明，人们思考人生的方式通常可以分为两种，即两种主导心态：僵固型思维和成长型思维。[23] 拥有僵固型思维的人认为他们的智慧和能力是固定的，天生的“才能”是不能改变的。他们会成功是因为他们天生的能力在起作用，而他们会失败也是同样的原因——他们“就是不擅长那个”。

> 我就是没有创造力。
>
> 我做不来销售。
>
> 我数学很烂。

另一方面，一个拥有成长型思维的人相信，尽管每个人天生的能力不同，但人们的智力和才能是可以培养的。人们可以学习和掌握新事物，将自己的成功归因于勤奋和实践，而不是天生的能力。德韦克写道："相信自己的素质是刻在石头上的，这种僵固型思维会产生一种紧迫感，让你一次又一次地证明自己。[24]（而）成长型思维是基于这样一种信念，即你的基本素质是可以通过自己的努力、策略和他人的帮助来培养的……一个人真正的潜力是未知的（不可知的）……"

这两种对待世界及应对其挑战的方式产生了截然不同的结果。僵固型思维的人在遇到挫折时往往更加脆弱，更容易放弃，因为"这不是我的错，我不擅长这个"。拥有成长型思维的人往往更有毅力，更愿意通过努力工作来达到目标，即使他们刚开始时并不擅长某件事。

通过功能性磁共振成像扫描大脑，查看两种思维模式下的脑回路活跃程度，有证据表明，这两种思维模式的差异甚至表现在脑神经上。例如，当受试者接受功能性磁共振成像扫描时，问他们一些难题，并就他们的答案给予反馈，这两种心态的大脑回路模式大相径庭。

"只有当反馈反映出他们的能力时，僵固型思维的人才会感兴趣。他们的脑电波显示出他们高度关注答案的正误，而当他们得到可以帮助自己学习的信息时，却没有任何感兴趣的迹象。即使答错了，他们也不想知道正确答案是什么。只有拥有成长型思维的人才会密切关注那些能拓展他们知识的信息。对他们来说，学习才是当务之急。"[25]

僵固型思维或是成长型思维似乎在我们的大脑中根深蒂固，但这并不意味着我们注定要受到限制。很多证据表明，你的大脑可以在训练后产生新的脑回路。所以，当开始设计一份你喜欢的工作时，你应该首先考虑训练自己，培养自己的成长型思维。研究表明，采取和培养成长型思维会增强你学习的欲望（好奇心）、接受挑战的能力，以及你从批评和他人的经验中学习的能力，这将帮助你把努力工作和实践看作通往成功之路。

思维误区：我数学不好，我永远也不会进步。有好多事情我都做不到，有好多人都比我更有天赋。我被自己的天赋困住了，再也不能进步了。

重新定义：那是你的僵固型思维在作祟，并不是真相。真相是，有了成长型思维，再加上大量的练习和努力，你可以完成你下定决心要做的几乎任何事情。天赋并不是其他人做得这么好的原因，努力才是。

僵固型思维与成长型思维并不是泾渭分明的。研究表明，人们的思维都是僵固型思维和成长型思维的混合体，我们在两种思维模式间来回切换。如果你觉得自己的思维更倾向于僵固型思维，你可以做一些事情使自己的思维朝着成长型思维迈进。如果你已经默认自己具有成长型思维，那么你可以通过练习使它变得更强大。

这么做的第一步，是学会发现自己何时陷入了僵固型思维的圈套。问问自己，是什么触发了这种看待世界的方式。是不是当你遇到一个你不能解决的问题（我很笨），当你拖延（我很懒），当你没有站出来为自己辩护（我很害羞），或者面对不公不表明立场（我是个懦夫）时？

顺便说一下，括号里的话都是消极的自我对话，或者是在用消极的方式叙事。当你对自己说“我很蠢”或者“我又笨又懒”时，你是在对自己讲故事。当这个故事讲了足够多次时，你就会开始相信了。

要想逆转这个过程，就要善于观察，注意你的僵固型思维是否处于主导地位——不要评判它，只要注意就行了。接下来，利用重构的力量改变你的问题，利用故事思维“改变叙事，改变结果”。

每当你发现自己处在僵固型思维的状态时，留心你正在讲的故事，重新构思，然后讲一个更好的故事。例如，与其说“我很蠢”，不如试试这个故事：

> 我真的很纠结这个问题，我需要一些新的想法。我可以寻求一种新的解决问题策略（保持好奇），我可以寻求帮助（深度合作），我还可以给自己更多的时间，在解决这个问题之前更加努力地学习相关的基础知识。

这个故事好多了吧！

或者，与其说“我又笨又懒”，不如试试这个故事：

> 我发现自己不想着手处理这个问题，我在拖延。
>
> 我可以确保我拥有所需的所有信息、相关研究和资料。（意识）我可以重新定义任务，（重构）或者找到新的方法来重新定义问题。我可以列出完成这项任务的好处，这将激励我开始行动。

明白了吗？要改变你的内在叙事。

迈向成长型思维的最后一步就是问问自己："今天我能学到什么？我能否围绕学习和成长的目标，重新构建我任务清单中的挑战？我能用学到的东西为别人服务吗？我今天能当老师吗？"顺便说一句，好老师总是很会讲故事。学习、成长、分享你的经验，都是强化成长型思维的好方法。

你的首要任务是接受和培养你的成长型思维。制订一个计划，使你朝这种新的思维模式转变。你需要多加练习和不断强化，才能使成长型思维成为你解决问题的自然方式。

一旦你接受了这种思维模式，并且努力把工作设计成你想要的模样，就不可避免地会遇到一些挫折。这时，坚强就要发挥作用了，因为当世事变得艰难时，坚强者就会变得越发坚韧不拔。

变得坚毅

坚毅。

哪些人能熬过在西点军校被称为"野兽营"的7周基础强化训练？谁又能通过更加严苛的"绿色贝雷帽"特种作战队的选拔？包括负重跑步数英里，爬过带刺障碍网下的泥和水，以及一系列更为残酷的挑战。谁会是最有效率的销售人员？谁的表现甚至会超过最有天赋的运动员？这些问题的最佳评价指标就是坚毅！

安杰拉·达克沃思是宾夕法尼亚大学的知名心理学教授，也是《坚毅》一书的作者。她发明了测试坚毅的方法，你可以在这个网站测试你的坚毅等级：angeladuckworth.com/grit-scale。

尽管人们的天赋各不相同，但达克沃思的研究发现，在困难的条件下，天赋、智商与成功几乎没有任何关系。是坚毅的品质将成功者与失败者区分开来。因此，在设计你的职业时，坚毅是需要培养的重要品质。有一些方法可以培养更有韧性和更坚毅的品质。

以下4个因素被达克沃思称为“成熟且坚毅的人所具备的共同心理资产”。[26]

1. 兴趣。一切从享受你所做的事开始。要想坚持下去，你需要对你要做的事有内在的兴趣（更多关于内在动机的内容见后文）。我们会在这项资产中加入设计师“保持好奇”的心态，它可能是产生兴趣的起点。

2. 练习。你必须全身心地投入刻意的练习中，直到精通你所做的事。你必须每天、每周、每年都练习。练习永无止境，它本身就是目的。

3. 目标。必须相信你的工作不仅对你自己重要，它还有更重要的意义。

4. 希望。当事情变得艰难，你的计划行不通时，希望会是你继续前行的动力。希望与乐观主义相关，它让你从内心深处相信你的使命最终是可能实现的。

培养你的好奇心和兴趣，努力练习，成为某种技能或某个学科的大师，定义更伟大的目标，保持希望，这些都会强化你的坚毅品质和你完成目标的能力。这听起来很像一位拥有了不起的事业和人生的设计师的心态。

研究表明，与观看猫咪视频、盯着时钟或是抱怨工作相比，每天尝试培养坚毅心理是你对时间更有效的利用方法。

好吧，也许并没有权威的研究将观看猫咪视频和培养坚毅品质做过对比，但是如果有的话，请相信我们，后者每次都会赢。

如果你已经培养出了成长型思维，正在变得优秀且坚毅，现在就该看看我们工作的首要动机是什么。因为，作为你自己的老板，你需要知道如何最好地激励你的关键员工。

职业生涯的自主性、相关性和胜任力

思维误区：我对我的工作不满意，我不知道如何才能改进。

重新定义：我认识到我的内在动机，我知道如何提高我的自主性、相关性和胜任力。

一天的工作结束时，能让我们的工作充满挑战和乐趣的还是我们自己。不论我们是在开公交车还是促成企业合并，任何工作都是如此。为了让我们的工作充满乐趣和回报，我们需要再次求助于心理学家。一项关于人类动机的研究叫作“自我决定理论”，该理论认为我们是具有内在动机的动物，除了对外部动机做出反应，要想全面了解人类动机，还需要了解我们对自主性、相关性和胜任力的心理需求。

读到这儿，是不是有人望而却步了？

心理需求？理论上来说很好，但我要的是现金。现金才能激励我，让我更快地投入工作。还是让我们来讨论一下我银行账户的自主性、相关性和胜任力吧！

说得好！我们当然需要满足自己的财务需求。但研究表明，激励人类的动机很奇特，尤其是当他们不再为生计发愁时，激励他们的不是现金，而是好奇心和解决难题的内在挑战。在其著作《驱动力》一书中，丹尼尔·平克描述了动机心理学研究的一些惊人发现。

> ……人类的动机似乎遵循着与大多数科学家和普通人观点相反的法则……我们（认为我们）知道是什么促使人们前进。奖励，尤其是实实在在的现金，会强化兴趣、提高业绩。(然而，这与研究自我决定理论的心理学家的发现）几乎完全相反。当金钱被用作某项活动的外部奖励时，参与者便对这项活动失去了内在的兴趣……人类有一种内在的倾向：去寻求新奇和挑战，去扩展和锻炼自己的能力，去探索和学习。[27]

丹尼尔描述的是爱德华·德西的研究工作。德西是一位开创性的心理学家，他和理查德·瑞安等人一起，在过去的 40 年里发展了这样一种观念，即除了原始的外部动机（对食物、住所、安全等的渴望），人类还有强大的内在动机，这些动机在某种程度上是他们对自己的奖励。换句话说，人类会仅仅因为一些事情有趣就去做。人类是充满好奇的动物。德西和瑞安以及其他人已经证明，你可以通过引入外在奖励（比如付钱让人们去完成同样的谜题）来搞乱内在的奖励系统（解一个谜题是因为它很有趣）。当你给人们原本使用内在奖励系统的任务付钱时，他们的表现其实会变差。

这就是一个奇怪的悖论。

让我们来看看我们与生俱来的心理需求：自主性、相关性和胜任力。

自主性的最低层次需求就是控制自己生活的需求，它是人类的驱动力和内在的心理需求。我们都希望可以在工作中决定自己做什么，和谁一起做，什么时候做。德西和瑞安写道："在现象学的层面上，人类的自主性体现在伴随自我调节行为的正直、意志和活力的体验中。"[28]

在工作中，你通过上班和决定上班质量的好坏来发展自己的自主权。当你养成了超额完成工作的习惯时，好事就会发生。

安是一家快餐店的值班主管，她的日常工作内容非常固定。她已经接受过培训，可以根据行业惯例做好本职工作。她还自修了著名的汉堡大学的课程，学会了一种非常有序而具体的方法，可以最大限度地提高餐厅的客流量和盈利能力。你可能会认为，在她这样的工作中，个人没有什么自主空间。但事实并非如此。安遵守规则，管理严密，行为端正，班次被她安排得井井有条。此外，安也会为自己的值班员工花很多心思。她会每隔一天带来一些鲜花，把它们放在时钟旁边，以美化工作环境。她非常舍得花时间，经常帮助新员工学习制作食物的规则和流程。有一次，安注意到轮班时的交接工作十分混乱，因此，在没有征得许可的情况下，她便开始着手解决这个问题。她邀请三个值班主管一起喝杯咖啡聊聊这件事，他们都谈到了这样一个事实：员工没有动力遵循"让你走时的营地比你来时更好"这一原则。同时由于值班员工急于回家，往往没注意他们交接的工作其实有些问题。这就导致厨房乱成一团（这具有潜在的食品安全隐患），还有一些订单被搞砸了。安提出，大家可以通过"原型设计"安排一个新的时间表，让一名员工担任“轮班主管，负责安排交接班事宜”。他们的目的是努力实现无缝衔接。员工都同意尝试一个月，结果很好，不再有订单损失，工作场所也更干净、更快乐。

安还有很多其他方法让员工更加高效，更重要的是，更加快乐。“当我听到备餐区传来歌声，大家正在玩一个游戏，比比谁能最快地清理隔油池，我就知道我的团队合作得很好。而且在我的班次中，人员流动率最低，没有人辞职，管理层也注意到了这一点。”

如果安可以在她准备快餐的工作中获得自主权，你也可以。

相关性是指与人和社区建立联系的心理需求。我们发展和维持相关性的途径包括与同事接触，在项目中进行良好的合作，对我们的同事和老板的需求感同身受，等等。建立联系是人类强大的动机，也是我们进化史的基本组成部分。人类本身并不是很强壮或者很勇猛的动物。在野外，几乎所有食肉动物都比我们更快、更致命。为了生存，我们必须学会一起生活、一起狩猎。随着人类不断进化，人类最好的生存策略就是组成强大的家族和部落群体。这种内在的相关性需求在工作中也会表现出来。

想一想你因为参与某个项目而充满活力、感到兴奋的时候。作为团队的一员，为团队努力工作渗透了我们生活的方方面面，从体育运动、社区活动到社会活动都是如此，而深度合作是设计师自然而然表现出的一种相关性。

相比之下，被隔离在小隔间的矩阵中，独自一人完成与团队、组织或公司的使命没有明显联系的任务，这不是一个健康的工作环境，也不可能是使你达到最佳工作状态的地方。

那一年，比尔刚从斯坦福大学毕业，获得了产品设计硕士学位。

他的一位教授创办了一家非常成功的科技公司，名为“聚合技术”。他为比尔提供了一份特殊的工作。这个工作项目处于“超级隐秘进行的状态”。那是他有史以来最棒的工作体验之一。聚合技术以工作难度大而著称，公司的首席执行官喜欢称其团队为“硅谷海军陆战队”，项目管理非常严格。比尔是三个机械工程师之一，小团队大约有20人，他们努力设计和制造当时世界上最轻薄的笔记本电脑。为了完成这个任务，团队每天要工作很长时间，一直工作到深夜。聚合技术项目部有一个说法：“周末里有一周。”也就是说，周末有48个小时，你只需要睡8个小时！比尔在很多个“周末周”工作过，有些周末他压根儿没有睡觉。他记得有一个周日，他“早早”下班，去参加妈妈的生日派对，去的路上，他不得不在一家百货公司门口停下来，买一件干净的衬衫，因为他已经三个星期没有洗衣服了。截止日期迫在眉睫，失败的可能性明明白白存在。该团队将每一项技术都推向了极致，投入生产线的资金超过了2 000万美元，这在1982年可是一笔非常巨大的投资。

尽管工作时间之长、压力之大听起来很严酷，比尔仍然认为那是他做过的最棒的工作之一。深度协作和团队精神无与伦比，每个人都在做他们以前从未做过的事情，大家相互支持。他们在实验室常常工作到深夜，最终让主板第一次运行起来。[29]

那是大约35年前的事了，当时和比尔一起工作的团队，至今仍然对那段经历记忆犹新。项目结束后，他们每年都会举行聚会，数年来一直如此。如果比尔遇到他的老队友，他知道他们一定会聊上很长时间，回味自己在那个团队时的感觉。

顺便说一句，他们制造的开创性笔记本电脑WorkSlate在商业上属于彻底的失败。公司在WorkSlate上市一年后便关闭了该部门。这个项目中没人发财，也没人认为产品获得成功才是他们拥有今日成就的原因。它始终是关于人和旅程的，一直都是。

图 5-1　聚合技术生产的 WorkSlate 笔记本电脑，诞生于 1983 年

胜任力就是它的字面意思。我们都想做好自己的工作。有些人甚至想成为行业中的佼佼者。我们通过练习技艺来提高自己的能力（这里面有坚毅的元素），直到达到别人所说的精通程度，然后通过更多的练习来“超越”自己。你的坚毅和持之以恒的品质是关键。胜任本身就让人感觉很好，这就是为什么认同我们所做工作的价值十分重要。为了做好工作，我们需要发展技能。如果发展的技能是我们在意的，我们会内驱自己提高我们的能力。相比之下，如果我们对工作不上心，那么我们就不会在乎提高工作所需要的技能，更不用说使其达到精通了。

为了提高我们的能力，我们需要在两个方面进行自我投资：一是我们的工作优势，二是我们的工作劣势。就优势而言，你可以发挥你的优势（比如领导一小群人），推动自己进入下一个阶段（成为世界级的团队专家）。我们很容易依赖自己“原始”的天然优势并尽情地利用它们，但要想充分利用自己的优势，就需要发展它们。

反之亦然。大多数人都会在工作中需要掌握一些我们并不擅长但绝对必要的技能。例如，如果你想成为一名大学教师，就必须擅长当众演讲。

比尔就不擅长。

比尔天生就是个内向的人。他更喜欢一对一的工作，或者和小团体一起工作，甚至是单打独斗。他喜欢在领导层发挥影响（他是一位伟大的战略家），但他不喜欢站在房间的前面，尤其是大房间。而这正是受欢迎的老师不得不反复做的事情。比尔热爱当老师，培养学生，构思设计思维课程，领导设计人员，但他不喜欢当众说话。不过他也意识到，如果他想做好他的工作，就必须学会当众说话。于是他观察一流的老师，和他们讨论做公众演讲的方法。他研究了通过公众演讲传播信息的科学，了解了有效传递重要且持久信息的精髓。之后他便进行练习。他一遍又一遍地教学，并从同事和老师那里得到了建设性的反馈。这个过程一开始并没有那么有趣。他觉得自己笨手笨脚，得到的批评多于肯定，这一点谁都不会喜欢。但是他很投入（坚毅的品质很重要），而且他真的相信口才并非遗传，而是可以学好的（他有一种成长型思维）。他成功了。比尔经常得到良好的教学评价，并且享受教学——既能促进学生学习，又能把工作做好。他很享受自己具有教学和公众演讲的能力。

当你的技能和工作要求之间有差距时，把它看作一个成长的机会。这当然需要你付出很多努力，但另一方面，对你以及你的同事和你的服务对象而言，这将会带来丰厚的回报。

比尔仍然很内向，所以在上了一整天课之后，他很开心……也很疲惫。对比尔来说，在教室前面站了一天之后，最好的事情就是回家小睡一会儿。相比之下，戴夫性格外向，所以一天的教学结束之后，戴夫想要骑两个小时的自行车来消耗多余的能量，然后继续给妻子讲课堂上发生的故事。比尔和戴夫都热爱教学并在努力提高自己的能力，但他们体验教学的方式各不相同，各有各的特点。能力是个人的，当你想提升自己的能力，达到精通的程度时，请结合自己的情况，以适合你的方式去做。

自主性、相关性和胜任力是你人性中的内驱力，它们属于你的内在动力系统。每个人都有这些动机。当你在工作中具备这些动机时，你就会做得更好，与同事的联系也会更加紧密，因此更能体验工作的意义。这就是发展你职业的内驱力的意义所在。

培养员工的内驱力

作为一名经理，你可以为你的员工设计机会，让他们体验自主性、相关性和胜任力。作为一名雇主，鼓励员工在工作中创造这些内驱力也符合你的最大利益。你应该不断地问自己："我有没有满足员工对独立性和自主性的基本需求？我信任他们吗？我的团队成员具有自主性吗？他们在工作中有学到什么吗？"

如果你没有在工作中鼓励员工追求自主性、相关性和胜任力，那么，可能是时候检查一下你们团队的离职率了，还有员工留存率。招聘新人的成本从员工工资的 20%~200% 不等，而替换核心员工、管理人员和高管的成本最高。这些并没有反映在你的成本上，但可以通过降低的工作效率、低迷的士气、骤增的压力体现出来，这些都会导致员工出现潜在的倦怠感。没有离职的人通常留下来更努力地工作，在你寻找替代者的同时承担离职员工的工作。这些又会增加面试的时间以及招聘和培训新员工的成本。[30] 如果你认为你的员工是因为钱而离职的话，再想想吧！人们辞掉的不是工作，而是老板。投资可以提升员工效率的方面吧，这是管理者对自己成功的直接投资。

热爱不是起点

有人说，如果你知道你的热爱所在，你就知道如何对待你的生活。我们不信这种说法。热爱是一种自我组织朝着目标奋斗的单一驱动力，是非常罕见的。研究表明，热爱通常是在感兴趣的领域努力工作的结果。因此，你可能多年都不知道自己的热爱所在。我们注意到，真正的热爱在生命的早期就会出现，往往发生在那些沉迷于艺术的人身上。舞者、歌手、设计师和各种创意人员，他们“从热爱开始”的动机所占比例比大多数人都高。这些人的“创作者组合”主要集中在表达上，这是一种由内而外（内在）产生的工作动机，而非由外而内（外在）产生的工作动机。艺术家的工作满足感主要来自内心。对大多数人来说，我们的工作动机是外在的，依赖于其他人、情况、系统等。一个消防员要依赖卡车、特殊设备，或是一支由受过特殊训练的队员组成的庞大队伍，与市政府、警察和当地民众也有复杂的关系。大多数职业都是这样的——除了你自己，还要面对许多复杂的相互依赖关系。

所以，要在这个世界上生活多年，经历各种情况，才能明白自己真正适合什么职业。研究表明，这就是为什么大多数人要到 35 岁左右才能在工作中找到真正的自在感。

如果你在工作中还没有感受到热爱，不必担心，热爱的形成需要时间。在发展热爱的感觉过程中，保持好奇，关注吸引你的东西。如果你足够专注的话，就可以留意到你职业生涯的每一步，你正做的事，是不是或多或少在朝着你所热爱的方向发展。有几个关键的迹象表明，有些事情不会激发你的热爱：

- 对工作中要完成的任务感到无聊。
- 不愿意在任何项目上“熬夜”。
- 并没有努力完善你的技能，使其卓越不凡。
- 没有跟上你所在领域的发展。
- 对同行在做什么并不好奇。

我们的建议是集中精力设计一份你喜欢的工作，现在、立刻、马上。这份工作应该能最大限度地改善你的成长型思维，增强你坚毅的品质，并关注你的内驱力，这样你就有可能找到自己的热爱所在。

我们都想要一份既有意义又能挣钱的工作。好消息是，你是自己的老板，所以保持好奇，开始为更好的工作进行原型设计吧！将你自言自语的怀疑转变为积极的态度，大声讲出你的故事。遵循你的内在动机，把自己培养成一个独立自主且富于创造的员工，多与他人合作，努力工作，在你的工作领域里精通业务，并专注于使工作有意义的需求。当你以成长型思维来对待工作和生活时，当你变成更坚毅的自己时，你会创造出对你，乃至对整个世界都至关重要的工作。

当然，工作中还有一些神秘的事情是我们无法掌控的，也不是所有事情我们都能够理解，诸如暗流涌动和权力博弈等，这就是办公室政治。在下一章中，我们将探讨如何应对这些特殊类型的挑战，以及为什么这样做符合你的最大利益。

不断尝试

以下是一个简单的清单，你可以用它来校准你的位置，看看你离创造一个既有意义又能挣钱的工作还有多远。填写针对你现在的工作和过去的工作的调查问卷。别忘了，你可能还在做没有报酬的“工作”。为这份工作也填写一份清单，你可能就会理解生活中的意义和热爱来自何处。

工作描述：______________________________

表 5-1　为你现在的工作填写一份清单

评价你是否同意下面有关工作的陈述（基本同意选“是”，基本不同意选“否”）		
问卷调查	是	否
1. 我几乎每天都享受这份工作		
2. 这份工作是我职业生涯的一块敲门砖，我想把工作做好，以便将来有更好的机会		
3. 我对这份工作比刚开始时更感兴趣		
4. 我想我可能在这份工作中发现了我的使命，或正在朝着这个方向发展		

（续表）

评价你是否同意下面有关工作的陈述 （基本同意选“是”，基本不同意选“否”）		
问卷调查	是	否
5. 我喜欢在这份工作中学习新的东西，几乎每天都是如此		
6. 工作上的挫折不会使我泄气，我不会轻易放弃		
7. 我喜欢设定个人目标和职业目标，我会通过这份工作来实现我的目标		
8. 我有自主权，可以用我认为最好的方式完成这份工作		
9. 我喜欢与同事们合作，这是这份工作中最棒的地方之一		
10. 我正努力将这份工作做得越来越好，我希望有一天我能掌握这份工作的所有要素，迈上新台阶，并不断进步		

计分方法：每回答一个“是”就给自己加一分。

1~2 分：你是为了生计而工作，你当前的工作可能只是一份工作。

3~4 分：你喜欢你的工作，并且可能正在把它变成终身的工作。

5~6 分：你正变得越来越坚毅，正从事你认为有价值的工作。

7~8 分：你可能已经听到了你内心的召唤。

9~10 分：太棒啦！我希望我能拥有你的工作，也许还有你的生活。

第　二　部　分

工作设计

6
办公室政治

思维误区：我不明白我的工作是怎样进行的，一切都是办公室政治。

重新定义：我可以通过学习如何管理影响力、权威和权力，来学习如何取得成功。

我们要变得政治化。

不是那种政治，是工作上的政治。

听着，我们明白，你不喜欢政治，你不懂政治，你对政治敬而远之，办公室政治都是闹剧，根本不是你想要的。

我们懂的。

我们也知道一个简单的事实：为了成功地设计你的职业，理解工作中存在的权力结构至关重要。除非你了解公司里的权力和影响力如何运作，否则你没有办法得到你想要的东西。你必须要懂政治。

有些改变很容易做到，因为你能控制局面，但有些改变牵涉比你更有权威的人，这就是政治重要的地方。

你看，有些人就是“通行证”。

我们必须了解办公室里的各种变化是如何发生的。每当你看到工作中的变化，问问自己，是什么引发了这种变化？答案就是决定。我们换了地毯，我们买了新的复印机，我们把公司卖给了某个跨国银行，我们决定买一辆卡车，不再租车了，等等。所有变化都是因为一个决定发生的。

决定导致变化。就是这么直接。

所以，问问你自己，在工作中做决定需要什么？

不是时间，不是运气，也不是美貌。是权威。要想做出改变，你需要成为一个拥有这种权威的人。

如果你是一家货运公司的高级采购员，那么你就有权决定公司是否应该停止租车，而去购买卡车。因为从长远来看，你认为这么做成本更低。你有权决定买一堆卡车，因为你是负责人。决定更换大厅地毯的业务主管和决定把公司卖给出价很高的瑞士公司的老板也是如此。要想做出决定并且推行下去，你必须拥有权力，然后把决定变成执行力。

那么问题就变成了：这就是全部吗？权威人士做出决定，世界就以此为规则运转吗？不，世界并没有那么简单。决策之外必然还有很多其他声音，所以肯定会有其他事情发生，这就是影响力的作用。

影响力通过影响有权威的决策者发挥作用。因此，如果你对一个导致改变的决策产生了影响，那么你的影响一定受到了权威人士的欢迎。这是所有组织的一种权力运作方式。

搞出点儿大动静，让自己影响决策过程，这似乎看起来挺有影响力，实则不然。如果想产生影响的人没有对决策产生影响，他就不是有影响力的人。影响力是指对那些决定某个改变的决策者产生影响。

政治的核心内涵是影响力的运作。

当我们理解了什么是影响力（对权威起作用），它来自何处，如何运作，以及当我们想要施加影响并搞定办公室政治时，就可以取得更好的效果。这会使我们的职业设计更简单、更有效。

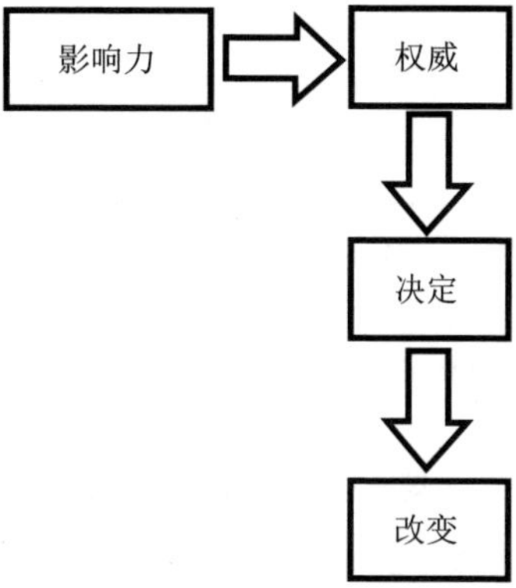

图 6–1　从影响力到改变

影响力、权威和权力

权威是做出决策的权力。

影响力是一种作用于权威的权力形式。

现在让我们来看下图所示的模型：在影响力和权力的图中，你有 / 无权力，你有 / 无影响力。

从图中可以看出，每个组织中大约有四种人：有影响力的权威人士、无影响力的权威人士、有影响力的非权威人士，以及无影响力的非权威人士。

让我们简要介绍一下一个组织中的四种不同的人。

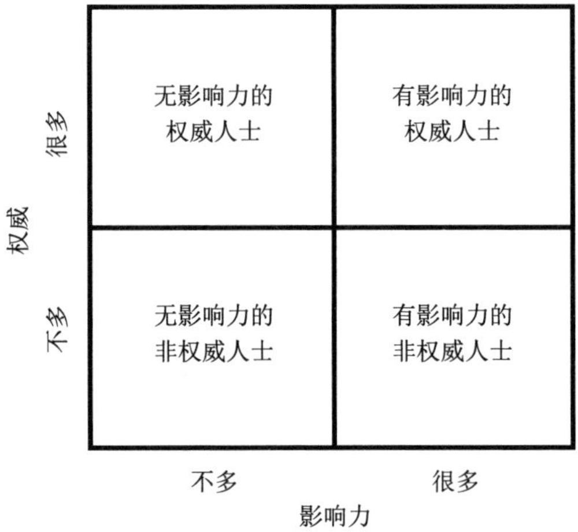

图 6–2　组织中四种不同的人

无影响力的非权威人士

无影响力的非权威人士，这些人既没有影响力，也不是权威人士。这些人没什么权力，不过话说回来，这也没什么不好的。每个组织里应该都有很多这样的人，很多工作都是由他们完成的。如果你把一个组织里的这类人全都开除，那么剩下的人会按图表上的权力和影响力进行重新分配。这张图的四个象限中总是会有人，它只是对任何情况下组织内人员的一种描述而已。

我们没有评判任何人，只是在描述事情的运作方式。大多数人都属于无影响力的非权威人士这一类，他们有价值，也很重要，但不一定会对重大决策产生影响。教室里的老师，商店里的店员，本地医院的大部分医生，华盛顿特区的新议员，他们都属于这一类人。

无影响力的权威人士

无影响力的权威人士是组织中地位相对较高的人，但他们的影响力并不是很大，不一定负责公司的核心业务。负责办公室隔间和复印机的设施主管处于一个权威的位置，但他们并没有真正的影响力。他们可能手里握有很多预算，因为写字楼的租金确实很高，但是他们并没有制定组织战略方向的权力。

这类人还有可能是组织中“过气了的明星”。他们成了辅助性的独裁者，虽然身居高位，实则无所事事。也许他们在过去做出了巨大的贡献，所以获得了提拔并得到留任，但是公司战略方向的改变导致他们落伍了。他们在组织内有一席之地，不是关键角色，但是大多数组织里都有几个这样的人。

有影响力的非权威人士

上图右侧是权力象限，这两类人都有影响力。有影响力的非权威人士在组织中拥有话语权。实际上，戴夫在斯坦福大学实验室的那些日子里，就是一名有影响力的非权威人士。作为领导力延展计划的一部分，戴夫和比尔为斯坦福人生设计实验室聘请了一名出色的常务董事。她为比尔工作（那时比尔是整个斯坦福人生设计项目的执行董事，所以他是大老板，而且绝对是有影响力的权威人士)。她还基本承担了戴夫的管理职责。实验室里的每个人都向她汇报，然后她再向比尔汇报。戴夫一直都在，做一些教学和辅导方面的工作，但他不是权威人士。他 12 年前开始做这些事，并与比尔一起写书，至今仍有很多很棒的想法，所以他的影响力很大，不过他并不是权威人士。

在每一个组织里，你都能看到这样的人。比如校长在考虑改变某些事情时，会倾听真正有远见的课堂教师的意见；决定更改餐厅的菜单或装饰时，老板总是咨询服务生的意见，因为老板知道他们最了解顾客的喜好；区域经理在改进网站设计时，总是向国税局咨询台的电话服务专员寻求建议。戴夫也是一样的，他们都是有影响力的非权威人士。

有影响力的权威人士

最后一种人同样重要，他们是既有权威又有影响力的人。这些人之所以被倾听，是因为他们说的话很重要，他们身处权威的位置，所以可以做出决定。这些人才是真正的权力玩家。

大老板(首席执行官、店主、总裁、总经理、总指挥)几乎总是有影响力的权威人士。当然还有其他人。这与一个人的职责范围有关，这些人通常表现为对预算和资金的规模和使用情况有控制权。城市经理是常任的雇佣人员，负责监督大笔预算及其支出情况，而市长每两年选举一次(所以任期短，承诺的事也容易不了了之)。相较而言，城市经理可以说属于更有影响力的权威人士。美国国家橄榄球联盟球队的主教练通常是第三级管理者，他需要向总经理汇报，总经理再向老板汇报。但是主教练显然是有影响力的权威人士，因为他对团队最重要的事情负有最大的责任——赢得比赛并进入季后赛（可以获得一大笔奖金）。这是个危险的工作，要么带领球队获胜，要么被炒鱿鱼，但是如果他赢了，他就可能变成整个组织中权力最大的人。

影响力 = 价值 + 认可度

理解影响力和权威模型是很好的开始，但是你如何利用这个模型来增加的你的影响力，以获得更大的权力呢？简单点儿说，你需要与企业和其他有影响力的人在战略和文化上保持一致，并做出得到当权者认可的贡献。因此，影响力就是你贡献的价值与你贡献该价值所获得的认可之和。

影响力 = 价值 + 认可度

一切都与价值有关。这是一个非常重要的观点，它能让你克服对政治的负面情绪。当我们谈论政治的时候，我们谈论的是影响力的运用。这种影响力作用于当权者，当权者有权做出决定。这种影响力有一个非常合法的来源，它来自你为组织在战略和文化上创造的真正价值。

有权做出决定的人应该使组织团结协作，向成功迈进。如果你是其中的一员，你就得有目标、有策略。你正在努力完成一些事情，比如试着制造和销售新型自动驾驶汽车，或者确保人们在街角的杂货店有着良好的购物体验。无论你用你的权力做出什么决定，它们都应该致力于为企业、合作伙伴和客户创造价值。

那么，如果安吉拉是一位权威的决策者，她会倾听谁的意见？这么说吧，如果决策者认为你有好点子，能助力公司做更有价值的事情，变得更成功，她就会听你的。她不会因为喜欢你的裙子，或是你曾经和她表哥约会过而听你的。（有时候那些理由也会成为原因，那就是糟糕的办公室政治，但是比较少见。）大多数有影响力的人之所以有影响力，意见会被安吉拉这样的人听取，是因为他们的意见和忠告有价值。

那么如何成为一个有影响力的人呢？其实很简单。你要使组织更有价值，这意味着你可以通过有价值以及出色的工作来帮助它取得更大的成功。重要的是，你使组织增加的价值在战略上应与组织的发展方向保持一致，并且能够得到那些有能力做决定的人的认可。

如果你使组织增加了价值却没人知道，那么这种行为是一种高尚的贡献，但不会让你变得有影响力。如果你试图通过吵闹或是好人缘来获得认可，但并没有做任何有价值的事情，你的影响力也许暂时奏效，但效果会很快消失。真正的影响力来自不断增加的价值和被认可的记录。这是好事。决策者需要有影响力的人，因为没有这些人，他们在处理所有事情时就都得自己想办法。因此，一个由权威和影响力组成的健康生态系统，也就是我们对健康的办公室政治的定义，这其实有助于打造一个更强大的组织。

现在你是不是更喜欢政治一些了？

价值危机与办公室政治

糟糕的事情时常发生。政治变得丑陋时，没人会喜欢。丑陋的政治是嘈杂的，它不仅代价高昂，还会伤人。糟糕的政治有时会带来破坏，或是让事情毁于一旦，可能还会导致公司倒闭，所有人失业。

糟糕的政治之所以发生，通常因为存在两种情况：第一种是组织中有人玩弄权术，第二种是公司出现了价值危机。

我们要区分权力斗争和权力游戏。权力斗争是指有合理意见的人在正确的事情上发生冲突。让我们回到之前公司是租车还是买车那个例子。假设有一组人真的赞成租用卡车，因为那样更新车队会更容易，而另一组人非常支持购买卡车，因为那样运营成本会更低。双方的意见都很现实，因此要想做出一个好的决定，斗争是合理的。组织中两个权力平等的部门意见相左，出现冲突，这其实不是坏事，这是合理的权力斗争。没关系，解决斗争，做出决定，继续前进，这会让公司更强大。在权力斗争中，每个人都想为组织做对的事，他们只是在什么是对的事情上有不同的意见而已。

在权力游戏中，有些人不是在为公司做对的事，而是在为自己做对的事。比如在买车还是租车这个例子里，阿丽极力建议买车而不是租车，因为阿丽有个表哥是卡车销售，她真正的目的是让公司从她表哥那里买卡车，从而使他赚一大笔钱。这和帮助公司没有关系，这是权力游戏，不符合也不利于公司的发展战略，这肯定不行。

政治变坏的第二个原因是公司出现了价值危机。

假设格斯在街角开了一家杂货店，多年来他一直经营得很成功，但是最近顾客消失了。与他打交道很久的老顾客现在都在变老，新搬到附近的人更倾向于在网上购物，他们对那些卖有机食品和营养品的大型连锁店更感兴趣。格斯不知道怎么吸引这些新来的人到他的店里试试，他真的遇到了麻烦。事实上，他已经开始赔钱，开始恐慌了。

当你的商业模式遇到挑战，不知道该怎么做，你不确定什么是好决定时，无论大小企业，都会陷入价值危机。在这种情况下，“影响力 = 价值 + 认可度”这个等式便不再有效，因为我们不确定“价值”的真正含义。是在店铺的窗户上把品牌标志画得更大，还是在社交媒体上进行更多曝光？（30 年前他成功开设这家店铺时，社交媒体还不存在。）格斯不确定怎么做更有价值，是为这些新的“美食家”客户储备更多的有机食品，还是启动送货上门服务？当你不知道你为何会失败，也不知道该怎么做时，你就没有策略，这就是你陷入混乱和价值危机的时候。

当你不知道如何做出正确的决定时，你就会随机做出决定。人们开始选择那些想法听起来最酷或者声音最大的人。突然间，就这样做出了决定，一切都在不断变化，没有明确的方向。当没人能区分好决定和坏决定时，事情很快就会变得很糟糕。

而且，不仅仅是街角的小杂货店被不断变化的人口结构困扰这么简单。这种情况可能发生在任何承受着巨大压力或价值混乱的组织中。比尔在苹果工作的那段时间，史蒂夫·乔布斯已经离开了（几年后他又回来了），公司前后上任了三位首席执行官，每个人都为公司带来了一个新的愿景，但很快大家就都不知道自己该做什么了。衡量“正确决策”的标准不断变化，糟糕的办公室政治很快随之而来。大家争论不断，为自己钟爱的项目争取资金，不是因为他们有策略（根本没有），而是因为他们想争取个人权力。

我们见过这样的例子：在一个只有三个人的初创企业中，当联合创始人无法就战略目标达成一致时，事情就开始变糟。他们并没有一起努力进行更扎实的研究——“共同构建未来”，而是两位创始人（他们在前一家公司是朋友）联合起来对付第三个人，一场权力游戏随之展开。第三位创始人被赶下台，最终付出的代价高昂。被驱逐的创始人通常会在公司公开募股的时候回来，然后提起诉讼，要求收回自己应得的公司股份。然后公司会乱作一团，这很没必要，但这种情况比你认为的更经常发生。

因此，当某些人只为自己着想而开启权力游戏，或是当出现价值危机而没人知道如何做出正确的选择时，往往会导致办公室政治变得失控。我们的建议是：在这种情况下你必须要小心，确保你不会陷入困境。你必须尽可能充分地了解情况，知道发生了什么，但是不要离冲突中心太近从而受伤。大多数糟糕的政治局面不会持续太久，最终总会有人来收拾残局。如果你能识别出那些人是谁，使自己对他们有价值，你就可以再次站在健康权力结构的一边。做一个精明的政治观察家，不断增加自己对正确的影响者和权威人士可见的价值，就会带来好的结果。

权力、影响力、权威模型

大多数人都见过传统的组织结构图。下图是基于权威程度的组织结构图，显示了一个组织中谁地位高谁地位低的等级关系。大老板、小老板、中层经理、工人，这是几个世纪以来人们绘制组织结构图的方式。这种组织结构唯一的问题是它并没有讲述真实的故事，因为在一个公司里，权力和影响力的运作方式不是二维的，而是三维的。

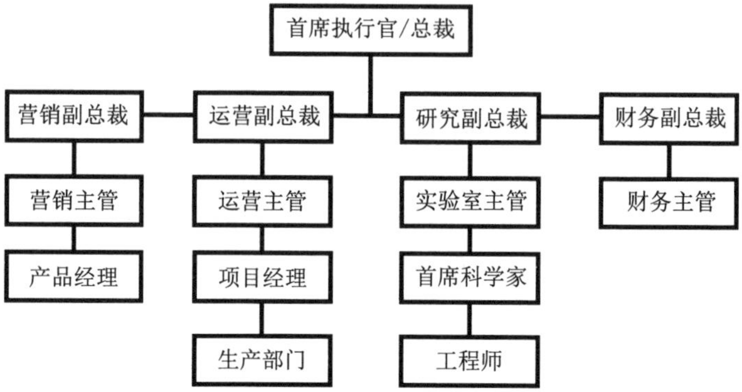

图 6-3　典型的二维组织结构图

下图是一个三维的组织结构图，更准确地描述了事物的真实状态。

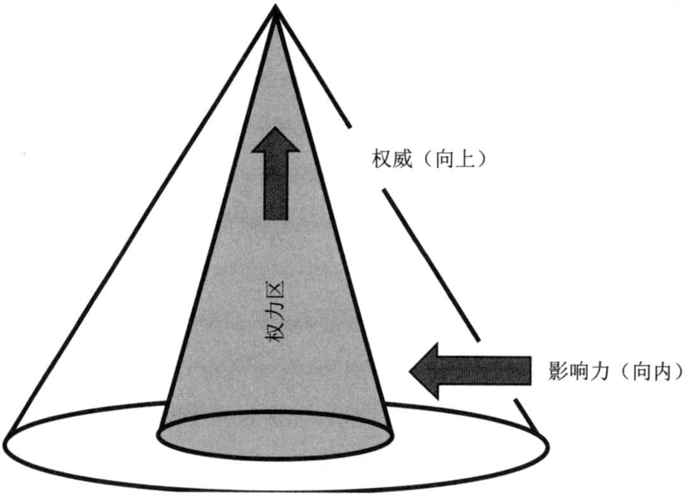

图 6-4　三维组织结构图

在传统的组织结构图中，你只能看到权威的线条，但是这个三维组织结构图不仅包含了权威，还包含了影响力。正如我们刚才解释的，二者都很重要。这个图展示了三个维度，当你在一个普通的组织中升职时，你的权威也会提高。所以在这个圆锥体中，你的位置越高，你的权威也越高。

当你靠近横轴的中心，而不仅仅是向上时，你的影响力也会越来越大。你正在进入权力区。在权力区，有影响力的非权威人士和有影响力的权威人士值得关注。有影响力但权力较小的人在外围。（注：你可以在不进入权力区的情况下进入圆锥体标示的位置，这样你就是一名没有影响力的权威人士。）

这个三维模型图更准确地反映了权力和影响力，以及拥有它们的人是如何在组织中发挥作用的。如果我们能把这个三维模型图转换为全息图，并将其拿在手上，那么我们也可以将其旋转（也许我们可以在下一本书中做到这一点），因为这种影响力和权力的模型图是动态的。工作中的权力和影响力永远不会处于静止状态，事物总是在运动。如果你停止运动，如果你不努力增加自身价值，那么很有可能被离心力甩出权力区，你必须为组织做出贡献才能保住自己的位置。

如果你贡献的价值越来越多，你就将越来越深入权力区，你会变得更有影响力。如果你贡献的价值变少，你的地位就会开始下降。

因此，聪明的设计师可以重构他们对组织的理解，以适应这个三维的动态系统，并努力提高他们的权力，扩大他们的影响力。这就是生意之道。

对个体经营者来说，当你读到这一章时，你可能会对自己说：哈！自主经营的感觉真好，不用面对这一切！事实上，这一章对个体经营者比任何其他群体都更为重要。没错，你不是在一个传统的组织中，也没有人会一直给你发送最新的组织结构图，但你肯定也是在组织中工作，只不过你的客户通常是公司而已。即使客户是个人，政治也仍然很重要，只是没那么复杂罢了。原因很简单，作为承包商，你在组织中没有权力，不得不借助其他人的力量来工作，这就意味着你完全在依靠影响力来完成任务，所以你必须在生态健康的政治实践中表现得特别有价值，又能将你的价值呈现得特别巧妙。戴夫是一位没有权威的非雇员顾问，他 20 多年没有领取公司薪水。他的成败完全取决于他在客户公司的政治实践和影响力结构中创造价值的能力。没那么难，我们保证你会学会。

洞察组织权力结构

在你了解权力、影响力和政治后，你就拥有了 X 光般的透视眼，可以让你洞察组织的权力结构。一旦你明白影响力会对正确的决策产生影响并带来改变，你就可以逐渐洞悉决策的政治，进而洞察一切。

有了权力、影响力、权威模型，你就可以发现、理解并识别谁是影响者，谁不是；你可以看到影响力是如何影响决策的，即使决策做出时你并不在场；你还会了解评估过程及其对决策的作用。一旦你更清楚地了解了这些要素的运作方式，你就会很快意识到，这些新的政治见解将如何使你在自己的职业生涯中处于掌控地位。不论组织结构如何，你都可以通过通晓制定决策的实际方法，从而拥有组织结构层面的智慧。如果你能够与拥有权力的人保持一致（无论这种权力是权威还是影响力），并努力增加可识别的价值，你就会以一种非常健康的方式参与现实政治，而不仅仅是“游戏政治”。

你最不该做的就是整天站在那里，像个街头传教士一样在角落里大喊大叫：“我们不应该买卡车！”

那是音量。不是价值。

大声一点儿并不会让你变得有影响力，只会让你变得烦人。

皮特和掌控权力的护士

皮特是一名医生，一名优秀的家庭医生和全科医生。他生活在大都市，因此附近有大型的研究型医院，但也有一些本地的小诊所。他在其中的一家小诊所兼职，同时也兼职做些个人业务。皮特不仅仅是名医生，还是个电脑迷，从初中加入业余无线电娱乐部（如果感兴趣你可以查查看）时就是了。

后来，他兼职的小诊所考虑安装一个新的电子病历系统，即 EMR 系统。皮特真的很想参与这个系统的安装过程，你知道的，因为他是个电脑迷，对这些东西很在行，他认为自己可以帮助他们做好这项工作。但是皮特只是该诊所的兼职医生，没人会想到去问问他应该如何安装 EMR 系统。

一天，在办公时间，皮特和戴夫谈起此事，抱怨自己对 EMR 系统的安装没有任何帮助，于是戴夫让他告诉戴夫整个诊所的情况，而不仅仅是EMR项目。戴夫知道，要让皮特在这种情况下取得成功，他必须与诊所的文化保持一致，也就是说，他必须知道什么对组织来说是有价值的，因为这是找出如何对EMR系统安装决策产生影响的基础。

“嗯，我们正在发展，”皮特说，“但是我们租不起更大的楼，所以我们只能延长营业时间。事实证明，人们很喜欢晚上来当地的诊所，我们一周要上好几个夜班。这有点儿复杂，尤其对护士来说。我跟你说吧，这些天还真得多留意埃丝特。”

“哦？埃丝特是谁啊，皮特？”

“这个嘛，埃丝特是诊所的护士长，她已经在那里工作很长时间了，并且一直在升职。你要是看到诊所是怎么运营的，你肯定会觉得诊所归她管。”

戴夫说：“继续说说。”

“是这样的，因为我们一天三班倒，而不仅仅是一班，不同班次的不同护士负责照顾不同的病人。从一个班次到下一个班次的交接必须完成得很好，否则病人可能会面临危险，整个诊所是过程导向型的。埃丝特很喜欢这样做，她真的很擅长处理流程，并且能确保每个人都遵守规则。她是EMR项目团队的一员，能就护士的顾虑给他们提出建议。”

接着皮特又继续和戴夫说起了EMR项目。

“是这样的，诊所主任和信息技术主管是负责人，他们有权做出决定。他们真的很想使用EMR系统，因为这将使他们更容易获得保险公司的赔付，但是他们并没有考虑这对病人护理的影响。”

戴夫接着问了皮特以下问题：“一旦安装EMR系统，每个人在进行治疗的时候，是不是都要输入数据？这是不是对每个人都有很大的影响，尤其是对护士？”

“没错，”皮特说，“事实上，我知道埃丝特有点儿沮丧，因为她想要更多的信息，了解 EMR 系统将如何影响她的护士们，如何影响病人护理的整体质量。但是她跟我说，有时候讨论会变得很具有技术性，她会感觉有点儿慌乱，并且觉得自己的意见并没有总是得到重视。”

就在那时，皮特的 X 光透视眼，即他对政治、影响力和组织决策的新理解开始发挥作用。皮特意识到埃丝特可能是组织中的一个主要影响者（她已经被提拔了好几次），并且她也曾表达过希望增加自己对 EMR 项目的影响。戴夫建议皮特给埃丝特打电话，请她喝杯咖啡，并告诉她，他也和她一样，非常关心病人护理的质量。他还可以分享自己的“通电脑语”能力，知道如何要求在 EMR 项目中安装优质的用户界面和易于使用的软件。戴夫还建议皮特告诉埃丝特，他认为 EMR 系统可以提高护理的质量，而这正是她非常关心的方面。

几周后，皮特回来说：“简直太神奇了！我找到埃丝特，我们坐下来讨论了 EMR 项目，现在我也成了 EMR 项目团队的一员。我正在影响团队中的主要角色之一——埃丝特，并且我们在改善病人护理方面达成了共识。这是我参与过的最好的项目团队之一。”

对有些人来说，皮特只是一个没有影响力的兼职全科医生。没有人知道或者关心他在电脑方面的专长。但是皮特注意到埃丝特很有影响力，发现了她在增加组织的价值方面所关心的东西，并且使自己成了一个对她有价值的人，因为他可以帮助她找到适合 EMR 系统的用户友好界面，通过安装某些软件程序，可以改善病人的治疗结果。正因如此，皮特突然发现自己进入了那个项目的影响力区域，并且真的对其产生了影响。

皮特掌握了办公室政治的要义。

他和组织都从中受益。

核心要义：在设计你的职业时，我们希望你能够利用这种新发现的 X 光透视眼方法，了解组织是影响力和权威组成的三维旋转模型，并让它为你服务。在健康的组织中，政治要让组织运转得更好。一旦你能看到（甚至看透）正在发生的事情，并了解权力和政治的运作方式，便可以决定自己想要成为什么样的影响者。让自己与公司的战略和目标保持一致，并确保自己的价值观与自己的指南针保持一致，我们预测好事总会发生。

因为那是好的政治。

一旦你掌握了有效地运用影响力的精髓，你可能会尝试的，在你的职业生涯中可以采取的最强有力的举措之一，就是重新设计你的工作，就从你现在的职位开始。

不断尝试

权力分类练习

这是一个非常简单且有意义的练习。绘制一个表格，并标记四个象限，分别为有影响力的权威人士、无影响力的权威人士、有影响力的非权威人士和无影响力的非权威人士，如图所示。[31]

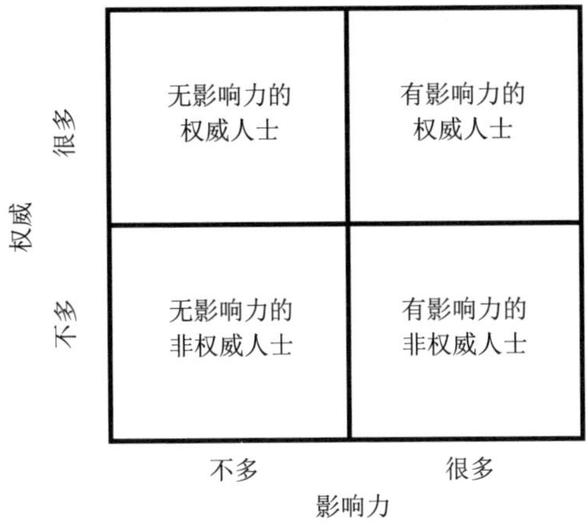

图 6–5　绘制一个四个象限的表格

想一想你在工作中遇到的某个问题（比如皮特的 EMR 项目），在方框的左边写下这个问题涉及的所有人的名字，与该问题关系不大的人也写上。然后把这些人的名字放到最能描述此人影响力和权威的象限中。

最终的结果是，每个人都依据他们与“权力区”的关系确定了自己的位置。然后问自己以下问题：

1. 你注意到了什么？
2. 有没有哪个进到了方框里的人让你感到惊讶？
3. 你需要什么信息来完成人员分配的工作？

如果你和处于这些情况下的大多数人一样，那么从无影响力的非权威人士中挑选出有影响力的人，并获得有关所有参与者的政治立场的明确信息，这将为你了解组织真正的运作方式和发现决策者提供有利的信息。知道这些将有助于你明确下一步要做什么（尤其是你可能不想做什么）。

7
不要辞职，重新设计！

思维误区：我的工作不好，我必须辞职！

重新定义：没有不好的工作，只有不合适的工作，我可以在现有职位上重新设计，创造属于我的“好”工作。

有时候你会讨厌你的工作，有时候你会觉得工作无聊，或者觉得工作没有挑战性，又或者你从来没有将这份工作视为长期工作。但是，20年过去了，你还是困在那里，做你一直在做的事情。

这一切都有可能发生。

除了被工作困住的那一部分，设计师本身不会被困住，因为他们知道如何摆脱困境，辞职很少是他们的第一选择。

因此，我们要明确一点：不要放弃，至少目前不要。

这可能正是你现在最不想听到的。不过我们绝不是说永不辞职，我们也不是说，你无论如何都必须待在原地。接下来会有一整章是关于辞职的，因为每个人早晚都会经历一次辞职。然而，我们观察到的是，很多人会面临辞职和重新开始带来的痛苦和风险，而实际上，在进行重新设计时可以显著改善工作体验的原材料就在他们身边，触手可及。重新设计并不容易，但是要比从头开始容易得多，所以在做出任何草率的决定之前，让我们至少先了解一下重新设计这个选择，并尝试一些想法。

你现在的工作和所在的公司对你而言有几个优势。如果你在公司工作了很长时间，你很可能已经建立了一个坚实的内部网络和支持系统。你还详细地了解你们公司的各种优势和劣势。和其他亲密关系一样，时间会让你看清同事、老板、公司的缺点和不足，就像看清父母、伴侣、朋友的缺点和不足一样。我们都会感到沮丧、不耐烦和厌倦，觉得自己只是在忍受现状。但在你跳槽到一个新公司，不得不从头再来（你很快就会发现一系列新的缺点）之前，让我们看看你是否可以重新设计自己的情况，而不必承担更换雇主的成本和风险。

我们将向你展示如何设计你的工作，让它再次激励你、挑战你，变得像你最喜欢的牛仔裤一样适合你。我们已经帮助很多像你一样的人诊断并修复他们觉得不合适的工作。在这个过程中，我们提出了 4 个重新设计的策略，当你想重新设计你的工作时，不妨尝试一下。不论你的情况如何，这些策略中总有一种可以帮助你摆脱困境。

1. 重新定义并重新投入：为你的工作找到一个不同的故事，也重新考量你和工作的关系，重新定义并重新投入到你的工作中，方法是根据组织的优先事项重新调整你的工作，从而使你在工作中更具价值。

2. 重新塑造：通过外部调整和结构调整重塑你的工作，使之更符合你的利益，同时充分运用你的标志性优势提高业绩，让你的老板更开心。还要提高敬业度，让你自己也更开心。

3. 重新定位：横向调动至一个可以触及的新职位，即使它起初并不起眼。这个职位可以是现有的职位空缺，也可以是专门为你设立的新职位。

4. 重新创造：开启新的职业生涯。这是你的 2.0 计划——还在同一家公司，不过是一个完全不同的角色，你已经准备好并经过了重新培训，这让你的职业生涯焕然一新，而你的雇主也能继续拥有一个忠诚且有价值的团队成员。

思维误区：我的工作糟糕透了，我需要去另一家公司找一份更好的工作。

重新定义：辞职之前，确保你已经在公司最大限度地利用了所有可用选项。你要找的更好的工作（或者做零工）可能就在你身边。

听着，去一家新公司找一份新工作，开启一份新事业，或是开始（或退出）自主经营，听起来都很诱人。大多数人在觉得自己的工作不如意时，都会首先产生这样的想法。但不论是人生设计还是职业设计，我们都相信迭代。我们已经帮助成千上万的人使用设计思维来改善生活，通过使用这四种重新设计策略中的一种，我们认为你有很大机会更新和重启你的职业生涯。而且……尝试这些想法你也不会有任何损失，因为即使你最终得出结论，你确实想要离开现在的公司，去别的地方找一份新工作，你重新设计的努力也会使你处于更好的状态，让你既可以开始在一家新公司寻找新的工作，也可以很漂亮地辞去当前的工作。

有些工作不值得！

如果你的工作环境有害，比如你没有受到尊重，或者正受到职场性骚扰或者 PUA（情感操控），尽一切可能尽快辞职。任何人都不应该为了一份工作而忍受一个不安全的工作环境。如果你的老板是个“混蛋”，你应该看看我们同事鲍勃·萨顿的《混蛋止步法则》（*The No Asshole Rule*）一书及同系列的另一本书《混蛋生存指南》(*The Asshole Survival Guide*)。萨顿的书既是对有毒老板学术研究的全面回顾（没错，你真的可以通过研究这些东西获得博士学位），也是如何对付有毒老板的实践指南。这两本书读起来都很有趣，并就如何对付工作和生活中的混蛋给出了很好的建议。

如果你怀疑自己的处境确实不安全，那就做好功课，调查一下情况是否确实如此。如果真是如此，就直接跳转到第 8 章以获取我们的辞职秘诀，然后换个工作继续你的生活。

重新设计工作的四种策略

假设你所在单位的员工超过了 100 人，那么肯定会有很多不同的工作岗位，而且我们还要做另一个假设，那就是：几乎每一个人的工作都对公司的成功至关重要，否则这个职位就不会存在。既然你已经是“内部人士”（你在那儿工作，对吧？），相较于没有内部关系的可怜的其他人，这些工作对你来说自然更容易看到，也更容易得到。

既然如此，一旦你决定“换工作”，为什么不尝试找一份内部适用的工作呢？你有一个内部的人际网络，可以更轻松地建立原型对话，并且内部的社会资本和政治资本也对你有利。

与外聘人员相比，你有许多被偏爱的优势。你是公司的知名人才，即使你的工作不再适合自己，但从本质上说，聘用你的风险要比招新人小。而且，既然你是一位出色的人生设计师，也已经经营了自己的内部网络，你的才能和潜力可能会得到一些人的支持。所有这些优势都意味着，你更有可能通过内部调动找到很好的“下一份工作”，更有可能被现在的公司选中（如果你的故事讲得好），并且更有可能在新职位上获得成功，因为你做了研究并了解公司文化，你知道一位合适的人选应该是什么样子。

一个提醒：所有这些建议都假设你在目前的职位上已经取得了一些成功，并且在工作中有拥护者和支持者。因此，现在是时候认真审视你在工作中的表现，评估你的资产和负债了。

设计思维不是魔法思维。如果你确实没有尽最大努力完成当前的工作，你可能需要进行自我反省，并且可能需要暂停，重新设计你的工作，直到问题得到解决为止。如果你正在公司内部寻找新工作，你需要从在当前的职位上做一个有价值的员工开始。一个普遍得到认同的管理原则是：不要转移问题，请先解决它。如果你是一位问题员工，修复你当前的角色是第 0 步，之后才能开始重新设计策略中的第 1 步。没关系，你有的是时间，做你该做的。当你回来时，我们还在这里等你。

策略一：重新定义并重新投入

此策略包含一个简单的部分和一个较难的部分。让我们从简单的部分开始。你最终还是保留了当前的工作，而且更加喜欢它了。我们并不是说让你每 15 分钟唱三遍“我喜欢，我喜欢，我喜欢”，这不太可能奏效。你要做出一些改变，但是在这个策略中，这些改变由你发起。再来说说较难的部分。你需要与你的工作重新建立一种关系，使你能够重新投入其中，并且更加快乐地向前迈进。如果这种设计方法适用于你，可能是你从事这项工作以来，公司内部（或是你的雇主）的情况发生了变化。曾几何时，这份工作还是很棒的，但是组织内外发生了太多变化，环境已经大不如前，所以现在这份工作也就没那么好了。

户外极限体验训练公司“拓展训练”信奉一句格言：“如果你无法摆脱困境，那就投入其中！”这就是我们要做的。前提是，在那些让这份工作看起来如此糟糕的变化中，一定也包含重新定义这份工作和重新设计你与这份工作关系所需的原材料。

坏工作，好理由

约翰在田纳西州的一家中型航空零部件制造公司工作。他从技术学校一毕业就加入了该公司，从最初在装配线工作，稳步发展到调试生产设备的生产线技术员，再到质量经理，他的工作就是负责确保公司生产的飞机零部件满足商用飞行所需的各种要求。

约翰以自己的工作和公司为豪。他对朋友说："我们制造飞机的零部件，让飞机飞起来，并且飞得安全。"在公司工作了16年后，约翰觉得自己的工作和价值之间产生了某种程度的契合，并且对自己人生中所做的选择感到非常满意。

大约一年前的一天，约翰被召集参加一个"全员"会议，他老板的老板的老板解释说，公司已经在一次"杠杆收购"中卖给了一家私募股权公司。约翰并不确定自己是否理解这件事的真正内涵，但是大老板一再保证"什么都不会改变"，公司将继续保持其众所周知的积极工作文化。

尽管有这样的保证，情况还是几乎立即发生了变化，并且不是朝好的方向发展。

公司制定了新的生产配额标准，将生产的小部件数量提高了18.5%。新的管理层明确表示，他们认为之前的管理层没有做出具有竞争力的业绩，现在是时候收拾残局了。大多数约翰认识的经理都接受了提前退休的建议，但是该建议并未扩展至约翰这个级别的员工。

新老板希望公司提高产量，这并不奇怪。新老板几乎总是希望做出一些改变，并认为他们可以做得比前任更好。约翰认为他们很快就会明白，盲目扩大生产规模会影响产品质量，这在航空航天业是不可接受的，他认为，过一段时间事情就会平息下来。约翰想顺其自然，他竭尽所能适应新的管理要求，工作更长的时间以满足需要增加的产量。很快，他周六也要上班，有时候连周日都在加班。约翰担心增加产量会危及产品质量，因为没有足够的时间扩大质量部门的规模以满足新的需求。他向新经理提出了这个问题，却被告知他必须适应新的时间表，否则他可以“找别的事情做”。这样看来，增加产量的命令无法改变，约翰陷入了困境。

他不能没有这份工作。

是这样的，约翰的儿子患有慢性疾病，需要昂贵的免疫治疗药物和持续的医疗监护。这项医疗费用几乎是约翰到手工资的两倍，幸运的是，公司有一个很好的医疗保险计划，约翰的自付费用是在其所能承受的范围内的。换公司和保险计划是不可能的，因为这是约翰家附近唯一的航空航天公司，如果他换了雇主，他儿子的既往病史会使得再买保险这件事变得非常棘手，可以说几乎就不可能。约翰的儿子正在好转，但医生表示，至少还要再过一年才能判断他是否能脱离危险。

生活中总是有一般的困境，还有真正的困境，而约翰就陷入了真正的困境。

你有没有遇到过这样的情况：为了一个好理由，被困在一份糟糕的工作中？也许你冒险搬到一个新城市去工作，结果却不像你期望的那样。你喜欢新城市，但不喜欢新工作；或者你有了一个新上司，而你和他的看法并不完全一致；又或者你们公司的市场开始崩溃，每个人都觉得压力很大，你热爱的工作变成了一份不再有趣的工作。

或者，像约翰一样，你的公司刚刚换了新老板，似乎变成了另外一家公司。你每天都在同一个地方上班，坐在同一张办公桌前，大部分时间也在做同样的工作，但你过去指望的一切都变了。

我们都喜欢始终如一，变化可能令人恐惧，尤其是当它涉及我们的财务安全和家庭安全时。公司被卖掉不是约翰的错，通往成功的条件发生改变也不是他的错，儿子生病当然更不是他的错。这些情况都很困难，甚至不公平，但事情就是这样发展的。

在约翰看来，他只有三个选择。

他可以对那些提出他认为不合理要求的新老板生气；他可以大声宣告这种情况不公平，并且义愤填膺；他也可以把自己的不满发泄到新的管理层身上，并主张一切应该恢复正常，回到他当初对一切驾轻就熟时那样。

不过大概率这样做行不通，而且很可能让约翰被炒鱿鱼。对于最近的变化，他的看法可能是“对的”，但是他可能因为“太对”了而最终被开除。约翰觉得这个选择太冒险了，而且他不喜欢一直生气（他的妻子和儿子也不会喜欢）。

约翰的第二个选择是，仍去上班，但只是走走过场。毕竟他需要工资和儿子的保险。他可以做到不被炒鱿鱼，勉强保住工作，但是不再关心工作，尽量不去关注它。盖洛普的调查显示，69%的美国员工都采取了这种策略，当工作陷入困境时，他们根本不再关心自己的工作。

但是约翰的直觉告诉他，这不是一个好方法。他有一种感觉，如果他采取这种方法，可能会从根本上改变他这个人，并且不是变得更好——他将失去生活和工作中的某些一致性和自己的正直品格，而那是他不愿意付出的代价。像僵尸一样出现在公司不是约翰的风格，哪怕只是一小会儿也不行。

因此，约翰采取了第三种办法。他决定，既然他的工作情况已经改变，是时候重新调整他的工作方法，为他的工作创造一个新环境了。他决定在接下来的两年里继续工作，然后重新评估。

他承诺要保证家人的安全，让他们安心，还要确保儿子得到急需的医疗服务。他在做出了这样的选择，并认定接下来的两年他将采取“当下足够好”的战略后，突然感到如释重负。他不再筋疲力尽，每小时都在考虑要不要辞职，他感到更加精力充沛。现在他知道自己还要待一段时间，所以决定尽可能充分地利用这段时间。他意识到，他和他的雇主都应该拥有一个敬业的雇员，一个能够胜任工作的雇员。约翰在周末时做出决定，重新投身公司，担任公司未来两年的专职质量经理。从周一开始，他每天都来上班，做好自己这份工作，既尊重雇主的需要，也尊重自己过正直生活的需要。这就意味着，约翰每天都要记住自己的“为什么”，并将个人要求从最大化的职业满意度转变为最大化的家庭安全与健康。适应新情况需要花一些时间，因为改变我们的“为什么”并不总是那么容易，但约翰渐渐调整了他的工作策略，适应了这种新的环境，结果令人惊讶。

重新投入工作几个月后（当然他并没有告诉老板），他和一些新同事建立了新的关系。每当工作压力太大或是要求太高时，他都会稍微让步并放松一下，而不会放弃或者生气。他学会了合理安排要求严格的工作与陪伴儿子和家人的时间，在二者间划出合理的界限。他最终找到了一些方法使工作能又快又好地完成，产品的产量增长率保持在15%，这是可以令人接受的数据。约翰不得不承认，如果没有来自新老板的压力，他永远也不会付出额外的努力以改进工作。他设计的新质量衡量标准可以生产出完全符合客户要求的可靠产品，而现在的生产速度比以往任何时候都快，约翰引以为豪。约翰甚至安全经过了一轮裁员（在通常情况下，当事情开始改变时，改变会持续一段时间），而且在整个裁员过程中，大家对他为公司做出的贡献始终保持着积极的态度。最重要的是，他不再试图控制他无法控制的事情。两年后，约翰又在公司干了两年，之后他儿子的治疗应该就结束了，谁知道呢！

有时候，围绕一个新的环境，一个新的“为什么”来重新定义我们的角色，重新调整我们的活动，会产生很大的不同。

对约翰来说确实如此。

重新定义和重新投入是关于如何充分利用困境的策略，并不总能奏效。如果约翰被迫生产不符合质量标准的产品，他将不得不决定他是否会继续心安理得地待在那里，否则就面临失去医疗保险的巨大风险。这种策略并不是持续有效的，也许两年后，约翰会觉得不值得再在公司干下去了。但是如果你无法跳槽，那么重新定义和重新投入工作是使你感觉在“当下足够好”的一个好方法。

这一策略其实简单明了：（1）接受新现实；（2）确定新的“为什么”，以它作为你工作的理由；（3）重新定义你与工作和公司的关系；（4）重新投入工作并融入其中；（5）在此过程中寻找新的利益和满意度的来源，做到足够好，至少在当下足够好。

策略二：重新塑造

你可以通过改变外观或是改变结构，对你现在的工作进行一次彻底的改革，从而获得新生。我们说的改变外观，不只是换个新发型这么简单。我们的意思是做出重大改变，比如给办公室刷上新的油漆，换上新的地毯、新的家具和全套音响系统，这些改变加起来可以带来一种全新的体验，但是不需要我们推倒任何墙壁。在通常情况下，你不需要上级的许可就可以进行这类重塑。结构变化更大，涉及更多，比如敲掉一面墙，将厨房和客厅合并成一个大房间，让窗户朝向重新装饰过的庭院。这是一个大工程，但是你无须二次进行抵押贷款便可做到，也无须动用搬家卡车。

八杯咖啡带来的改变

安成功地做了一次外观重塑，彻底改善了她的工作体验，而这一切都由她主导，无须事先得到许可。安是一家金融服务公司的高级销售代表，该公司主要向小企业发放贷款，生意还不错。安工作高效，很受赏识，得到的报酬也很公道。公司正在稳步发展。安也说不上真的不开心，就是有点儿烦躁，偶尔也有点儿无聊。她在这家公司工作了 3 年左右，10 个月前获得了“高级”的头衔。她喜欢她的工作，但是她想要更多。她并不想升职去做管理工作，因为那样她就会把所有时间都花在管理工作上，没有时间做任何销售工作。她喜欢销售工作，喜欢与目标客户交谈。她也不太想调入运营部，所以……现在该怎么办呢？

安问自己，如果可以的话，有什么自己正在做的事情是她愿意再多做一些的呢？她几乎立刻便回答了自己的问题：面试！由于公司不断发展壮大，公司定期招聘新员工，而她喜欢面试新的应聘者，不论是她所在部门的销售职位，还是公司的其他职位。她喜欢了解别人，帮助他们找到适合自己的工作职位。她面试过的很多人都在被聘用后回来征求她的意见和建议。他们喜欢和安聊天，安也喜欢和他们对话，那就是她进行重新设计的灵感来源。

你看，安是一个天生的伯乐，她非常善于倾听，具有难以置信的同理心和直觉，所以她做外部销售工作时得心应手。但是同样的优点也使她成了一名出色的内部教练。她“私下里”已经成功地帮助不少人改善了工作表现，并解决了许多内部工作问题。为什么只是偶尔帮助几个人，不去定期帮助更多人呢？她从小处着手，以低调但有效的方式制作原型。她找了四个人，每个人都来自不同部门，他们都曾向她寻求帮助，并对她的见解表示赞赏。她问他们是否愿意定期聚在一起，讨论绩效改进或者解决问题的方法，他们都欣然接受了这个机会。安给他们每个人安排了一次工作前的咖啡会议，三周后又安排了一次。因此，在不到一个月的时间里，她已经上了八次辅导课（当然她没有使用这个术语），上课时间为上班前的30分钟，而代价只是八杯咖啡而已，没什么大不了的。安没有主动安排额外的会议，因为她想看看他们想怎么做。那四个人中有三人在第二次与安见面时都要求再安排一次咖啡会议，而这正是安想要知道的。她同意了这些要求，并询问那三人是否认为他们部门还有其他人会喜欢这样的谈话。他们都认为会有人喜欢，并主动提出回去问问。几周之内，有来自五个不同部门的八个人来和她预约时间会面。

在和那些人见面之前，安与她的销售总监老板进行了每月定期的一对一会面。在那次会面时，安提到了她和新员工正在进行的咖啡会议，以及有很多人要求再次会面这个事实。她告诉老板，她喜欢做这件事，而且都是“私底下”做的，丝毫不影响她对销售工作尽职尽责，但是她还是认为老板知道比较好，哪怕只是因为这样做能让销售团队看起来更好。“嗯，听起来不错啊！要是有更多人能像安你这么积极主动就好啦。干得好！”销售总监回应道。大多数管理者都乐于看到员工为公司增加额外的价值，而不影响他们现有的工作。为公司做更多事这种提议推行起来并不难。

安设法做到了这一点。她必须提前30分钟到达公司，不过每周只有三天，这对她来说一点儿也不困难，这种安排让她可以同时辅导公司内9位有谈话需求的同事。虽然这对她的日程安排影响不大，但却对她的工作体验产生了巨大的影响。每周她都在改变一位同事的生活。她对公司的所有部门都有了更多的了解，这也促使她成为一名更加睿智的销售人员。在餐厅里，越来越多的人认出她来，这让作为员工的她感到更加自在，更有认同感。最终，人力资源主管也听说了安的晨间咖啡俱乐部，于是邀请她共进午餐，想听听这一切是怎么发生的。她想知道是否还有其他人也具有安的能力，可以做同样的事情。她还问安是否愿意加入公司的一个特别小组，来制订一个内部培训计划。安的老板每周给她一天的时间，让她在特别小组工作三个月，这个项目成功启动了。安很高兴地继续从事她的销售工作（她热爱销售工作，她只是想要更多），她的老板允许她每周用半天时间来进行长期的员工培训工作。安从没征求过谁的同意，也从没耽误过她的工作。她对工作进行了小规模的改造，使她对工作的满意度大为提高。

想知道这种方法是否也适合你？和安一样，找到现在的工作中你最喜欢的部分，试着用你上司喜欢的方式来做更多。如果可行，就继续努力打造更加快乐的工作。

有时候仅仅做些外观上的改变是不够的。再怎么重新摆放家具也不会改变房间的形状，是时候推倒一些墙了。当你想要推倒的墙是你工作的一部分时，你就有的干了，并且需要更加睿智地对待这次重新设计。

敲掉工作中的墙——结构改变

萨拉一直是个怪才。

高中时，她更喜欢参加格斗机器人队，而不是曲棍球队。在她看来，写代码让她的机器人的破坏力更强，这要比她大多数朋友在社交媒体上做的任何事都有趣。当她去麻省理工学院学习编程和机器人技术时，她确信她找到了属于自己的天堂。这是她的精神家园，这里的人都热爱复杂的控制系统和反馈回路，让机器做你想让它们做的事情。

萨拉以顶尖的成绩从麻省理工学院毕业，并在一家备受追捧的硅谷公司找到了一份工作。一开始她很开心，写代码，做一些难以完成的事情。她喜欢她所在的软件团队，大家都是程序员，都和她一样内向。只要她能按时写出出色的代码，保证电脑程序运行速度够快且不会在严格的测试中崩溃，似乎就没人在意她是个怪才。

几年后，萨拉被提拔为团队领导。起初她认为这是个好主意，升职总是件好事（对吧？），升职带来的加薪也很可观。她喜欢主导关于如何编写一段新代码的讨论，或者帮助团队开发一个新的调试工具来加快代码编写速度。但这份工作意味着她必须每两周参加一次关于预算和工作进度的会议，还要处理一些她根本不喜欢的行政事务。这些事情让她很不舒服。轮到她时，她必须在管理层面前汇报团队取得的进展，争取团队的预算并更新项目的进度。这一切对她来说都很难，但是进度和预算部分是最糟糕的，而且总是那些令人不快的会议中最有争议的部分。那些会议接踵而至，每隔一周一次！

新工作的这一部分正在毁掉她的生活，以至她开始考虑辞职。毕竟，优秀的程序员是各公司争抢的对象，她有很多选择。

她不知道该怎么办，但她确信有些事情必须改变。

萨拉知道自己更喜欢和电脑还有代码打交道，而不是和人打交道。人会混乱、紧张、情绪化，这不是她最喜欢的。和她的程序员同事一起工作还好，他们可以互相帮助，但是处理预算—进度—管理—人员的事实在是令人苦恼。

但最重要的是，萨拉一直很好奇，为什么自己和程序员开会没问题，和财务人员、管理人员开会就不行？财务人员也是人呀！这真的没有道理。所以，作为一个务实的人，一个喜欢数据的程序员，萨拉决定一探究竟，是什么让她在工作的某些方面如此出色，却对“乱七八糟的人”感到如此不适？她听说了一个测试，她可以参加，还可能会得到一些关于这种窘境的信息。在亲自考察了一番之后（萨拉通常对心理学方面的东西持怀疑态度），她决定参加一个名为“克利夫顿优势评估”的测试。对了，顺便说一句，你可能知道这个测试的另一个名字——“优势识别器”。[32]

了解你的优势

克利夫顿优势评估是一个测试，你可以在网上进行测试，梳理出唐纳德·克利夫顿研究所说的标志性优势。它不是迈尔斯·布里格斯测试那样的性格测试，这项评估深入挖掘了克利夫顿确定的 34 项可独立验证的，与工作成就和员工满意度相关的优势。在克利夫顿优势模型中，优势是一种天赋（与生俱来的），加上知识（随着时间的推移，你在这个领域所学到的东西），再加上技能（将这些知识转化为行动所需的经验和精通程度）。这些优势有着有趣的名字，比如思维和取悦等，但它们都与工作中有用的东西相关。

知晓你的标志性优势会很有帮助。因为数据表明，那些能在工作中利用自己标志性优势的人往往被视为更加成功的人。克利夫顿优势评估所属的机构盖洛普称："每天有机会做自己最擅长的事情"的人，他们敬业的可能性是普通人的6倍，生活质量优良的可能性是普通人的3倍。[33]在大型组织中，这些差异导致的损失或带来的收入可能达到数百万美元。

这些数据与数以百万计的工作相关，得到人力资源和人才管理界人士的普遍认可。我们通常并不建议你沿着某些心理测试的评估路线一直走，有时候你还是可以后退一步，看看哪些工作更适合你。

克利夫顿优势评估可以帮助你确定自己的标志性优势。数据显示，如果你能重新设计工作，最大限度地利用自己的优势，你可能会更快乐，并享受自己所做的贡献，这也意味着你更有可能发现自己工作的意义。如果你是一个独立承包商，在不同的环境中做过很多不同的项目，而不是只在一个地方做一种工作，那么这个方法就特别有用。如果你是这样的人，详细了解自己的优势可以帮助你高效地集中精力，并在每个新项目中创造性地指导你的工作。

做完克利夫顿优势评估之后，萨拉发现自己的标志性优势依次为：分析（分析能力强的人喜欢探究事物的来龙去脉，他们有能力思考可能影响局面的诸多因素）、搜集（"搜集"才能突出的人充满好奇，他们通常喜欢搜集、整理各种各样的信息）、成就

（以“成就”为工作导向并且成绩突出的人大都兢兢业业、锲而不舍，他们乐于忙忙碌碌并有所作为）、审慎（特别审慎的人做每一个决定或选择时均慎之又慎，他们会设想所有可能遇到的困难）。

萨拉还有一个得分项是关联（“关联”这一项得分特别高的人深信世间万物彼此关联。他们相信，世间没有巧合，凡事必有因果），这一点让她很是吃惊。她一点儿都不觉得自己擅长“关联”。但是当她和团队的其他成员谈论她的优势时，大家都说这很明显。（克利夫顿优势评估要求你与其他人分享你的评估结果，至少分享 5 次，以充分了解别人是如何看待你和你的优势的。这是一个重要的步骤，因为我们并不总能准确地知道我们在其他人眼里是什么样的。）相信同事们的反馈给了萨拉她一直在寻找的洞察力。她在管理软件团队的人员方面很有效率，因为她能看到团队的工作方式与编写好的代码之间的联系，这充分激发了她的“关联”优势，使她能够克服作为一名内向的团队领导遇到的困难。尽管她明白工作进度和预算是开展业务的必要条件，但是它们并不能直接影响软件质量，它们完全是行政事务，与写代码的工作完全无关。由于工作进度、预算和萨拉“关联不大”，她的“关联”优势于事无补。这种脱节感和她内向的性格共同导致她在每两周一次的管理会议上感到不舒服、不开心。有没有办法使她摆脱工作的预算和进度部分，使她能够抽出更多时间做更多的代码架构设计？那将是一个很大的变化，她得推倒几堵墙才能做到，而且她也需要帮助。在她看来，最困难的部分是弄清楚谁可以做工作进度和预算编制——什么样的程序员才会喜欢这些东西？

然后萨拉灵机一动。

产品工程师。

她知道有一小群工程师大部分时间都在做调度工作——产品经理。他们拿到已编写完成的软件，通过下载网站、安全防火墙、版本号、升级定价，以及将软件投放到市场所需的，所有烦琐但非常具有技术性的工作后，才能将软件投放至市场。调度决定软件的生死存亡，而调度正是开发团队的所有工作完成后才开始进行的。他们擅长调度，有些工程师甚至喜欢调度的工作。预算编制和调度差不多，他们很容易就能学会。产品团队总是会去打扰开发团队，问他们："你们什么时候能完成？测试版本什么时候能准备好？更新补丁还要多久才能发布？"没完没了。为什么不让产品团队管理开发团队的调度工作呢？虽然这对他们来说是额外的工作，但之后他们就不会再问萨拉工作进度如何了，因为他们已经掌握了工作进度。产品团队也在参加那些每两周一次的管理会议，所以这对他们来说并不需要额外的工作。

也许这样可行。

萨拉邀请高级产品工程师塞斯共进午餐，和他谈了谈。塞斯觉得这可能行得通，但是，要这么做就必须打破开发团队和产品团队之间的"墙"，所以必须让两边的老板都买账才行。塞斯可以支持她，但是方案必须由她这边提交。

萨拉决定重塑她的工作并设计一个角色，以便更好地利用她的标志性优势以及产品部门同事的优势。她告诉老板，她正在准备一个提高效率的方案，该方案将使开发团队和产品团队都受益，而无须额外招人。老板表示会支持她的方案，并帮助她推进方案（优秀的管理者很少不希望听到他们最好的员工有改进工作的想法）。她为开发部门和产品部门的核心管理者准备了一份 15 页的幻灯片演示文稿。前 5 张幻灯片列出了详细的图表和统计数据，旨在说明高效的软件团队如何提高编写代码的质量，缩短开发周期。接下来她用 5 张幻灯片解释了更快地开发更好的代码可以给公司带来更多收益，内容是所有管理者都熟悉的产品上市时间指标。这体现了她对管理层的共情能力，因为她的论点是管理层看重的（她解决的是他们的问题，而不是她的问题）。她用最后 5 张幻灯片概述了调度和预算的职能从开发部门调整到产品部门的重组计划，这样可以改进代码编写，并减少团队之间的摩擦。她还展示了塞斯为她做的一个新的集成调度仪表盘模型，这与当前的调度报告相比有了明显的改进。经过 45 分钟的激烈讨论和尖锐的提问，管理层决定进行为期三个月的试运行。试运行当然很成功，后面的事情就众所周知了。

整个过程中，萨拉付出了不少努力和创造力，还参加了一些让人不舒服的会议，但是她现在有了一份自己喜欢的工作。她成功地打破了开发部门和产品部门之间的隔阂，使她得以重新塑造自己的角色，重新设计自己的工作。她仍然是程序员团队的领导，有着与工作相称的薪水和责任，那个每两周一次的管理层会议她每季度只需参加两次，而且她参加的时候不必做任何演示报告，因为她已经提前发出了详细的开发报告。她得以投入更多时间在高级软件架构问题上。现在她正在领导一个新的程序员团队，开发更好的调试工具（萨拉痛恨各种漏洞）。她利用自己的优势，与老板共情（更好的代码、更快的速度、更少的漏洞、更佳的上市时间），甚至为产品工程师解决了一个问题（不再为进度而烦恼）。这样做也使他们变得更有价值。

所有人都生活得更幸福了，这不正是意义所在吗？

策略三和策略四：重新定位或重新创造（内部求职）

我们将这两种策略放在一起，因为它们实际上是同一主题的两个变体，简单来说，就是在现在的公司内部寻找新工作。这和找一份新工作差不多，只是做起来容易得多，试错风险也小得多。如果成功了，你最终会得到一份新工作，但你不必辞职，因为你的新雇主恰好就是你的旧雇主。

这两种情况所采取的方法基本上相同，只是在最后一步之前有一个分岔。无论是重新定位还是重新创造，你都是在一个新的领域寻找一份新工作，这不是你现有角色的简单延伸（那将是策略二：重新塑造）。在重新定位时，你是在做横向移动，这样你无须经历大量准备或者重新培训即可从自己原来的位置调整到现在这个位置。这是一个很简单的举动。在重新创造时，你真的是在做一个重大的改变。你之前的经验基本无法直接套用到现在的工作中，你必须认真准备或者经过重新培训才能得到那份工作。重新创造要困难得多，但留在一个已经受到喜欢和信任的公司里，比去一个全新的公司或转行到全新的职业赛道还是容易得多。

因此你可以看到，重新定位和重新创造的起点是一样的，即你开始感到厌烦，或者你已经确定了另一个你想挑战的工作领域。你开始四处打探，发现了更多关于其他类型工作的信息，然后决定横向跳槽去做另一种工作。在这一点上，这两种方法本质上是一模一样的。如果调动的职位你触手可及，那么你就是在重新定位。如果不是这样，还需要你做大量的工作才能成为另一个岗位的候选人，那么你就是在重新创造。

重新定位和重新创造都是基于我们的设计心态，使用同样简单的四步过程：

- 保持好奇
- 与人交谈
- 不断尝试
- 故事思维

两个会计师的故事

请记住，重新定位和重新创造都是使用相同的方法来寻找不同类型的工作，前提是仍然在你原来的公司中寻找。在你完全照此重新设计的路线去发现成功所需的条件之前，你甚至都不知道是要重新定位还是重新创造。我们将用卡桑德拉的故事来说明策略三（重新定位），用奥利弗的故事来说明策略四（重新创造）。卡桑德拉和奥利弗的故事几乎一模一样，直到最后的关键时刻，卡桑德拉确定可以重新定位，而奥利弗则必须重新创造。读读他们的故事，等你读过了就会明白。

卡桑德拉和奥利弗都是30岁出头，在一家大型公司的会计部门工作。卡桑德拉就职于一家电信设备制造商，奥利佛就职于一家保险公司。他们都拥有名校会计本科学位，但没有接受过研究生教育，也都工作了三年左右，开始感到厌烦。他们基本上已经熟练掌握了自己的工作内容，但距离各自财务部门的晋升资格要求还差几年时间。他们都在思考下一步该做什么，以及是否应该在会计领域长期发展。他们上学时还都挺喜欢会计这个专业的，父母也鼓励他们找一份稳定而体面的工作，没有什么工作比当会计师更稳定的吧？但事实是，卡桑德拉和奥利弗对未来20年继续从事会计工作都没有太大热情。他们都注意到，市场营销工作似乎比会计工作更加有趣。

营销人员的工作似乎更有乐趣，至少营销人员会议上的笑声要比财务人员会议上的多。他们可以做一些有创意的事情，比如拍广告，处理公共关系，制作很酷的视频，等等。营销人员还可以参加现场销售活动，在新品发布期间去拜访客户。他们总是去有趣的城市旅行，而会计师从不旅行。

也许当一名营销人员才是正确的选择。但是从哪里开始呢？他们都做了正确的事：开始对营销“充满好奇”，并“与人交谈，不断尝试”。

卡桑德拉的竞争优势

卡桑德拉已经与营销人员建立了友好的关系。她坐在他们小组的正对面，她的一个同学就在市场营销部，那也是她最初得到会计部面试机会的原因。因此，她的第一个原型谈话对象就是她的老同学玛西。玛西向卡桑德拉概述了市场营销部的情况，介绍了产品营销和营销传播（管他是什么呢）之间的区别，以及部门里谁是最容易沟通的人。玛西建议卡桑德拉和市场营销部的其他人也谈一谈，如果她喜欢她所听到的，她应该主动联系市场营销部副总裁德里克，他很平易近人。卡桑德拉听了玛西的话后照做了。在三次工作前的咖啡间聊天，两次下班后的酒吧碰头，以及几次共进午餐之后，卡桑德拉比以往任何时候都更加喜欢市场营销了。她将玛西的建议牢记在心（信任可靠的帮手是值得的），并给德里克发了一封电子邮件，询问他是否愿意给她一些职业建议，德里克欣然同意了。

卡桑德拉在敲德里克办公室的门时还有点儿紧张，但是当他热情地和她打招呼时，她感觉好多了。德里克说："嗨！我还在想你什么时候会打电话来呢！听说你一直在打听营销团队的事，我想你可能想找个时间聊一聊。你是怎么想的呢？"卡桑德拉在充满好奇和与人交谈方面做得很好。现在她需要准备好讲述自己的故事，而她已经准备好了。于是她回答："是这样的，我已经在公司工作 3 年多了，我在会计方面的能力在财务部门也发挥了有效作用，但是我还有一些创造性的兴趣，我认为其可以为公司增加价值，而这些兴趣在财务部门是无法施展的。如你所知，我一直在和你的员工会面，我听到的关于市场营销的一切都让我很兴奋。眼下我在想，我是否应该做出改变，从事营销工作。你觉得呢？（请注意，卡桑德拉并没有向德里克求职，甚至没有问他是否觉得自己是一个优秀的营销人员。她只是向他咨询关于职业转变的建议，这是一个相当低威胁性的要求，给德里克做出回应留了很大的空间。她没有试图逼迫他，或者从他那里得到她不应得的东西。）

德里克说："嗯，那你找对人了。不过你真的没有做过任何营销工作，对吧？"

"是的，没做过。"

"那这样吧，"德里克说，"让我看看我能否在市场营销部找到一些项目，给你练练手。在你决定放弃会计工作之前，你最好还是先试试这个你认为很有吸引力的工作。你一直在办公室的对面看着我们，我知道那样看市场营销部的工作可能让你觉得很有趣，但你不知道日复一日做我们这种工作是什么感觉。”

在几周内，德里克就为卡桑德拉安排了一个项目——为营销团队做竞争分析。她不需要市场营销工作背景就可以胜任这项工作，而且她对公司数据库很熟悉，这是一大优势。德里克和卡桑德拉的上司进行了沟通，为她减轻了一点儿工作负担，这样她就可以每周花几个小时参与该项目。项目进行得非常顺利。6 周后，德里克决定为卡桑德拉提供一份全职工作，就这样，卡桑德拉从财务部门转到了营销部门。

在卡桑德拉的领导下，竞争分析项目得以快速发展，在短短几个月内，她就使自己变成一个不可或缺的人才。卡桑德拉愉快地进行了重新定位，只用了几个月的时间。

但是对奥利弗来说，事情并没有那么容易。

奥利弗开始尝试

尽管奥利弗遵循了父母的建议，但他始终认为自己是一个富有创造力的人，并且一直在暗自思考有没有办法找到一份更有创造力的工作。他曾试图和老板谈这件事，但老板否定了他的想法。

“没有人会想要一个有创造力的会计，奥利弗。那样的人最终都会进监狱的。”

老板的话没错，但他没有领会奥利弗的意思。

奥利弗不想再做会计师了，他想尝试一些不同的东西。

奥利弗有点儿害羞，让他在一家全新的公司找一份全新的工作，这听起来很可怕。所以他开始在他的保险公司里寻找其他重视创造力的职位，因为和他的同事交谈并不会让他感到害怕。有一个地方，有创造力的人似乎得到了回报，那就是市场营销部。他在公司的保龄球队里遇到了市场营销部的同事，他开始用几杯咖啡和几顿午餐来设计前进的原型，结果发现营销工作确实比会计工作更具创造力。但是在一次原型采访中，他的保龄球搭档瑟琳娜直言不讳地对他说："是这样的，奥利弗，你是个好人，但是你没有我们在市场营销方面所需要的技能，也没有接受过培训。我不可能推荐你加入我的团队。"

当重新定位变成重新创造

这是奥利弗和卡桑德拉案例的重要分歧点。在卡桑德拉的案例中，那份"营销"工作主要是管理竞争分析数据库和支持销售队伍，她的会计管理技能可以轻松应用于现在这份工作，负责人也愿意在她身上冒点儿风险（其实风险并不大，因为竞争分析数据库根本没有引起人们的注意）。卡桑德拉对德里克的"请求"相对容易，并且她在德里克的部门得到了很好的支持。相较而言，奥利弗想做真正的营销工作，比如品牌推广、新产品推广、沟通等真正需要创意思维的事，而他的会计背景对此毫无帮助。该公司的营销领导更倾向于规避风险。因此，奥利弗的"请求"可以说很难。

这里的教训就是：诚实地对待自己的处境，做好功课，保持好奇，与人交谈，这样在你请别人帮忙之前，你就知道你想要的工作真正要求的是什么。当你讲述自己的故事，谋求那份新工作时，你要准备好讲一个能成功的故事。在这种情况下，重新定位策略对奥利弗来说并不可行。他需要重新创造自我，否则就得重返会计领域。

现在，还是让我们将目光放到奥利弗和他的保龄球搭档瑟琳娜身上。

瑟琳娜的反应起初让奥利弗有些灰心丧气，但他鼓起勇气，请她列出要成为一名有竞争力的市场营销人员，他需要学习的所有东西。根据那份列表，奥利弗制订了一个计划。（奥利弗很擅长做清单和计划。）他意识到，如果他想要一份更有创造力的工作，他需要彻底改变自己。在咨询了一圈之后，奥利弗决定重返校园（他选择购买专业技能和随之获得的“徽章”）并打算取得工商管理硕士学位。他在附近的一所优质大学中找到了一门很好的课程，这是专为职业人士设计的，晚上和周末上课。他决定专注于营销和传播。他知道，在全职从事会计工作的同时，要获得营销和传播学位需要大约三年的时间，但如果这意味着他将来可以获得一份更具创造性的工作，他愿意投入时间。他问瑟琳娜是否愿意加入他的非官方顾问委员会，帮助他完成职业生涯的转变。

她很荣幸自己受到了邀请，欣然表示同意。

奥利弗申请了工商管理硕士课程，在项目的第一年便发现了一门有趣的课程，叫作“社交媒体营销入门”。这种以数据为导向的创新方法让他感到震撼。这是一种甫一出现就具有创造力的营销方式，但是他处理数据的能力在这个领域也很有价值。由于社交媒体的主要目标人群是年轻人，所以他的这项技能非常有用。

你看，他的公司也开始意识到，他们老派的保险营销方式无法吸引新的重要受众群体——千禧一代。该课程的期末考试要求奥利弗写一篇论文并创建一个社交网站。他决定给千禧一代写一篇关于保险的文章。他还建立了一个脸书页面原型，以测试他针对千禧一代进行营销活动的一些想法。

虽然他的脸书页面只是一个原型，但仅仅在最初几天就吸引了一千多人点赞。他的论文得了 A，他从脸书页面（合法）搜集的数据显示了一些非常有趣的趋势。

奥利弗很聪明，他利用自己的学业开展“尝试性”项目，使自己在公司作为候选人更具竞争力。他向他的非正式顾问瑟琳娜展示了他的论文和他的脸书数据，瑟琳娜表示印象深刻，并请他为她的管理团队做一个报告。她说：“千禧一代正在成为公司的战略重点对象，坦率地说，我们提出的任何建议都不及你脸书原型吸引力的一半大。”瞧！奥利弗刚刚得到一个机会，在一群人面前进行展示，而他正希望这些人某天能给他一份市场营销部的工作。这是他的机会。

奥利弗熬了一个通宵，第二天做了一场非常成功的演讲。几天后，瑟琳娜给他打电话，向他伸出了橄榄枝。“管理层已经决定组建一支‘特警队’，专门解决如何吸引千禧一代的问题。我希望你能加入，做我们的设计和数据分析师。我已经制订了计划，以便你在与我们合作时可以继续攻读工商管理硕士学位。”

奥利弗欣喜若狂。他接受了那份工作。他从来没有这么开心过。当思考向年轻人推销保险的新方法时，他充分发挥了自己的创造力，他还可以整理自己的社交媒体页面，搜集大量数据进行分析。这确实是他梦寐以求的工作，至少当下如此。

6个月后奥利弗才告诉父母这件事，那时他刚获得新工作的第一次加薪。父母有些震惊，但是想到他已经加薪了，应该没问题。他们是对的。此后奥利弗的事业蓬勃发展，他再也没有回头。他成功地重造了自己。

读研那点儿事

在重新创造策略中，经常需要让自己接受再教育才能进入下一步。如果你决定兼职或是重返全日制学校，你将要面对的可是个大工程。如果你认为读研是通向未来之路，请将注意力转向选择研究生院，确定你要获得的学位，准备入学申请材料，参加必要的入学考试，等等。

这很费时间。

也很令人兴奋。

获得一个全新的商科硕士学位或者教师资格证书，申请去法学院或是拿个其他专业的硕士学位，这些想法都很振奋人心。但是有时候，读研只是你转移注意力，忽略你不开心的原因的一种方式。只有你真正确定了要解决的问题，读研才是一种解决方案。

这是一个巨大的转变，只有当你真正确定你已经做好迎接挑战的准备之后，我们才会谨慎地推荐你去读研，因为读研的费用极其高昂，需要大量时间和准备才能入学，往往也需要大量时间和金钱才能毕业。如果你打算全职读研的话，还需要考虑这几年的工资损失。

而且结果还有可能不尽如人意！我们知道不少人，他们历经千辛万苦进入一所好的研究生院，取得了硕士学位，然后发现新的学位并没有多大帮助。

这是一种非常痛苦而且昂贵的方式。

不论你是像奥利弗那样白天上班，晚上去上课，还是辞掉工作，回到学校全日制学习一两年，读研都是一个重大的决定。因此，在你决定去读研之前（甚至在开始申请流程之前），我们建议你先回答一个重要的问题。

研究生院是干什么的?

你可能已经猜到了，我们对这个问题有些想法。人们去研究生院学习是为了获得这 4 样东西中的某几样：

专业知识。这是研究生院招生时主要的宣传内容。他们会教你一些你以前不知道的知识。不同的学校专注于不同的方面——实践、理论、财务、市场营销、企业家精神等，所以你最好提前做做功课，因为每个学校都有自己的知名专业和自己的教学方法（称为“教学法”）。你自然想选择一个专注于你感兴趣的领域，用你喜欢的方式教学，并且在你所追求的领域有着良好声誉的学校。

关系网。研究生院会给你介绍你此前不可能认识的人，你可以和他们建立关系网，为你的事业助力。这本身就是一个去读研的合理理由。顶尖学校拥有最强大的关系网，即使你永远不会听到他们承认这一点，但正是这些关系网才让名校的收费那么高昂。学校越好，其关系网就越有影响力。2018 年所有坐在法官席上的美国联邦最高法院法官要么毕业于哈佛大学法学院，要么毕业于耶鲁大学法学院。金斯伯格[①]先是去了哈佛大学，后来在哥伦比亚大学取得了法律学位。如果你想有一天在美国联邦最高法院获得一个席位，你必须先进入这个关系网内。

一个支点。当你在研究生院接受再教育时，你便获准成为另外一种人。这一部分是奥利弗想要的，而卡桑德拉则不需要。除了能够胜任市场营销的工作，奥利弗还需要一个与新工作相匹配的职业身份。当公司里的人听说他转行去做市场营销时，有人会问："不过，你不是会计吗？你在市场营销部做什么？"奥利弗讲述了有关他新身份的故事："我最初是一名财务人员，但我一直计划从事广义上的商业工作。这就是我去读工商管理硕士的原因。在整个研究生学习期间，我一直与瑟琳娜和市场营销团队合作，因此，接下来以全职的身份进入市场营销部也是自然而然的事。"有时候你不必读研也能找到支点，但社会还是认定，拥有研究生学位会让你更加值得信赖。学位会带给你额外的好处，我们称之为"权力支点"。教育很重要，也许它的重要性已经被高估了，但我们不制定规则，我们只是努力帮助你遵守规则并赢得胜利。

一枚校徽。研究生院会给你一枚校徽，这样你就可以说："我有工商管理硕士学位，我有公共卫生硕士学位，我有法学学位。"我们拿到的校徽，有些是银的，有些是金的，还有些是白金的。在某些领域，研究生院的排名真的很重要。所以，如果你要重返校园获得"校徽"，一定要知道排名的重要性，还要看看他们专业的就业率。这一点在法律和建筑等人满为患、僧多粥少的行业中尤为重要。这两个行业排名较低的学校，就业率只有 20% 或者更

① 全名鲁斯·巴德·金斯伯格，美国联邦最高法院的第二位女性大法官。

低，这意味着 80% 的人即使获得了学位，也可能无法成为执业律师或建筑师。有些职业确实需要学历当作敲门砖。没有医学学位你不能行医，没有心理学学位你不能从事心理咨询工作。在大学里教书不需要博士学位（我们俩都没有），但如果你有博士学位的话，成为教授就容易多了。

最后,认真思考并评价一下你将获得的每样东西,即专业知识、关系网、支点和学位，然后再决定花那么多时间和金钱去获得一个新的学位是否值得。

有些人花那么多钱只是为了拿到学位，有些人倾其所有只为得到那个支点。有时它是 3~4 样东西的特定组合。没关系，只要对你来说值得就行。但是请务必先进行一些原型对话并创造一些原型体验，以确保读研会给你的未来带来改变。如果你仍然觉得值得，那就去争取，选择一所好学校，努力掌握新工作所需要的技能。

如果合适的话……

那就去努力吧！

卡桑德拉故事的结尾——当趣味消解

卡桑德拉的故事并没有以她获得新的营销工作而结束。她的故事还在继续，并且有些出乎意料。

在卡桑德拉的领导下，竞争分析项目得以快速发展，在短短几个月内，她便使自己成为不可或缺的人才。一年后，卡桑德拉和德里克再次共进午餐，因为是时候对她的表现进行评估了。德里克问她过得怎么样，他满以为她会说“棒极了”，因为她很成功，不必去读研究生便转型进入了市场营销部。

卡桑德拉深吸了一口气："嗯，其实我并没有那么开心。我大部分时间都很焦虑，而且睡得不好。"

卡桑德拉接着和德里克说，她正在努力支持市场营销部的工作。营销人员总是希望获得更多的竞争数据，了解与他们竞争的其他公司在做些什么。你永远不可能了解竞争对手的一切，所以营销人员永远不会完全满意。他们喜欢从她那里得到帮助，但是他们总是想要更多。他们从未停止打电话寻求帮助。

因此，卡桑德拉每天晚上回到家时，总希望自己能为这些人做得更多，但却不知道该做什么。似乎永远都不够，这让她很抓狂。

"我不知道我做错了什么。"

"你没有做错任何事情，"德里克说，"欢迎来到营销世界。在营销世界中，顾客永远不会对你有足够的爱。你永远不会对你的竞争对手了如指掌。你永远，永远都做不完你的工作。这就是这份工作的本质，很有趣、很有创意、很灵活，但我们总是要处理模棱两可的问题，并且工作永远都做不完。"

卡桑德拉说她不喜欢模棱两可，她真的不喜欢工作永远都做不完的感觉。

"好吧，如果你想做那种工作，就是一天结束时，你知道你得到了正确答案，你知道一切都已经完成了，没有什么可担心的，那咱们这里有一个部门正在做这样的工作，它叫财务部，还记得吗？也许市场营销的乐趣所带来的模棱两可，对你来说并不值得，你觉得呢？"

卡桑德拉意识到，对她来说，与一天结束时得到正确答案，真正完成工作所带来的满足感和内心的平静相比，一点点无聊根本不算什么。虽然她不愿意承认这一点，但是她还是得出结论，回到财务部她会更好过一些。过了好几个月财务部才有空缺，同时卡桑德拉也不得不加了一阵子班来维护竞争分析数据库，直到德里克找到人取代她。但最终一切都解决了，大家从此过上了幸福的生活。

除了那些营销人员。

不过他们从来都不幸福。

人会成长变化——就像卡桑德拉和你一样

那么，卡桑德拉做错什么了吗？为什么她的重新定位失败了？

她没有做错任何事情，她的重新定位非常成功。

理解这一点至关重要。

卡桑德拉是一个活生生的人，会呼吸、会成长、会变化、会发展。她不是机器，你也不是。卡桑德拉、德里克、玛西或者月球上的人压根儿都无法预测卡桑德拉进军营销界的结果，这种事只有时间和经验才能证明。卡桑德拉花了一年的时间才搞明白，在工作的前 4~8 个月的时间里，她对一切事物的好奇心和学习的乐趣令她感到异常兴奋，以至她根本没有注意到压力。直到工作了 10 个月，她第 237 次回到家，想到还有 6 个销售人员的问题没有回答，她才恍然大悟，知道自己为什么一直睡不好了。

人生设计就是这样，既然是设计，就意味着迭代和大量的原型设计。好消息是我们总是在成长和变化，什么也没丢。当卡桑德拉重返财务部时，她对公司的经营状况有了更深层次的了解。她也更加清楚市场营销部和其他部门的经理是如何看待公司的。事实上，由于她在市场营销方面有了许多经验，她的会计工作做得更为出色了，她现在也更加了解自己。当事情变得无聊时（就像我们时不时会觉得无聊一样），她能够重新构建自己的故事："嗯，我当然还是喜欢晚上睡个踏实觉了！"她知道自己可以随时和市场营销部的同事一起喝咖啡，这几乎和与他们一起工作一样有趣，而且压力也没有那么大。随着她对自己和公司有了更新的认识，她的会计工作做得非常好，至少在当下足够好。

在某个时候，我们都会超越我们的工作，这很自然。如果你是一个聪明又有创造力的人，而且你拥有保持好奇和努力实践的设计师心态，那么你的技能和能力的提高速度可能会超越你从事的工作。这就意味着每隔几年（有时快一些，有时慢一些），你的能力就会超越你的工作，觉得它不再适合你。为了继续发展你的事业，是时候找下一份工作了。如果你在一个健康的组织中，有一个支持你的老板，组织会认识到你的能力并与你合作，为你找到一个新的、更具挑战性的角色。然而现实并不总是这样。也许你的老板并不在乎，也许并没有支持你的人。如果是这样的话，你可能需要主动迈出第一步。

通常而言，最好的第一步就是在你的公司里换个岗位。你可以采取我们描述的四种策略之一。就像它们帮助了约翰、安、萨拉、卡桑德拉和奥利弗一样，我们相信，至少有一种策略很可能会帮助你找到一种方法，让你在不辞职的情况下，重新恢复良好的工作状态。

你可以重新设计而非辞职

但是如果不行，如果这些策略都不管用，那么可能意味着是时候离开，换一个地方了。幸运的是，无论在公司内还是在公司外找一份新工作，保持好奇、与人交谈、不断尝试、故事思维的这个过程都同样适用，只是在公司外找新工作需要更多的努力和更加活跃的人际网络。为了帮助你顺利地完成这个过程，我们在第 9 章中给出了一些建议。但是在你真正找新工作之前，你必须决定确实是时候放弃现在的工作了，而成功做到这一点的重要一步就是辞得漂亮。

不断尝试

1. 选择一种恰当的设计策略，写一个 250 字的简短故事，描述你是怎样对当前工作重新进行设计的。

重新定义并重新投入

重新塑造

重新定位

重新创造

2. 和 3 个朋友分享你的故事。说明你正在为找到一份更好的工作设计原型，而这只是其中之一。然后给他们讲你的故事。讲就是了，不用“清清嗓子”，不用说“呃，我写得不太好，不知道你们会不会喜欢……”只管自信地讲吧！

3. 记下朋友们的反应并比较这些反应。

4. 用下面的量表评估这个故事。

5. 接下来，简要地反思一下你对该计划的认识。

6. 如果经过反思，你觉得自己已经做好了准备，就启动保持好奇、与人交谈、不断尝试、故事思维这个过程，开始追求你想要的工作或职业吧！

在这里写下你的故事：

设计恰当的工作表

选择一种恰当的设计策略，写一个 250 字的简短故事，描述你是怎样对当前工作重新进行设计的。

重新定义并重新投入

重新塑造

重新定位

重新创造

在这里写下你的故事：

用下面的量表评估你的故事：

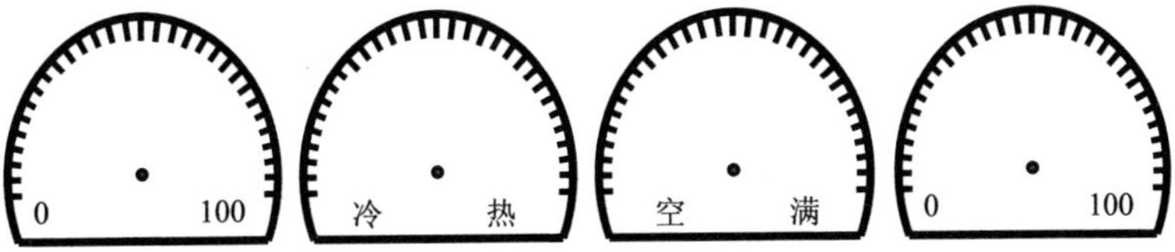

资源　我喜欢　自信　一致性

在这里写下你的反思：

8
辞得漂亮

思维误区：我今天就要辞掉这份"$#$%"的工作。

重新定义：我要通过设计我的辞职，找到一份更好的工作。

万物皆有其时。万物都在变化。万物终会结束。

数据显示，你在一生中会从事很多份工作，甚至会跨很多行业，这意味着你肯定会面对辞职这件事。当你要辞职的时候，最好还是辞得漂亮一些。

你看，辞职的方式有很多种，但是总的来说，我们发现有两种典型类型：

1. 裸辞

2. 体面离职

“裸辞”是一种经典的原型，经常在电影中出现——主人公朝某人头上泼了一杯莫洛托夫鸡尾酒，然后潇洒地走出门去。当他们驾车从停车场咆哮着驶出时，你耳边会响起他们的主题曲——约翰尼·佩切克 1977 年的热门单曲《让工作见鬼去吧》。这可能是一首有趣的歌，也可能是一个不错的电影场景，但这是一个糟糕的辞职策略。千万别这么做！你可能一时感觉很爽，但是从长远来看，这真是个坏主意。千万不要气愤地辞职，也不要突然离开，不给公司时间思考，让他们想想一旦你离开了公司该怎么做吧。以后的你会感谢自己的。

辞职时的你正用你义愤填膺的演讲炙烤你脚下的这片土地，同事们都在为你鼓掌，而高层管理人员对你的雄辩目瞪口呆。如果我们毁了你的辞职幻想，我们深表歉意。别误会，我们明白炙烤土地、烧毁桥梁的幻想有多么诱人。我们每个人至少都幻想过一次这种场景，不过还是让我们把它放在没有危害的地方吧（即使在你的想象中，也不要反复重播烧桥的片段）。

“体面离职”是最流行的原型，每天会被使用数千次。没有任何权威的统计数据，但我们敢打赌，绝大多数人辞职都是这样的：（1）员工最终决定辞职；（2）员工设定日期；（3）在设定日期的前两周，员工会发送以下简短、安全的辞职邮件：

收件人：我的老板

发件人：拉里

主题：辞职

我申请辞去我的高级拔毛员职位，去追求我的其他兴趣。我的辞职自今日起两周后生效，3 月 28 日（星期五）将是我在幸运鸭公司工作的最后一天。

我很感激曾在幸运鸭公司工作。祝您和公司一切顺利。

拉里谨上

接下来的两个星期里，辞职者勉强打个卡，与同事进行一些尴尬的对话，然后就悄悄地溜走了。

拉里以这种方式辞职，因为他知道“提前两周通知是惯例”，写辞职信时最好记住“少即是多”这个原则，长话短说，不拖泥带水。拉里还依赖于这样一个事实：大家都知道，在你宣布辞职后，你不会再做太多事情（如果你还做的话），而且也没人指望你再做什么。如果你足够幸运的话，他们会让你回家，然后继续支付你最后两周的工资。或者说，这就是一种惯常的做法。

“体面离职”的方法也没错，只是不是特别好。如果别无他法，你只能这么做，那也没关系，我们也不会因此指责你。体面离职可能不会像裸辞那样伤害你，但也不会对你有多大好处。毕竟，拉里在幸运鸭公司拔了几千只鸭子的毛，他应该从这些努力中获得对未来多一点儿的把握。因此，我们要推荐第三种方法：成长性辞职。

成长性辞职

就像重新设计你的工作一样，你也可以重新设计你的辞职。

大多数人认为辞职是件坏事，但我们认为辞职是个机会，这是完成一件你一直做得很好的事情和重新开始做一件事情之间的转折点。因此，我们建议你将辞职定义为一个机会，为以前的工作画上伟大的句号，同时为下一份工作写出伟大的序章。

接下来，我们将让你见识一下成长性辞职的力量。

成长性辞职可以是一种很棒的设计体验，使你更好地认识自己，真正使自己具有动力。成长性辞职需要以下条件：

先决条件

1. 尝试重新设计。
2. 问问老板。
3. 选择辞职。
4. 找一份新工作。

步骤

1. 让你走时的营地比你来时更好。
2. 拓展你的人脉。
3. 让你的继任者获胜。
4. 华丽退出。

“嘿!”我们听到你说，“还管这些先决条件干什么？我现在就准备好辞职了!”如果是这样的话，我们可以理解，但是请先听我们说完。成长性辞职者知道体面地离职有多重要，因此他们会很在意这些先决条件。良好的先决条件能够让一向艰难的辞职任务变得更有成效。

先尝试重新设计

如果你已经到了“真的受够了”的境地，今天就想辞职，那么你可能会跳过前面所有的内容，直接跳到这一章。如果是这样的话，我们请你读读第 7 章（不要辞职，重新设计），试试那里的建议。请认真考虑一下，因为在公司内部调动职位，可能会有很大的优势。

即使重新设计没有成功，你花在尝试上的时间也绝不是浪费。你在运用设计思维思考之后，会对自己和公司（以及整个行业）有更多了解，当你再次开始求职时，你可以讲述一个更好的故事。

问问老板

也许真的是时候离开了——你很不开心、很无聊，你也尝试过改善现在的工作，但是没有成功。也许你睡得不好，因为你唠叨的老板晚上 9 点还在给你发短信安排工作，工作似乎没完没了。那么你该怎么办？

假设你尝试了第 7 章中的一两种恰当的设计策略，但没有成功，那么我们还想请你尝试一件事：问老板一个很简单的问题，看看会发生什么。

山姆是硅谷一家大型科技公司的年轻工程师，那里的公司备受追捧，你知道我们说的是哪些公司。他非常享受在公司工作的头几年，设计公司的软件产品并实施测试。但后来事情就变糟了，真的变得很糟糕。突然之间，山姆的老板几乎每天都针对他，似乎他什么都做不好，什么都不能让他越来越挑剔和苛刻的老板满意。在忍受了几个月的折磨之后，山姆觉得唯一能做的就是辞职。他已经在起草辞职信了，到了最后的危急时刻，他找到了比尔。作为比尔之前的一名学生，他决定打出那张“终身办公时间”牌。

在听山姆解释了他的辞职计划后，比尔说：“我知道这听起来很疯狂，但你为什么不和老板面谈一次，问问他为什么对你的表现如此不满呢？问问也无妨，反正你已经决定辞职了。他的反馈没准儿有用呢！”

山姆一开始并不喜欢这个建议。他认为自己宁愿接受没有麻醉剂的牙齿双根管治疗，也不愿意和老板坦诚交谈。但他还是鼓起勇气，安排了一次一对一的会面。

山姆深吸了一口气，问了一个非常简单的问题（我们认为你也应该问这个问题）：“我做错了什么？”他的老板坐在那儿，愣了片刻，然后说：“山姆，你没做错什么。事实上，你是团队中最有成效的工程师之一。不是你的错，是我的错。我在家里经历了一些困难。”

然后山姆的老板和山姆说起他的婚姻是如何破裂的，他最后不得不沮丧地离婚；说起他一个月没能见到孩子，他是多么难过。最后他说：“对不起，我一直在向你宣泄我的负面情绪，你不该承受这些的。但是现在，我已经自顾不暇，也顾不上你或者其他人。去做你认为我们需要做的事情吧，不管你带来什么项目，我都会签字同意的。”

山姆听完这些，对老板很是同情。他回到家，提出了一项提案，将他最困难的一些实验自动化，然后他的老板就签字同意了这个提案。

6个月后，他的老板辞职了。山姆现在是团队中的高级工程师，他比以往任何时候都更快乐。他在工作中有很大的自主权，喜欢面对工作中的技术挑战。回头想想，要不是那次会面，他就犯下了一次大错。

关键是，除非你去问，否则你永远不会知道到底发生了什么，什么才是真正激励人们的东西。所以在你辞职之前，和你的老板好好谈谈。问一个简单的问题：

> “我做错了什么？”

然后就好好地听着，不要为自己辩护，不要发生争执，尽可能多地与你的老板共情（我们知道这很难）。或者还可以和你老板的老板这么谈一谈。谁知道你会发现什么呢？

选择辞职

你可能又会纳闷儿：“什么？我已经决定辞职了。这‘选择’又是什么意思？”

问得好。

我们的意思是，你选择辞职，不要让辞职选择你。让辞职成为你积极的、生成性的选择。太多的人表现得好像辞职发生在他们身上，就像是迫不得已的选择（“这是最后一根稻草”）、非自愿的结果（“我别无选择”）、不公正的结果（“这不公平”），或者就是命（“这种事真没办法”）。

听起来像是辞职选择了你。

如果你知道你应该离开了，就是你选择辞职的时候了。将辞职重新定义为一种选择：是你选择辞职。积极心理学和自我决定理论都认同；你选择的生活方式赋予了你生活的意义和目标。所以辞职也要有目的、有意义。

先找一份新工作

在辞职前应该先找一份新工作，这么做有两个很好的理由：（1）这么做提高了你找到新工作的机会；（2）这么做增加了你的财务稳定性。

如果拿在职申请者和失业申请者做比较，雇主回应在职申请者的频率是回应失业申请者的四倍，在职申请者获得的面试机会是失业申请者的三倍，在职申请者获得的工作机会是失业申请者的两倍。[34] 有工作的人比失业的人更有吸引力，句号。这也许不公平，但是有一定的逻辑。未来的雇主很容易会想："嗯，其他没有雇用你的公司，是不是知道一些我所不知道的?" 要想避免人们误以为你失业是因为你是个不称职的员工，最好的办法就是不要失业。这并非总是可能的，如果做不到，也不会致命，但是要在此之前找好新工作。当然，找一份新工作是一个大工程。我们明白，所以下一章我们会专注于这个主题，不过还是让我们先寻找一种更好的辞职方法吧。

别忘了钱的事，失业的代价高昂。你不知道要花多长时间才能找到新工作（大多数劳动力市场上的经验法则是 3~6 个月），长期失业既昂贵又可怕。所以我们建议你在离开旧岗位之前先找到新工作。

我们知道这可能很难。就我们俩而言，干着旧工作找新工作的情况可能出现过不下 20 次了。我们理解，在目前的岗位上全职工作，同时也要全力以赴去找新工作是很困难的。对了，在找工作时不要让你的雇主发现你在到处找工作（也就是说，你正准备辞职），这一点也很棘手。但这仍然是我们知道的最好策略，要确保你辞职的时候已经为未来的成功做好了准备。

好了，现在你已经做好了辞职的准备，那就漂亮地辞职吧。

让你走时的营地比你来时更好

在森林里徒步旅行时，所有优秀的露营者都知道这个规则，即“让你走时的营地比你来时更好”。[35] 这对生活和工作来说也是很好的规则。在离开之前把你的工作做得更好会有很多好处，这使你那些需要收拾残局的同事能够轻应对。你没有辜负雇主对你的信任，还可能会提高雇主对你的评价。最重要的是，在你离开之前，你知道自己已经“为所应为”，而不仅仅是“敷衍了事”。基于上述种种以及其他原因，这是一个好主意。如果你这么做了，你就会脱颖而出。

比尔的营地维护

比尔曾在苹果公司工作，有过一段很棒的经历，那里虽然压力非常大，但是氛围很棒。然而，在工作了 6 年之后，尽管他努力重构，这项工作还是失去了吸引力。在一个春意盎然的周一早晨，比尔一边开车，一边感叹周末太短，突然出现一个无可辩驳的“啊哈”时刻。一个声音突然出现在他脑海里：“如果你对工作真的不满意，你可以辞职啊！”比尔被这个想法（和声音）吓了一跳，以至差点儿把车开到路边去了。

比尔突然意识到，自己一直在像囚犯一样思考——他以为自己必须一直留在苹果公司，而且在这一过程中，他逐渐失去了自主权。他意识到如果他不开心，那么他可以做点儿什么，而他确实也不开心。

这样一来，他突然觉得重获自由，并开始设计生成性辞职。

就像我们推荐的那样，他先是试着在苹果公司重塑自己，但最终没有成功。他激活了自己的专业网络，开始与人交谈，不断尝试，然后静静地寻找其他公司的新机会。他环顾营地四周，开始着手清理营地。

他最想确保一件事，那就是他离开后，他的团队能够继续保持良好的状态。比尔开始在幕后工作起来，他提拔了两个关键人物，他们应该得到提拔，而且早该得到提拔了。他精心策划，把一个新的大型笔记本电脑项目交给了一个他信任和尊重的项目负责人。这些工作花了好几个月的时间才完成，但是很值得。比尔真的很关心和他共事的人，他知道自己如果能对他们在苹果公司的事业有所帮助，那对每个人都是最好的。

比尔还利用那段时间谨慎地寻找外部机会，最终，在比尔的非正式网络中，工作机会开始出现，其中有两家公司看起来特别有趣：一个是最早的电子书公司之一，另一个是一家全新的产品设计咨询公司。比尔很确定他的下一任雇主将是其中之一。

当比尔想做的一项工作被给了他人时，他知道自己已经到了做出决定的时刻。

在苹果工作的7年里，比尔负责过11个笔记本电脑项目。

他不想再做第12个了。他要去那家设计咨询公司。

他写了一封礼貌的辞职信，感谢大家愉快的合作，将信交给老板后，他就回家了。三个星期后，当他最后一天从公司下班时，他对自己留下的东西以及将去的地方都感到非常满意。

从那个春天的周一早晨"开车上班时的顿悟"到辞职，比尔花了将近一年的时间。那真是比尔好好辞职的一年。

拓展你的人脉

深度合作，即"寻求帮助"的心态，对任何设计师来说都是一种至关重要的心态。当你准备好好辞职时，这一点尤为重要。在你离开之前，你应该尽你所能保持和扩大你的朋友圈和同事圈，不管是在公司内部还是外部。基于我们之前提到的所有原因，你现在公司的朋友和同事网，会是未来你寻找工作机会的金矿。现在，在你辞职之前的这段时间，是你去接触和加强这些关系的好时机。

去认识那个在你们餐厅前台工作的有趣的人，那个每个月都保持最佳业绩的现场销售员，那个可以帮你协调，让你得以出席儿子足球比赛的友善的助理主管出纳员。让这些联系具体有形，互通有无。用手写的感谢信，感谢对方花的时间和提供的帮助，这总是很受欢迎的（手写书信是一种失落的艺术）。请客共进午餐这种方式，适合更重要的关系。你可以一边喝咖啡，一边安排你的原型"离职面谈"。你接触和联系的人越多越好。

在换工作的那几周，在你宣布辞职之前，你可能会想告诉一些人你的工作变动。小心点儿，因为有些人可能会说漏嘴，那样你的老板可能就提前知道了你的辞职计划。你的“我要离职”信息是高度机密的，应该只告诉需要知道的人，并且越接近决定时越好。如果你真的不需要告诉别人，那就别说。不过让别人知道你的秘密可以切实加强你们的关系，所以要谨慎且有策略地去做。

让你的继任者获胜

这是“让你走时的营地比你来时更好”的一个配套步骤。营地清理工作的重点之一是确保你离开后，在公司任职期间一直与你共事的人（你的朋友和同事）能过得更好。还有一个人你也可以对其提供帮助，并且可以以一种出乎意料的方式极大地帮助他。

你的替代者。

接受你即将交出来的工作的人。

这种安排包括两件事：清理那些你不想到处乱扔的东西（上面还有你的名字），这样新来的人就有了一个良好的开端；记录下做好工作必需的关键见解、程序和联系人。如果你正在打扫你的营地，那么你已经顺利完成了第一项任务，剩下的第二项任务就是为你的工作编写快速参考手册。

这实际上没有听起来那么困难。不是要你撰写一本长达 128 页的手册，而只是在一个方便的地方记录你在工作中获得成功的个人见解。例如：

- 工作需要的定期会议、活动和报告。

• 具有专业知识，能够解决某些特殊问题的可靠的、乐于助人的人。

• 你现在正在处理的所有紧迫问题。

• 已经解决，但如果不及时检查，可能会再次出现的旧问题。

• 如果有下属在为你工作，请简要概述每个直接下属的优势，这样他们的新老板就会对下属有一个积极的印象。

戴夫辞职之前曾经写过一本工作手册，很简单，他最终写了大约 20 页，花了 6 个小时的时间。在递交辞职信的同时，他将手册也交给了老板。他的老板非常震惊："哇！我以前从没见过这样的东西。这是我见过的最棒的辞职。你应该写一本关于辞职的书！"

结果戴夫只写了一章。

下次你辞职的时候，写一本关于如何接替你的快速参考手册，这会让你的老板大吃一惊，然后等着你的继任者打电话来感谢你吧！

华丽退出

电影制片人会告诉你，电影中最重要的两个时刻是高潮和结尾。当你辞职的时候，你就是在写有关你工作的电影最后一幕的剧本。这将是你的公司和员工对你最深刻的记忆之一。请确保这是一个你希望人们记住的精彩场景。

让他们笑着希望你回来。

你可以控制你的离职叙事，即你的辞职故事。

你可能至少会讲两遍这个故事，一次是在你的辞职信里，另一次是由你亲自讲述这个故事。当你需要将辞职的事公之于众时，人们会想知道你为什么要离开。你要讲一个始终如一、积极正向的故事。不要沉湎于消极因素（其实大家都已经知道了），不要专注于过去，抵制“扳平分数”的诱惑。要简洁明了，强调有关未来挑战的积极方面。

糟糕的裸辞案例：“我之所以离开，是因为我的老板丹是个事无巨细的管理者，公司也没有长期战略。我已经厌倦了项目一直被取消，就是因为高层不能团结起来。对了，丹就是个混蛋，我有没有提过？”

优秀的成长性辞职案例：“我之所以离开，是因为有机会将我的事业提升到一个新的水平，我可以学习新的令人兴奋的东西。我爱这家公司，离开我的好同事们，我很难过，但现在是时候迎接我的下一个挑战了。”

做好这件事并不难。给自己一个好的剧本，最重要的是，坚持下去。将来你一定会很高兴你这么做了。

辞职更要求成长性

所以，总结一下……

不到万不得已不要辞职。

如果你打算辞职，请以成长性的方式辞职。在人生的某个时刻，我们都会成为辞职者，那就让我们学会辞得漂亮。

既然你已经有了辞职计划，是时候提醒自己设计师是如何找到我们在第四点先决条件中谈到的新工作的。让我们来详细介绍一下我们的求职设计，使之更加高效和成功。

不断尝试

想象你辞职的场景

这是一种结构化的想象力练习，可以帮助你弄清楚辞职后的感受，并帮助你了解你喜欢和不喜欢目前工作的哪些方面。除此之外，它最终可能会帮助你决定是否辞职。

1. 想象一下，你已经尝试过所有可能的方法，你将要辞去现在的工作。
2. 创建一份工作档案，涵盖你所做的一切，包括你应该做的事情以及你实际做的事情。把你所有的职责全部列举出来。
3. 现在审视一下这些职责，看看哪些职责可以委派给其他人。把这些可以委派出去的职责划掉。
4. 审视剩下的职责，看看哪些是你不喜欢做的。把这些也划掉。
5. 审视一下清单上剩下的内容，剩下的是你喜欢的职责和任务。它们是你的核心工作描述。
6. 如果你有时间，并能提供培训和支持，你愿意做哪些新的、有价值的事情，列举出来。这些事情要么对你的组织有帮助，要么与你学习新事物有关，要么两者兼而有之。
7. 重新整理清单——这是新的核心工作描述。它是围绕你目前的技能和新的兴趣而设计的。它不应该是你目前的“工作”，而应该是你想要的工作。

8. 它不应该是一个梦幻般的工作描述。

9. 一旦你完成了这个想象中的工作设计，等上一天左右，然后再回来读读看。它是否连贯一致？它描述的工作有意义吗？会有像你一样拥有这些技能和能力的人胜任这份工作吗？

10. 现在想象一下你能找到一份你刚才描述的工作。好好想象一下，体验一下为了这份工作而放弃现在的工作的感觉。没有风险，只是想象一下而已。然后想象一下为了使这份工作变成现实，你需要完成哪些步骤。

11. 列出这些步骤。

这就是这种想象力练习起作用的原因。即使在你的想象中，扮演“追求更好工作的辞职者”这一角色，也可以让你从当前工作的束缚中解放出来，它很可能会阻碍你的想象。想象一下辞职和跳槽会使你更具创造力。如果你喜欢新工作描述中的一些想法，那么你可以尝试一些原型，即使在你目前的工作中也可以尝试。

诸如以下原型：

和你现在的一些同事进行头脑风暴，讨论你在新工作描述中委派给他们的那些职责。

和老板谈谈你不喜欢做的事情。想象一下，和老板坐下来，集思广益，讨论如何通过不做那些事来提高你的效率。

你如何才能学习一些想学习的新事物，一些让你更加快乐，也可能让老板对你更加满意的新事物，并将其作为原型呢？

最后，通过想象这个可能的未来，你将了解一些你对这个新工作机会的反应，包括身体反应和情感反应。在你辞职之前，你还有机会感受后悔或者重新考虑。你也可以从那些体验中学到一些东西。

我们建议你在辞职之前，先进行一次想象中的重新设计。这是一种全新的方式，可以重新激发你的创造力，重新设计你正在做的任何事情，而不用受现实世界的束缚。在这个过程中，你几乎总能更加了解自己。

“辞得漂亮”的策划人

在你决定辞职之后，真正离职之前，制订一个辞职计划。如前所述，一个好的、生成性的“辞职”有四个步骤，如下所述。

填写下面的模板来思考你的辞职策略。随着你的辞职过程逐步开展（辞职是一个动态过程，事情可能会快速变化），请随时修改你的计划。要记住的是，有重要的任务要完成，有重要的关系要维护。你要系统地管理你的辞职计划。

让你走时的营地比你来时更好

列出与你共事和为你工作的人（如果有的话）。想想如何确保你的离开会对他们产生积极的影响。现在，是时候去他们的老板那里夸赞他们的成就了。无私一些，放弃你所拥有的任何政治资本或者社会资本，它们不会随你去下一份工作。

员工 ______________________________ 积极结果 ________________

员工 ______________________________ 积极结果 ________________

员工 ______________________________ 积极结果 ________________

员工 ______________________________ 积极结果 ________________

拓展你的人脉

列出你的公司中所有与你关系良好的人，在你离开之前和他们取得联系。

________________ 取得联系 ________________

________________ 取得联系 ________________

________________ 取得联系 ________________

列出你离开之前想见的人的名单，然后抽时间一起喝杯咖啡。

________________ 咖啡会面 ________________

________________ 咖啡会面 ________________

________________ 咖啡会面 ________________

让你的继任者获胜

向离职后接替你工作的人概述你的“快速参考手册”。考虑以下列表和组成部分，并根据需要进行增减。

1. 定期的会议、活动和报告（包括示例、模板、进度）。

2. 列出主要同事和助手（姓名、角色、电子邮箱、电话号码）。

3. 列出当前的关键问题和需要解决的问题（每页一个，留出注释的空间）。

4. 列出如果不进行维护，那么可能会再次出现的旧问题，包括要关注什么，以及需要进行哪些维护（如果有的话），以使这些问题得到解决并保持稳定。

5. 正常运行的程序。

· 可参考的公司文件（如果有的话）。

· 为没有档案记录的关键行动写总结。

6. 每个直接下属的人事总结（如果有的话），包括他们拥有出色表现的原因，尤其是任何悬而未决的晋升或表彰，以及你目前的职业发展空间等（请多关照他们的未来，你不会与他们同时完成你们一起开始处理的工作）。

辞得漂亮：为你的辞职写一个积极的“故事”

写一个关于你辞职的简短故事（不到 100 字），要很容易记住，一旦你辞职的消息公开，你可以讲给别人听。

确保你的故事包含以下三个元素：

· 关于你新工作的积极因素（不要提及新公司的积极因素，没有人愿意听“这山望着那山高”的故事。要有特色，而不是泛泛而谈。）

· 关于你以前职位的积极看法。来吧，总能想出点儿什么的。

· 与你共事过的同事对你的积极评价。这应该很容易。

____

____

____

____

____

准备好了计划，你就可以启动辞职流程了。也许不会像比尔离开苹果公司那样花上一年的时间，但最好还是准备好在这件事上花费 2~6 个月比较好。慢慢来，把辞职过程做好。而且，虽然你在心理上只是目前工作的短期雇员，但请记住，你的职业生涯很长。你应该一直努力维护你的职业声誉并拓展人脉，无论你走到哪里，这两者都将伴随着你。

9
下一份工作

思维误区：我的上一份工作没有成功。我得从头开始，再找一份新工作。

重新定义：我可以从任何公司跳到下一家公司，把最好的带走，其他的留下。

找一份新工作的压力可能很大，让人觉得很难，感觉可以和选择性牙齿根管治疗相提并论。

我们明白。

我们真的明白。

我们并非想厚颜无耻地引导你看我们的第一本书，但是如果你的下一份工作要进入一个新的行业，或者你将扮演一个不同的角色，又或者距离你上一次求职已经过去很长时间了，那么这次求职可能是一个更大的工程，需要一些额外的准备。在这种情况下，我们鼓励你读一读《斯坦福大学人生设计课》，特别关注第 7 章“成功求职的秘密”以及第 8 章“好工作是设计出来的”。如果你认为自己的下一份工作不是替人打工，而是自由职业，那么这是一个特例，我们将在本书第 10 章中讨论如何独立上手。

不过如果你认为你已经知道自己想要的工作类型，了解你所在地区最适合自己的公司类型，并且在你的领域拥有合适的经验、资历和人脉，那么本章的内容就正是你所需要的。我们将利用你对自己的了解，以及对当前就业市场的了解，来启动你的外部求职。

故事至上

这是一次简单而深刻的重构：找工作的最好方法不是争取一份工作，而是讲一个故事。讲（很多很多的）故事，你就会找到工作。

这个建议是我们在第 7 章里谈到的重新设计策略——重新定位和重新创造的核心，一切都从“保持好奇”和“与人交谈”开始。我们所知道的寻找并得到新工作机会的最有效方法，是怀着最真诚的好奇心，与你感兴趣的领域的专业人士进行原型对话。

找工作的下一步是花一个月、两个月或三个月的时间，与许多有趣的人进行许多有趣的对话（其中大多数人目前尚未有招聘计划），这样你就可以在某个时候，得到一次潜在的面试机会。

在《斯坦福大学人生设计课》一书中，我们讲述了库尔特求职的故事。从我们上次写他的故事到现在，他已经又搬了两次家，又经历过两次求职，并且都运用我们的方法获得了成功。

找工作的标准模式

库尔特和新婚妻子搬到亚特兰大后，经历了第一次大型的求职。库尔特刚刚完成了为期四年的斯坦福大学设计专业的学习，他用两年获得了硕士学位，随后又做了两年研究员。这是他的第二个硕士学位，他之前已经在耶鲁大学获得了一个可持续性建筑设计专业的硕士学位。当他和妻子桑迪发现他们有了第一个孩子时，他们决定搬到亚特兰大的祖父母家附近。库尔特终于可以验证所有耀眼的著名学府学位的价值，从事他所热爱的工作，同时还能支付账单，供养他的小家。库尔特到达佐治亚州后，急切地想找份工作，越快越好。他在招聘公告栏上找到了多份完全契合他背景的招聘启事。他投递了 38 份工作申请，附上他金光闪闪的学位证书、令人印象深刻的简历，以及 38 份精心设计、考虑周到的求职信。

你可能会认为，以他的背景来说，他得到的工作机会应该数不胜数，但事实并非如此。在他投递出的 38 份申请中，有 8 家公司简单地用电子邮件回绝了他，另外 30 家公司根本没有回应。8 家公司拒绝了他，30 家公司没有理会他。没有面试，没有工作机会，没有进一步的沟通。这就是毕业于耶鲁大学和斯坦福大学的库尔特的结果。

库尔特之所以失败，是因为他采用了我们所谓的找工作的标准模式。首先，在互联网或者公司网页上查找公司招聘列表，阅读工作要求，确定自己适合这份工作；然后递交简历和求职信，等着人事专员给自己打电话；之后，就是等待。

继续等待。

接着等待。

问题在于，52% 的雇主承认，他们回复简历申请者的比例还不到一半。使用标准模式找到工作的概率约为 5%。库尔特付出了不少努力，却一无所获。

标准模式大多数时候都会失败，因为它是一个基于许多错误想法的模型。一种错误想法是：有人会看你的求职信。其实不然。大多数大公司使用的是所谓的人才管理软件，你的简历会被扫描，并按照关键词编入索引，没人会看的。如果你的简历和求职信里没有这些关键词，你在人才数据库里就是隐形的。另一种错误的想法是认为网上的职位描述是准确的，其实在大多数情况下并非如此。职位描述充其量只是简单列出胜任这份工作所需的条件，并且通常并不是由真正负责招聘的人写的。最后，那些挂在网上的工作描述往往会吸引成千上万名合格的应聘者，因此总是对雇主更为有利。他们很有可能在发帖的头几个小时内便收到数百份合格的简历（如果是苹果公司或亚马逊公司，那就是发布的头几分钟）。他们没必要看那些迟到的简历，因为第一批简历中就已经有很多优秀的候选人了。在这一大堆简历中，你被发现的机会微乎其微。

叩开隐形就业市场的大门

在美国，公开发布的招聘信息中，只有 20% 是有用的。在大多数就业市场，80% 的就业机会是无法通过标准的求职模式找到的。

那么，如何才能叩开隐形就业市场的大门？这个嘛，虽然很难，也不是完全不可能。隐形就业市场的大门只针对特定人群开放，这些人已经就某类工作形成了一个专业关系网。因此，我们强烈建议你在尝试外部求职之前，先在当前的工作关系中深挖你的关系网。当你在现在的公司内部寻找新工作时，你已经是内部人士，可以进入隐形就业市场了。这是一个内部人士的游戏，你有着天然的优势。

当你在外部求职时，很难进入那个网络，因为你是一个不知名的求职者。但我们很有可能通过好奇心和故事的重构来破解这个网络。作为一个真诚、有好奇心且没有工作需求的人，你可以通过讲故事的过程中所建立的关系成为圈内人。然后，一旦你开始参与“工作社群”谈话（记住，感兴趣才会有意思），一切就自然而然发生了。那些你不断获取故事的社群里的“局内人”，就会慢慢开放隐形就业市场的大门。

这就是其中的秘密所在。

反其道而行之肯定不能奏效（反其道而行之只有不到 5% 的成功率）。

库尔特找到了工作

库尔特用找工作的标准模式求职失败，这让他非常沮丧。他意识到要运用设计思维来找工作，于是他停止投递简历，开始保持好奇，与人交谈，并进行原型对话。库尔特很善于进行人际交往，在接下来的几个月里，他与自己特别感兴趣的人一共进行了

56 次原型对话。通过这 56 次对话，库尔特收到了 7 份高品质的工作邀请，并从中选择了一份理想的工作（真正的工作，不是幻想的那种）——他接受了这份工作。结果就是，库尔特找到了一份很棒的工作，工作时间灵活，通勤时间短，收入可观，而且在环境可持续性设计领域很有意义。他之所以能获得 7 份工作邀请，是由于他善于询问别人的人生故事，他一共问了 56 次。

当你在外面“寻找故事”时，你只是一个好奇的人，和你感兴趣的领域里做着有趣事情的有趣的人交谈。你（还）不是一个求职者，所以你是一个容易交谈的人。在进行这些谈话时，有一点至关重要——你只是在听故事，而不是在找工作。如果你“闻起来”像一个伪装的求职者，你一定会被发现，这个方法就行不通了。因此，请务必保持真诚的好奇心（切勿在进行原型对话时携带简历）。

“但是，等一下，”你可能会说，“你刚刚说库尔特通过 56 次对话，得到了 7 份工作邀请。那是怎么回事？听故事是怎么获得工作的？”问得好！

答案出奇的简单。

从“听故事”到“获得工作”

大多数时候，与你交谈的人，就是那个把你从现在的地方带到你想去的地方的人，即从“听故事”到“获得工作”。

“库尔特，你似乎对我们的行业非常感兴趣。经过刚才和你的谈话，我发现你似乎具备不少我们需要的才能。你想过到我们这种公司工作吗？”

大多数时候，如果你通过我们建议的方法得到工作邀请的话，通常都是对方主动提出的，你不必主动。

如果由于某种原因，他们并没有主动提出这个话题，而且你已经完成了7~10个原型对话，并找到了一个你真正感兴趣的组织，那么你就可以问一个问题，将对话从他们的故事转换成你的工作。“我对美国的环境公司了解得越多，在这里遇到的人越多，我就对你的公司越感兴趣。埃伦，我想知道，像我这样的人要想进入这样的公司，需要满足哪些要求呢?”

这样就够了。你一提出“像我这样的人要想进入这样的公司，需要满足哪些要求呢?”这个问题，埃伦就知道是时候转换思路，将你看作一个候选人了。

请注意，你可别说:“哇，这个公司太棒啦！你们还有空缺职位吗?”这样太快了，答案很可能是“没有”。“需要满足哪些要求”这样的问题是一个开放性的问题（答案不是“是”与“否”），它所带来的可能性远远超出了现在立即可上岗的工作。希望你已经与我们假想的埃伦建立了联系，并赢得了他的尊重，他会给你一个坦诚但有帮助的回答。在某些情况下，埃伦甚至会说:“我们目前没有任何招人的计划，不过我认为你可能很适合我们的合作伙伴公司。你认识绿色空间公司的人吗？我觉得你也会喜欢他们公司的。”

这是常有的事，一直都是。

顺便说一下，在库尔特收到的7份工作邀请中，有6份他当时都没有向谈话对象询问职位空缺的问题。他只是了解了对方的故事，反而是他们主动问他有没有求职意向的。在接到的所有工作邀请中，只有一家公司公开发布了招聘信息，其余工作都在隐形就业市场中。公布的那一份招聘信息就是他最后接受的工作。即便是这一份工作，也是在他已经和该公司的首席执行官谈话之后才公开发布的。他们的谈话进行得非常顺利，以至在该招聘信息公开发布的时候，库特尔已经是最佳人选了。

对了，在库尔特的求职接近尾声时，还有个美好的时刻。在他应聘那个很棒的工作的最后阶段，一共有 5 位公司董事会成员对他进行了面试。他们的第一个问题是："在这里的可持续性建筑设计圈子内，你觉得自己能够和圈中人建立有效的合作伙伴关系吗？毕竟，你才刚刚搬到佐治亚州，不认识这边圈子里的任何人。"库尔特环顾四周，欣喜地发现，他已经和 5 位董事会成员中的 3 位一起喝过咖啡，并且了解他们的人生故事了。于是他回答："嗯，我已经成功地和你们中的 3 位接触过了，我也很乐意代表公司继续扩大这种有效联系。"没错，他顺利通过了面试。但是在此之前，他已经开展了多次访谈和对话。

在亚特兰大住了几年后，库尔特和桑迪以及他们的女儿又搬家了，这次他们搬到了印第安纳的波利斯附近。因为库尔特想做一位好父亲，所以他决定不去找一份全职工作，而是成为一个自由职业者，尝试从事咨询业。库尔特采纳了你们将在第 10 章里看到的建议——自主创业，而且效果也很好。他能够做一些新奇有趣的项目，咨询的收费也很可观，并且可以根据自己的意愿选择工作还是休息。

不到一年，库尔特和桑迪再次搬家，这次他们搬到了芝加哥。安顿下来之后，库尔特再次准备全职工作。没错，你猜对了，他再次通过与人交谈开始了又一次的求职。库尔特现在在这方面已经很在行了，所以他在波利斯的时候就开始和芝加哥的人接触。桑迪问她新就职的大学的同事是否愿意和库尔特谈谈，给他引荐一些当地有故事的人。桑迪的新同事很乐意帮忙。库尔特只需要最初的几个人脉，便可以叩开芝加哥隐形就业市场的大门。这一次库尔特的目标发生了变化，亚特兰大的工作经历让他明白，环保建筑和城市发展需要许多不同领域的人合作，他发现自己非常擅长将不同的团体聚集在一起，进行“深度合作”。在他担任顾问期间，他曾为很多创业型公司做咨询工作（这些公司需要帮助，但是付不起库尔特全职工作的薪水），并且真正欣赏企业家的创造力。所以他在寻找一种可以结合这两种新兴趣的东西。在芝加哥进行访谈时，他了解到一个为未来企业家提供实习项目的组织，其中许多项目都与他非常热衷的超酷设计和环保进步理念有关。他认为，他们需要一个可以身兼多职的人，这个人可以教育、启发、激励年轻人，管理大量的细节和活动，与未来的社会企业家进行深度合作，等等。库尔特说，结果证明，他正是他们要找的那个怪才。

大约三个月后（在他的第一封电子邮件从印第安纳波利斯发出五个月后），他得到了一份工作邀请——一个企业家实习项目的运营经理。该项目由芝加哥当地一家投资集团赞助。这项工作的内容包括招募参与者，管理与合作组织的关系，做一些教学工作以及大量的现场活动管理。这里到处都有激进的设计与合作。有意思的是，库尔特三四年前刚开始工作时，压根儿没有想过会从事这样的工作。现在这份工作将他的标志性优势（教学能力、协调能力、调解能力、营销能力等）奇特地组合在了一起，而这正是他想要的，他激动坏了。

在这段工作旅程中，库尔特一直在培养一种特殊的技能，这种技能比他意识到的更加强大。

那就是讲好故事。

设计下一份工作

谁也不能说库尔特的故事不能成为你的故事。它应该成为每个人的故事。因此，走出去，好好设计一下自己的新工作吧！保持好奇，与人交谈，不断尝试，和每个你遇到的人分享你的故事。

除非……

除非你的下一份工作不是工作。

如果你职业生涯的下一章不是为别人工作，而是自己当老板，那么你的下一章就是我们的下一章。

不断尝试

- 给自己放个长假，做一些你真正喜欢做的事情，充充电，准备好面对一个全新的求职季。集中精力，花三到六个月甚至九个月的时间来专心做这件事。调整好节奏，因为这不是短跑冲刺。
- 做一份可随身携带的清单，列出你在当前工作中获得的所有资源。别忘了列出所有类型的事情：学习、巅峰体验、艰难挑战、人、人际关系、个人成长、成就、未来目标清晰度、信誉建设等。
- 阅读、搜索、查找你所在地区和你的职业兴趣领域，了解正在发生的事情，如哪些公司处于领先地位，同行在做什么，等等。
- 联系你认识的人，让他们推荐可以“听故事”的会面，还有关于你所在领域你最感兴趣的前沿话题的原型对话。在领英上搜索你想一起喝杯咖啡聊聊天的人，不要找他们要工作机会。你对他们感兴趣会让他们受宠若惊。

- 开始进行这些对话，尽情享受吧！让学习本身成为一种游戏、一种奖励。
- 重复这个过程，直到成功，直到你找到一份值得接受的新工作。
- 在整个过程中，继续做好当前的工作。强势结束，强势开始。

10
从设计工作到创造工作

思维误区：拥有事业的唯一途径就是有人雇我，让我有班上，有一份我能忍受的工作。

重新定义：有一种方法可以让你拥有很棒的事业，有很大的自主权和自己喜欢的工作，那就是自己创造它！

当你像设计师一样思考时，你会变得灵活、敏捷，并随时准备适应变化。

做好准备。

这个时代，一直在变。

托马斯是当地社区大学的一名学生，最近开始为拼车服务公司当司机。他希望能赚点儿外快来减轻他的生活压力。莎伦，一位处于职业生涯中期的营销主管，开始给一位正在创业的朋友提供营销建议。她非常喜欢这种针对专业技能的咨询，因此决定另外再找几个客户。她喜欢帮助别人，获得的额外收入也是一个不错的福利。乔治是一名电气工程师，他在一家公司工作了17年，却被公司以所谓的合理精简借口解雇（这对乔治而言一点儿也不“合理”）。

尽管有很多公司要找一个有工程背景的人，乔治却很难找到一份他觉得有趣的新工作。然而，在一家大型科技公司的一次面试中，招聘经理问乔治是否愿意负责一个公司急需完成的项目，担任顾问。乔治对这个项目的技术性很感兴趣，没有多加思考便答应了。带着一点儿惶恐，乔治上网找了一份雇佣咨询协议，为这个项目拟定了一份提案。公司通过了他的提案，就这样，他还没回过神，就拿到了顾问的徽章，开始每周一至周五在那家大型科技公司兼职上班。

托马斯、莎伦和乔治都是兼职和全职顾问大军中的一员，他们做顾问是为了获得更多的自由并能掌控自己的事业。他们有自己的工作时间，想什么时候工作就什么时候工作，他们是自己的老板。在这一章中，我们将探索这种新的工作方式，并为你提供一些想法和设计工具，助力你开商店、做生意，甚至创造自己喜欢的工作。

我们将这些零工、副业和咨询业务重新定义为“金钱原型”。我们将向你展示如何建立一个简单的商业计划，帮助你最大限度地提高咨询收入，同时让你有更多的时间和自由来做你认为有意义的工作。我们的目标是通过一个个项目，帮助你设计出一个真正适合你的职业。

我们坚信技术专家、前苹果公司研究员艾伦·凯的话，他说："预测未来的最佳方法是发明它。"在本章中，我们将向你展示如何做到这一点。

思维误区：我没有真正的工作，我只是在做临时咨询，这不是我想象中的职业。

重新定义：我并不是在做临时工作，我是在为赚钱设计另一种工作方式，做我自己的老板。原型设计是一种低风险的方法，可以让我保持好奇，不断尝试，并掌控我的职业生涯。

金钱原型

当你成为一名人生设计师，你不会只是被动接受发生在你身上的默认现实，你会打造自己的向前路径。

当然，经济正在发生变化，其中一些变化涉及人工智能和裁员。还有一些工作正在被外包出去，或从全职工作改为项目制工作。这些变化正在发生，不可阻挡，所以这是一个重力问题。

但是朋友，你并不是新经济的受害者。

正如我们所说，当你像设计师一样思考时，你会变得灵活而敏捷。遇到任何重力问题，从"接受"开始，接受工作场所更加分散这个新现实，然后调整你的设计策略以适应当前的现实。

这种现象的好处在于，频繁更换工作，或是在朝九晚五的固定时间之外工作，从未变得像现在这样容易接受。要想在瞬息万变的新经济中取得成功，关键是设计一个你喜欢的工作组合，让它们经得起人工智能和自动化的冲击，这样你就可以过上充实且快乐的生活，同时享受这种新的工作方式带来的所有自由和好处。

在整本书中，我们都建议你重新定义那些让你陷入困境的关于工作和职业的思维误区。我们认为，这些重构是让你摆脱困境、重新开始，朝着正确方向前进的关键。

我们喜欢重构：

从僵固型思维→到成长型思维

从消极怠工的员工→到你人生和事业的设计师

从没有安全感的临时工→ 到有长远计划的顾问

当你从僵固型思维转变为成长型思维时，你会意识到生活和工作的可能性比你最初想象的要多很多。

当你从盖洛普调查中的那 69% 对工作失望的怠工一族转变为你生活和事业的设计师后，你就会意识到，改变环境的力量往往掌握在你的手中。

当你将设计思维应用于临时工作中时（现在被称为零工经济），你最终会创建一种顾问式的生活方式，可能比你以前的传统工作更好。你会开始像一个企业家一样思考和行动，负责自己的工作、事业和人生设计。这种方法可以让你拥有既有挑战性又有趣的工作，让你感觉很棒的自由和自主感，更多陪伴家人和朋友的时间，以及一种真正适合你的生活。

悄悄走近你的未来

如果你想知道“生活在你创造的未来”是什么感觉，想成为一名顾问，或是想通过创业来掌控有关你工作的命运，我们的建议很简单。

原型化你想要的改变！

我们一直说的努力实践和原型化，是设计师拥有的六种心态中的两种，它们组成的人生设计方式可以让你行动起来，做些事情，悄悄走近你的未来。我们建议你构建一个简单、快速的顾问模型。我们希望你可以像无心插柳的营销顾问莎伦一样，兼职做这个，这样你就能从现在的工作中获得稳定收入，同时又有更多时间去探索各种选择。或者，如果你遇到像乔治这样的情况，突然发现自己必须成为一名顾问，我们的原型策略也会奏效，但情况有点儿紧急，所以你会想要迅速扩大你的咨询业务，也就更有理由制定一个设计策略，让“银行里”多几个付费原型。未来已来——世上已经有人在做你想做的咨询工作了，所以让我们怀着好奇心去和他们谈谈。

以下是构建你第一个咨询原型的过程。记住，原型很容易构建，多问有趣的问题即可。在第一个原型中，我们要问的问题是：“当顾问是什么感觉？”为了快速得到答案，我们将利用他人的销售和营销平台来找到你的第一个项目。

- 从好奇开始。你可能会做什么工作？你能为世界提供什么技能？什么是咨询？咨询工作涉及什么内容？头脑风暴后列出一个清单，内容是你知道怎么做的事情，那些可能是“可咨询”的事情。

- 让你在好奇心的驱动下进行下一步——建立原型对话。和其他情况与你类似的顾问谈谈，了解他们的故事，问问他们在哪里提供自己的服务，如何找到客户，如何获得报酬，是否有过不付费的客户，等等。了解他们对咨询业务的感受，问问这个工作的优缺点。你会发现大多数人都喜欢谈论自己和他们的工作，但请注意，你想听的只是他们的工作故事。确保他们明白你没有询问任何项目线索，否则他们会觉得你是在抢他们的生意。你只谈他们最喜欢的话题，谈他们自己。
- 现在，缩小你头脑风暴后列出的“可咨询技能”的选择范围。从你的“咨询故事”中选择一个版本，其中包含你的“提议”以及与你共事的独特之处和你的魅力所在。把它写下来，写成一个简短的好故事，不超过 250 字。试着给你的朋友和顾问同行讲一讲。他们能听懂你的故事吗？他们是否了解你的服务是什么？你承诺提供什么？重复并完善你的故事，直到你认为它能很快地传达你作为顾问所提供的服务为止。
- 营销和销售咨询服务需要做大量工作，我们将在下一个原型中讨论这个问题，这次我们先尽量保持简单。在客户发布项目的众多数字平台之一建立你的形象。这些平台聚集了很多客户，所以你现在还不用给客户打推销电话，或者宣传你的服务。你可以查看他们发布的项目，看看有没有适合你的。（可以试试上 Freelancer.com 和 Upwork.com 查看各类综合资讯项目，上 Toptal.com 查看软件类项目，还可以上本地的 Craigslist 查看各种规模不同的项目。）这些网站可以帮助你快速起步，迅速建立声誉，并且可以让你的原型变得更加强大。在其中一个网站上建立你的档案，发布你的故事，然后开始行动。

- 投标一个简单的小型项目，做一些你知道该怎么做并且真正擅长的事情。由于这是你的第一个咨询项目，并且你在网站上还没有得到任何评论，因此你可能必须经过几次投标后才能中标。
- 一旦你锁定了该项目，请花更多的时间在这个项目上，甚至比竞标时更多，以确保成功。这个原型旨在学习和建立你的专业声誉，而非赚钱。信誉是咨询的一切，因此你要超额完成第一个项目，以确保你得到第一个客户的好评。项目完成并通过审核后，就该进行反思了。

这个原型的目的是问这样一个问题："当顾问是什么感觉？"所以退一步问问你自己："结果如何？"反思你的体验，查看客户的评论和他们对你服务的评价，并反思你自己的表现。问问你自己："我喜欢这个项目的什么？我不喜欢什么？我是否同意客户的反馈意见？我怎样才能更好、更快、更省力地完成项目，以便下次获得更高的时薪？"

假设你喜欢这种体验，或者至少不讨厌，那就再试试。可以再找一个简单些的项目来练习，或者选择一个规模更大、参与度更高的项目，以了解在更大项目的多个阶段管理客户是什么感觉。确保你能高质量地完成工作，那种你期望在专业顾问那里得到的质量，并且超额完成这个任务。

获得一些客户的好评后，你就可以开始下一步了。虽然在这些大型聚合网站开展项目相对容易，但是由于客户的质量参差不齐（寻求廉价咨询的人）以及项目的竞争激烈，很难收取高额费用。在某些时候，你应该管理一下自己的营销和销售工作，这样你才能使自己的服务与众不同，赚更多的钱。具体操作如下：

- 现在你已经掌握了几个项目，你可以进一步完善自己的故事，用更好的叙事来告诉人们你在做什么，是什么让你的服务或产品令人愉快且与众不同。同样，你写的故事必须简洁有力，不超过250字。
- 建立一个脸书或领英的原型页面，或者更好的是，建立一个属于你自己的简单网站，用数字化的方式讲述你的新故事。购买几百块钱的定向广告，向你认为可能聘请你的特定受众群体描述你的服务。看看有多少人访问你的页面或网站，有多少访问者留下了他们的联系方式，如电子邮件。跟进每一次咨询，看看有多少可以转化成一个提案，然后衡量有多少提案能转化为实际的咨询工作。这些都是重要的指标。如果你很难通过人们所说的“销售漏斗”完成真正的咨询项目，也不要灰心丧气。可能需要10次“印象”（看到你定向投放的广告的人）才能得到一次咨询，10次咨询才能得到一个提案。你应该可以将大约50%的提案转化为实际的咨询工作，这就是定位广告的强大之处。但是要想得到这些咨询费用，需要做大量的销售活动。这就是聚合咨询项目的网站如此成功的原因，他们可以为你完成前期的销售工作，但是他们会以你出价的一定百分比作为佣金，所以你永远不会在其中某个网站上成为资深顾问。他们主要是为新手服务的。
- 将你的故事（你的“营销信息”）和服务产品（你为客户所做以及交付的服务）再原型化一两次。做一些A/B测试，即选择两种非常不同的营销信息，看看哪个版本能让你的页面或网站获得最多的访问者，以及哪个信息能让提案获得更多的转化。
- 每当你赢得一个项目，你就为自己的时薪或项目费率设定了一个新的标准。现在有确凿的证据证明，合适的客户会为你的服务支付一定的费用。你的目标是拥有足够多正在进行的项目，每当提出一个提案都可以提高你的费率。这样一来，你获得的所有新业务都比旧业务价值更高。

- 像这样持续做几个月，再做几个更成功的项目，停下来反思一下过程和结果，然后决定你是否要再做一次。

现在开始起作用的是设计师的另一种思维模式——意识。假设到目前为止，你对自己的咨询体验很是满意，而且你从原型中得到了一些积极的数据，那么你就可以深入研究自营经济了。让我们来看看这个行业所谓的工作流程，看看如果你想以这种新的工作方式取得成功的话，一个可靠的商业计划应该是什么样的。

设计工作流程

如果你想自己当老板，拥有自己的咨询业务，你需要一个计划。

一个商业计划。

现在我们可以清楚地听到你的反对意见了。

> 这也太难了吧！
>
> 我没上过商学院！
>
> 我没钱。
>
> 我不知道该怎么做。
>
> 等等，什么？

你的第一份商业计划不必过于复杂。这里有一个超级简单的商业计划模板，任何人都可以使用，只需六个步骤：

1. 回过头来，找出自己擅长的领域（与你共情）和世界的需求（与潜在客户共情），并提出以下问题：“客户的需求和我擅长的事之间有没有一个最佳结合点？如果有的话，我该如何用我的咨询服务来设法解决这个结合点问题？”

2. 确定怎样才能让你在完成工作这件事上与众不同。是完成得更快？精确度更高？可靠性更强？还是更富于创造性？找出使你的产品或服务脱颖而出的特点。

3. 建立一个可重复、可拓展和可测量的工作流程，因为你会想知道自己是否正在进步。

4. 接受这样一个事实：要想为你的服务收取额外的费用，你必须擅长销售和推广，这样你才能建立一个可持续发展的企业。努力优化剩下的工作流程，这样你才能高效地提供服务。

5. 一旦你熟练掌握了咨询业务流程，培养了一批稳定的回头客，获得了大量好评和推荐，你就可以开始提高你的价格了。

6. 一旦你真正精于业务，便可以看看你的工作流程中是否有部分业务可以雇用收费比你低的“零工”。将一些非核心的业务外包出去，将这些服务加价，一般是10%~30%，然后把这些成本计入你的下一个提案中。外包那些不重要的事可以让你承担更多的工作，增加你的时间价值，赚更多的钱。

所有咨询业务都有一个共同的工作流程。这些业务的基本工作流程有七个步骤（如果你想让它继续下去，则需要第八步——

打磨、沉浸、循环），如下图所示：

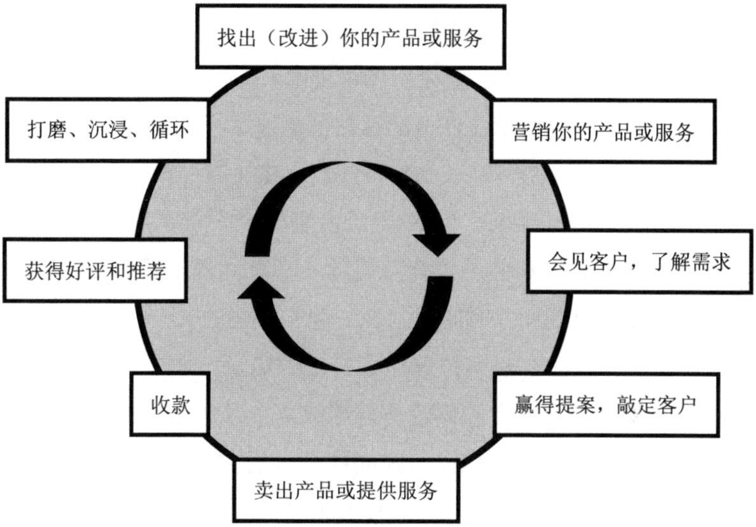

图 10-1　咨询业务的共同工作流程

这个循环代表了从拼车到个人辅导到自由设计服务等一切业务的工作流程。此图表明，作为一个顾问，仅仅在你的服务或产品上做得好是不够的，你得同时戴几顶思考帽。比如，你需要弄清楚如何吸引客户（戴上营销人员的帽子），你需要善于理解客户的需求（戴上设计师的帽子），你需要收钱（戴上首席财务官的帽子），你需要善于获得评论和推荐（戴上客服的帽子）。这些都是在你提供自己特殊版本的产品或服务之外需要做的。

让我们用一个例子来说明这个流程。假设你决定去做人生教练的工作，一开始是兼职，但你希望它尽快变成全职工作，你就需要做一个初始投资，可能需要花费数千美元和数月的培训才能从知名机构获得人生教练的证书。但是有了优质的培训和认证，你就可以对你的辅导课程收取较高的费用，一堂 50 分钟的课程，费用通常在 50~150 美元之间。有时候，你取得认证的学校会帮你找到第一批客户，开始时，你可能会把自己列入“人生教练目录”中（一个收取销售佣金的客户汇总表），但最终你的大多数客户将来自你自己的营销，当然，我们希望还有推荐和介绍。

要想实现这一目标，你需要做大量的个人营销和推广工作，或许可以借助脸书和领英等社交媒体。一旦你遇到了一个潜在的客户，你可能要花一些时间与他在一起（无偿的），使他相信你的服务是有价值的。然后可以开始了解他的需求，设计一个适合他的咨询计划。他可能会和你合作几周或几个月，但是到某个时候，你将会解决他的问题（他没有时间或是没有钱了），他就成了你的老客户。整个过程中，你都将计时收费，并慢慢促使他付款给你。希望这些能在 Yelp 点评网上给你带来好评，更棒的是，你的努力工作受到老客户推荐，你又得到了新客户。

人生教练（或是室内设计咨询师、景观设计师、工程师、私人助理等）是一份让你真正成为企业家的工作，你可以凭借自己的主动性获得发展。你的成功取决于你的营销技巧、对客户的同理心以及使现有客户变为推荐人的能力。你仍然是自己的老板，拟订自己的工作计划，因为做好这份工作需要技能和训练，你可以利用自己的时间赚很多钱。你的服务质量越好，推荐的客户就越多，每节课收费也就越高。每节课 50 美元和 300 美元有很大的区别，尽管你的工作地点是一个影响因素（某些城市的教练比其他城市便宜），但决定时薪的是你的声誉和专业的推荐网络。

如何才能为你的咨询服务收取最高的费用？关键在于讲述你的故事。

大多数刚开始自己做老板的人都会犯同样的错误。

他们认为“做好工作”最重要。

真的不是。重要的是要讲好你的故事，一遍又一遍地讲；重要的是做好市场营销，不断地做，这样才能不断地获得工作。所以是时候接受这个事实了——讲好故事是营销的精髓所在，也是成为一个成功的“老板”的重要部分。

提供非凡的价值

普通人往往收入也一般。

谁想做个普通人啊？

谁想在哪方面普普通通啊？

数据显示，自雇人员的平均收入要低于他们从全职工作中获得的收入。如果兼职做点儿咨询是为了获得第二份收入，而赚钱不是关键，那么做个普通人也许对你来说就可以了。或者，如果你不想花时间去创造和设计一个与众不同的产品或服务，那么从工作中获得的平均回报可能就会使你满足。

假设你认为自己很有才华（事实的确如此），应该比其他人获得更高的薪水（确实应该），那么你需要设计一种方式，让你的工作获得更高的报酬。这就需要对你的客户有一些同理心，需要做一些思维导图（如果你是单打独斗）或进行头脑风暴（如果你有一个乐于助人的团队），以提出新的想法以及大量的原型，看看什么最适合你的客户。[36]每个人都可以做到这一点，并且每一项工作都可以考虑创意设计。

事实是：能够提供非凡条件的人最终会得到非凡的客户。

让我们重申一遍：能够提供非凡条件的人最终会得到非凡的客户。

当你将客户体验设计得非凡而愉悦时，你会发现与你共事的人也乐于与你合作。

让我们来看一些例子。

艾哈迈德是一位拼车平台的司机，他为不同乘客设计了五个定制音乐播放列表，其中包括一个宝莱坞电影原声带，用来向人们介绍他喜欢听的音乐。他与乘客产生了一种不可思议的共鸣，每次成功地将播放列表与乘客的个性匹配时，他都十分开心。一场虚拟舞会在他的车中上演，他不仅给他的乘客提供了一次旅程，还提供了更多的免费服务——免费矿泉水，来自孟买家乡的辛辣糖果，还有你见过的最灿烂的笑容。哦，他还戴着一顶老式司机帽，仪表盘上摆满了摇头娃娃，这使旅途气氛轻松了不少。

结果呢？好评如潮，小费不少，还有一些全职工作的机会。他是该地区收入最高的司机之一。

辛迪是一名私人健身教练，她会带着训练所需的所有设备来到你家。她看上去总是精神焕发，随时准备开始，就像你是她当天的第一位客户一样。辛迪会为你的体形拍摄非常具体的照片，并将每次锻炼的过程进行比较，以优化你的锻炼进度。她会对你锻炼的方方面面进行详细记录，并将其在专门定制的网站上你的专属个人主页中展示，看看你变得多么苗条、结实和健康。辛迪总是带着一些维生素水，一些新的可穿戴健身设备或步行追踪器，让你在锻炼的间隙免费体验，以保持你的活力。

汤姆毕业于艺术中心设计学院，是一名艺术摄影师，他的作品很棒，但是他仍在等待成名的机会。与此同时，汤姆喜欢帮助人们学习摄影、了解相机。不久前，汤姆注意到很多人购买了昂贵的全功能数码单镜头反光相机（单反相机），但是并不知道如何使用。他们默认以“瞄准—拍摄”的傻瓜模式进行操作，并没有领略到这些惊人技术所提供的创造潜力。因此，汤姆以“摄影培训”的名字开办了自己的单反相机学校。他设计了一系列课程，教人们如何玩转单反相机，更重要的是，如何将这些相机视为他们个人创造力的延伸。汤姆是一位可爱而有耐心的老师，在他的课堂上，他很认真地强调每个学生的创造潜力。他的初学者课程启发了他的第二门课程——照片构图课程，进而又启发了他关于拍摄精美人像的高级课程，每门课程都是根据学生的需求而设计的。汤姆甚至还对学生进行一对一的指导，帮助他的学生发现自己所谓的视觉摄影词汇。汤姆的服务是独一无二的，但他是一个摄影师，而不是计算机专家。他请了一个网页设计专家来建立和更新他的定制网站，由他自己进行所有的营销活动。汤姆仍在等待成为著名艺术摄影师的机会，与此同时，他不仅赚到了钱，还享受着帮助人们建立创作自信的快乐时光。

这些独立顾问知道如何让自己的服务令人愉快。辛迪不仅仅是一个私人教练，还是一个数据科学家，她可以最大限度地提高你的锻炼效率，此外她还是顶尖健身达人。汤姆不仅教你相机的工作原理，还帮助你重新发掘你的艺术潜力和视觉创造力。通过口口相传的推介，客户数量已经超出了他们的接待能力。这使得他们可以在每次新客户签约时提高收费标准，从而使时薪最大化。一旦做到这一点，他们就有了更多的自由——每个月的第一个和第三个星期五都可以休息，可以只与他们“最好的”客户合作，从而最大限度地提高每个人的幸福感，并且可以自由地创建更具吸引力的服务产品（免费的苹果手表有人要吗？）。

用户旅程地图

苹果和色拉布（Snapchat）等公司的设计师是如何想出那些令人赞叹的服务，让我们既开心又满意的呢？你如何能像艾哈迈德、辛迪和汤姆一样，为你的潜在客户设计出色的产品体验，提供能够创造忠诚客户、良好评价和推荐的服务？是时候给你介绍一个设计工具了，它可以帮助你最大限度地提高用户参与度，让你的服务更加出色。这个工具就是“用户旅程地图”。

用户旅程地图描述了寻找和体验产品或服务的整个经历，并绘制出了用户的全程旅行线路。你可以通过旅程地图找出一些体验低谷，然后通过设计消除它们。除了消除体验低谷，一份好的旅程地图还标识了你可以改变游戏规则、取悦客户的关键点，我们称之为“神奇时刻”。这种设计旅程的结果令人愉悦，因为你不仅会获得满意的回头客，还让大家都受益。

用户旅程地图的形状和大小各异，没有两张地图是完全相同的，但无论其形式如何，所有用户旅程地图都记录了用户发现和使用产品或服务的体验。如果你想更深入地研究该主题，请在谷歌上搜索“用户旅程地图”或访问用户体验设计网站 UXMastery.com，以获取更多详细信息和示例。[37] 但是如果你只是想使用此新工具，建议你使用我们的简化模板来创建用户的旅程地图。

我们的简化旅程地图将用户的旅程放在一个时间轴上，分为三列。“之前”一列描述了用户是如何找到你的，“期间”一列描述了你的产品或服务体验，而“之后”一列是你在用户体验完成后提供的服务和支持。

另外，我们简化的旅程地图还有三行。“活动”位于最上面一行，详细列出了所有在你服务或体验之前、期间和之后发生的活动。中间一行是“情感”，它绘制了用户的情感过山车曲线。这一行有时也被称为“同理心”，反映了你的用户在使用产品或服务过程中的感受。最下面一行叫作“神奇时刻”，它包含了你为用户设计的愉悦体验点的草稿和图片。这些是你可以使用魔法并赢得终身客户的时刻。

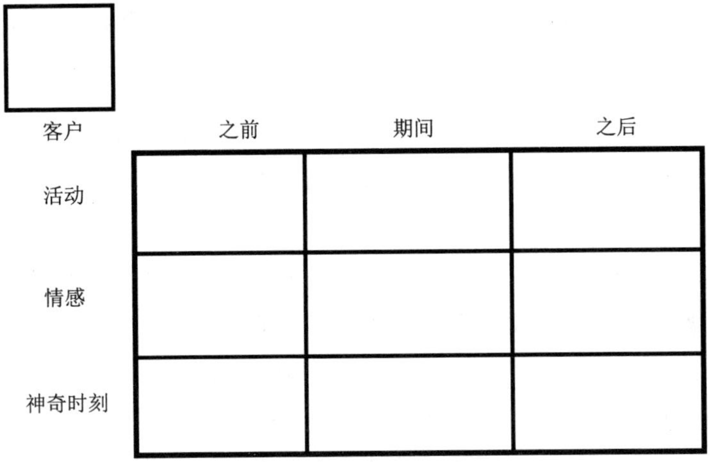

图 10–2　简化的旅程地图

例如，当我们的私人教练辛迪在考虑为女性设计咨询服务时，她为黛博拉（她的第一批客户之一）制作了一份旅程地图，如下所示。

（黛博拉，11月10日开始）

客户信息：
40多岁的技术主管，有三个孩子，全职工作。在大学时曾是一名运动员，但近10年来都没有定期锻炼过。她想减肥、健身，还想增加有氧运动量和柔韧性运动量，特别注重腹部和臀部。她的空闲时间只有每周二、周四早起上班前和晚上下班后。）

	之前	期间	之后
活动	查看Instagram（照片墙）上的广告 打电话咨询	评估会面 锻炼 照片评估 锻炼	最后一次会面 很棒，强烈推荐！
情感	考虑要不要开始 我喜欢辛迪	比我想的更难 取得进步 痛苦 突破！	达成目标 爱我的教练 告诉我所有的朋友
神奇时刻	开始时的乌龟奖励	评估时的一打玫瑰 中期的水疗包 绝望之谷的奖杯	二次评估的香槟庆祝 庆祝完成 感谢推荐

图 10–3　黛博拉的旅程地图

从用户旅程地图上你可以看到她是如何绘制她们的整个合作过程的。首先从潜在客户在 Instagram 上看到她的广告开始，接着是电话咨询，接下来进行关键的首次评估会议，然后是每周的健身课程和照片评估，最后，用户养成了新的健身习惯，合作成功结束。辛迪在用户的旅程地图上做了详细的笔记。她还设计了具有很高价值的神奇时刻，使她的训练有趣而富有成效。例如，每位新用户在首次参加健身课时都会获得一打玫瑰花，并在达到第一个里程碑后获得一张水疗券。辛迪也非常清楚，锻炼是一种很难坚持的习惯。每个客户都会经历辛迪所说的“绝望之谷阶段”，即觉得锻炼是一种折磨。他们需要一点儿额外的鼓励，所以她设计了一个时刻来让大家认识到这一点。最后，用户实现了目标，制订了健身计划，他们就会离开。没有关系，辛迪给他们准备了一个带蜡烛的小蛋糕来庆祝他们的成就。她是不是总能得到好评和推荐？当然了！

这就是用户旅程地图的工作原理。一旦你设计好了用户的个人服务之旅，你就可以开始为你的地图设计“神奇时刻”了。一步一个脚印地把握这些时刻，确保你每一步都在调查你客户的体验情况，这样你就可以衡量他们对你服务的满意度。你正在努力提高用户转化率、用户满意度和推荐率，而实现这些目标的最佳途径就是真正了解用户的体验。

取悦用户是一个永无止境的设计过程，但做起来很有趣。随着你越来越了解你的用户，新的需求将会出现，从而产生新的产品或服务——这是一个创造性的、潜在的、有利可图的循环，它让你的工作永不过时，过着创造性的原型设计生活，与你喜欢和欣赏的人一起工作，这听起来的确是一份精心设计的工作蓝图，也是充实且快乐的生活。

创造性无可替代

著名的商业咨询公司麦肯锡对未来的工作进行了研究。他们假设自动化、人工智能以及办公软件化会吞噬很多工作。他们预测，这种趋势会带来大规模的破坏性影响。但是他们同时也指出，对设计师以及任何将创造性思维运用到工作中的人来说，他们将会有更多而不是更少的工作。显然，这些“创造性工作”很难甚至不可能实现自动化。

创造力和情感感知这样的能力是人类经验的核心，并且很难实现自动化。[38]（我们的）研究暗示了产生大量有意义的工作的潜在可能。当自动化取代更多例行或者重复的工作，并逐渐将员工的工作重心转移到富有创造性和充满情感的工作上时，这种潜在可能将会变为现实。例如，财务顾问可能会花更少的时间分析客户的金融状况，而用更多的时间理解他们的需求并为用户提供有创意的选择。室内设计师会用更少的时间测量、绘制图纸和处理订单，而用较多的时间开发基于客户要求的创新性设计概念。

麦肯锡研究的结论是：我们之所以为人，是因为我们有一些核心的东西，比如同理心和创造力，这些东西在未来会越来越有价值。创造力、良好的社交能力和情感交际能力是新创意经济的核心，而掌握这些软技能的顾问和企业家将会取得成功。

因此，如果你听从麦肯锡公司的建议（许多首席执行官都会这么做），培养设计师的心态会让你在未来的经济中获得成功。最终，只有人类的创造力才能拯救我们所有人。

迪伦的话从未如此真实。

时代一直在变。

因此，让我们都接受现实，加入这场派对，让推动这些变革的力量为我们服务，像设计师一样思考和行动，想象并构建一个未来，为每个人服务，再创造一个让我们快乐的职业生涯。

不断尝试

你可以使用下面的模板，也可以从我们的网站（www.designing-yourwork.life）下载模板，为你的咨询设想制作一张用户旅程地图，还有你想为潜在用户设计的体验。包括三行中的所有元素——活动、情感和神奇时刻。你可能需要将纸横过来，或者找一张大一些的纸，因为这些地图往往很长。尽可能多地添加细节，确保你可以全面反映服务或体验之前、期间及之后的情况。在旅途中寻找神奇时刻，让你的服务与众不同！

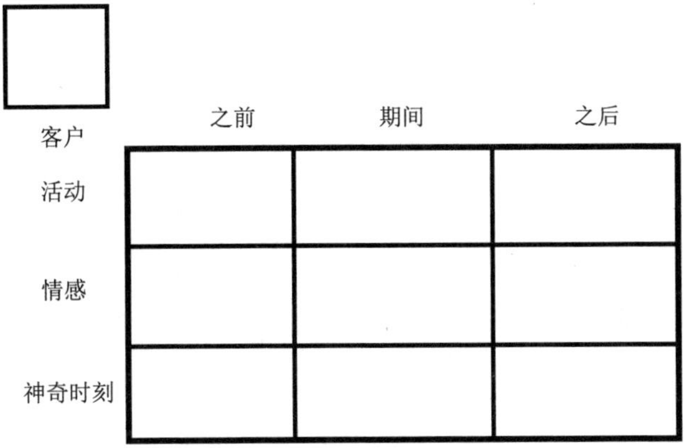

图 10–4　制作一张用户旅程地图

第 三 部 分

颠覆设计

11
把人作为设计的核心

丹妮是一位年轻的单身妈妈，住在旧金山的教会区，有一对双胞胎儿子，她一直在努力工作以养家糊口。现在，更大的挑战来了——因为疫情，当地的小学关闭，她的孩子们全天 24 小时在家。他们不得不共用一台笔记本电脑在网上学习，而家里的网络时好时坏。所以，丹妮除了在一家大型国家保险公司做理赔专员（这份工作她可以在家里的餐桌上轻松地完成），她还是一位四年级的兼职教师、一位兼职的 IT（信息技术）经理，更是一位全天候的不堪重负者。

德里克是斯坦福大学的一名大四学生。作为一名年轻的黑人，他很清楚，当他学习到很晚回家时，会仅仅因为“黑人在开车”这个理由就被校警拦在路边是什么感觉。德里克的父母曾在 20 世纪 60 年代与马丁·路德·金一起游行，他们把他培养成了一个骄傲的黑人，因此，他在大学一年级时便要求住在校园里的黑人主题住宅乌贾马（斯瓦希里语，意为“大家庭”)。但是当德里克看到乔治·弗洛伊德被杀害的视频时，他内心的某些东西崩溃了。警察用膝盖压在弗洛伊德的后背上，直到他死去，那种冷漠让人无法忍受。那天晚上，德里克和一些朋友在学校里组织了一次全体学生的在线会议，大家一致认为他们必须做点儿什么。他们立即成立了“黑人的命也是命”（Black Lives Matter）运动的斯坦福分会，并通过 Instagram 与他们的国家领导人建立了联系。但仅仅做这些还不够，他们想做更多。在疫情暴发之前，组织一场抗议很容易，人们可能还会占领 10 号楼的总统办公室，他们以前就这样做过。但是现在，学生们几乎遍布世界各地，他们能做些什么让自己的声音被听到呢？那天晚上，德里克给他父亲打了电话，他父亲也很愤怒，但他们都一样不知所措，茫然无助。就待在卧室里，他们能做些什么来阻止美国警察杀害黑人呢？

雷吉娜是一名年轻的气候活动家，为世界自然基金会工作。这是一份有意义的工作，是她发自内心想去做的工作，在疫情期间，她每天都带着使命感参加办公室会议。但近些日子以来，她发现自己有一种越来越强烈的恐惧感。灾难性的气候事件在世界各地频繁发生，速度惊人。澳大利亚内陆地区的大规模火灾是前所未有的，而在美国加利福尼亚北部和南部，毁灭性的破纪录大火也是前所未有的。今年加勒比海地区有太多的热带风暴和飓风，以至专门给它们取的名字都用完了。风暴一次比一次更大、更猛烈。印度和中国发生了“百年一遇的洪水”，而下一季的洪水却更大。具有讽刺意味的是，世界各地还出现了前所未有的干旱。当雷吉娜读到否认气候变化者声称这一切都是骗局时，她的恐惧感越发强烈了。雷吉娜正在世界自然基金会努力为野生动物和地球做积极的努力，但她还是夜不能寐，担心这一切还远远不够。她开始陷入不知所措和沮丧的无限循环之中。

本是一名年轻的国会助理，为来自加州自由派地区的一名民主党人工作。和同代的很多人一样，他在一些问题上倾向于自由派，而在另一些问题上则倾向于保守派，而且在很大程度上，他看不出两个党派有什么不同。尽管如此，他仍试图有所作为，不图高薪，只希望能从内部为体制改变做点儿什么。在一次重大投票之前，和民主党成员一起待在衣帽间里还是挺酷的，他实际上是在后台，看着民主党进行活动。本喜欢和任何愿意倾听的人谈论政治。但最近他注意到，讨论很快就失控了。他的叔叔史蒂夫，一个非常保守的共和党人，就是一个很好的例子。每次和叔叔的谈话都会变成一场争吵，本很是沮丧。看起来这个国家的两极分化是如此严重，人们沉迷于自己的信息泡沫，以至他已经无法与任何人进行文明的对话了。“如果我们连在事实上达成一致都不可能，那我们还怎么解决美国的这些问题呢？如果每一次对话都以失败告终，我们又怎么能像我在高中时所接受的公民教育那样，就重要问题进行辩论呢?”

颠覆无处不在，到处都不堪重负。

每个人都是如此。

由新冠肺炎病毒引发的全球疫情，是前所未有、震撼世界的重大事件，但却并不是唯一的颠覆性事件。

2020 年也使人们认识到，在民权问题上，还有许多未完成的工作要做——“黑人的命也是命”运动只是对这场危机的一种反应。

世界各地的气候变得越来越不稳定；洪水和大规模暴风雨重创

了一些地区；在另一些国家和地区，焦土、干旱导致的农业崩溃以及随之而来的饥荒是一大问题。现年 17 岁的格丽塔·桑伯格是一位了不起的气候活动家，虽然只有 17 岁，但当她比我们犹豫不决的全球领导人更能让人信服时，你就应该知道，我们确实有问题了。

分裂的政治、互联网泡沫和回音室效应正在破坏我们就棘手问题进行真实而文明的对话的能力，大家合力去找到适合每个人的解决方案似乎也毫无可能。

单是列出所有颠覆和破坏，就已经让人不堪重负、筋疲力尽，这是前所未有的不堪重负、筋疲力尽。

众所周知，“前所未有”这个词现在经常被人们使用。前所未有的封锁，前所未有的城市动荡，前所未有的风暴和火灾，前所未有的政治挑战。这一切都是前所未有的，但在很多方面也大同小异。我们正处于未来学家所称的多重危机临界点，许多自然系统和人为系统承受着过大的压力，就像多米诺骨牌一样，危机将会接踵而至。下一个“前所未有”又是关于什么的？火焰龙卷风吗？（在加利福尼亚有过）蝗灾？（这是非洲近 17 年来蝗灾最严重的一年）杀手大黄蜂？（它们已经来了）宇宙大爆炸？（快了——先进的激光干涉引力波观测站 LIGO 的引力波探测器刚刚探测到，两个黑洞的巨大碰撞产生了穿越时空的冲击波。）

新冠疫情的暴发已经清楚地表明，在快速颠覆时期，制订计划并坚持下去是行不通的。你计划 6 月在教堂举行婚礼吗？对不起，不可能。那家公司计划 7 月在外地举办销售活动？没门儿。即使是很难订到位置的特殊餐厅——先是室内，后是室外，然后——抱歉，它已经倒闭了。

颠覆无处不在，而且所有颠覆都与个人有关。

这就是为什么本书的最后几章都聚焦在你身上，聚焦在个人、母亲、父亲、工人、老板身上。衡量变化的尺度就是你自己，无论你是零工经济者、上班族、全职在家的教育者、经理，还是曾经身居要职但这个职位早已不存在了的人。

我们不会把重点放在公司重组、组织重组、混合型员工的薪酬策略，或者其他重大的宏观问题上。我们把这些问题留给商业顾问和经济学系的终身教授去解决。那是他们的专长，不是我们的。我们是以人为本的设计师，我们将关注这些变化正在对你（等式中的人）产生的影响，以及将对你产生的影响。

要知道，等式中的许多人都迷失了自己，都在受到伤害。

颠覆是艰难的，损失是真实的，我们尊重每个人的痛苦和牺牲。如果你在疫情中失去了心爱的人，在你悲痛的时候，我们的心与你同在。许多人在这次疫情中感到不知所措，这种迷茫令人难以忍受，言语也不足以表达。

我们也承认，2020 年和 2021 年的变化对人们的影响是不同的，不能一概而论。如果你在某些行业工作，比如酒店业和旅游业，在餐馆打工或是拥有自己的餐馆，你可能会失去你的工作或生意失败。如果你在工厂上班或是从事食品加工的工作，无论疫情如何发展，都需要你按时到岗，那么你只能冒着生命危险去上班。

另一方面，如果你为 Netflix 或者 Zoom 这样的流媒体服务公司工作，或者为苹果或 Facebook 这样的科技巨头工作，那么你的业绩将会前所未有地好。因为越来越多的人将待在家里，在他们的设备上使用流媒体，评论、点赞，这意味着更多的注意力、更长的屏幕使用时间，以及更多人购买新“屏幕”。

数据显示，这次疫情对低收入家庭和老年人的影响最大。谁能想到艾奥瓦州那家大型禽肉加工厂的杂货店店员和切鸡工人，会被宣布为重要工人，并站在这场危机的第一线？

对人们来说，困难的不仅仅是世界骤然改变，而是在某种程度上，我们知道世界再也不会是原来的样子了。

这不是改变，而是颠覆。

再也回不到从前

颠覆是变化，巨大的变化。虽然所有改变都需要一定的适应时间，但不是所有的改变都会使你的生活打乱重组。比如，因为现在你的车里有孩子，所以你将手动挡切换到自动挡，这是一种常规的变化，生活还在继续。有了孩子后，生活不再只与你们夫妻二人有关，这就是一种颠覆，因为生活将再也不会回到原来的样子。

你对两极分化的政治感到如此沮丧，以至想重新注册，成为一名党外人士，因为所有的政党都让你抓狂，这是一个很大的变化，但你仍然是你（除非你是一名政客，而现在你的选民正在给你发送仇恨邮件）。假如你出生时所在的国家不再是你的国家，你永久移居海外，到一个文化和语言完全不同的国家生活，这就是一种颠覆。

假如你得了严重的支气管炎，为了不传染给年迈的姑妈，你不得不放弃家庭节日聚餐，这属于一种改变，因为两个月后你就会回来参加生日庆典，你得支气管炎的事情会被忘记。而在长达一年的时间里不能拥抱除你父母子女以外的任何人，任何时候出门都要戴上口罩，这也是一种颠覆。

任何让你感觉自己是一个完全不同的人，或者让你感觉你现在生活在一个完全不同的世界的东西，都是一种颠覆。颠覆可以是个人的、区域性的或全球性的。戴夫去年经历了三次颠覆。2020 年 3 月，戴夫的妻子克劳迪娅被确诊为癌症晚期。这一诊断彻底改变了他们两个人在接下来的 9 个月里的生活方式，直到克劳迪娅于 2020 年 12 月 4 日去世。这永久地改变了戴夫的生活。2020 年 8 月，袭击加州北部的大火距离戴夫家不到一英里。他的房子幸运地没有被烧毁，但亲密的朋友却失去了他们的家园，成了火灾难民，一些人放弃了他们的土地，再也没有回来。和世界各地其他人一样，戴夫也经历了新冠病毒疫情的暴发。无论从个人视角、地区视角，还是全球视角来看，2020 年后，戴夫的生活都将再也回不到从前了。

对这些不同类型的颠覆的反应各不相同，因为社群的共同经历很重要。你是一个人经历的，还是和家人一起经历的？是镇上所有人一起经历的，还是地球上的每个人一起经历的？和人们一起经历一件事是很不同的，但经历过的人们都会达成一个共识，那就是一切都不会再像以前一样了。

读这本书的每个人都经历过颠覆，无论是过去还是现在，你在经历某些事情之后，发现你的生活再也不会恢复原样了。但我们可以提供工具来设计你走过这些经历的方式。当然，我们并不知道全部的答案，没有人能知道，因为颠覆造成的改变是如此巨大，不适合一刀切的应对措施。尽管颠覆是一种共同的经历，但它对每个人的打击都是独一无二的。不过，我们确实有一些对其他人有用的想法，希望对你们也能有所帮助。

2020 年后的世界，我们预测，颠覆不仅是新常态，而且颠覆的发生率也将呈上升趋势。随着世界局势的变化和资源的日益紧张，许多系统都处于超负荷运行的状态。气候变化、收入不平等、种族主义、人工智能、全球民粹主义和民族主义、水资源问题，以及从化石燃料向可再生能源转变，等等，这些都告诉我们，巨大的变化，即颠覆性变化，正在加速到来。曾几何时，一个人可能一辈子都不会看到地区性或全球性的颠覆，而这种稳定非常有利于个人在面对所爱之人的死亡时接受个人颠覆。但那样的日子已经一去不复返了。2020 年之后的世界，改变生活的颠覆将是我们所有人未来生活将会面对的确定不疑且不断增加的事。由于颠覆所带来的变化巨大，并且这些变化从出现到解决通常需要很长时间，所以我们在应对颠覆时需要特殊的设计工具。

这就是为什么我们称之为颠覆设计。在今天的现实生活中，如果你想要过得幸福快乐，并在工作中如鱼得水，你就需要识别颠覆，并设计出适合自己的解决之道。

颠覆设计是现代生活新的核心竞争力。

用设计思维直面颠覆

坏消息是（似乎预测更多的颠覆还不够糟糕），颠覆设计不仅仅是一件事。颠覆这件事本身并不是平等的。设计 2020 年疫情后的应对措施，与全球突然普遍出现清洁用水短缺等情况不同。好消息是，不管颠覆是什么，颠覆设计师的心态都是一样的（这与任何以人为本的优秀设计师的心态都是一样的——只需要更高的接受度，来接受更加巨大、更不受欢迎，以及更具挑战性的改变。）而且，对于所有真正的颠覆，颠覆设计的整个过程都是相同的。

颠覆设计过程的第一步，是适应一个我们称之为“接受区”的小地方。

12
我们现在在哪里?

接受区的首要任务是进行战略重构。

2020 年年中，我们听到了很多人描述他们在应对疫情时的挣扎，我们反复听到一些类似的句子：

> 这一切什么时候结束啊?我什么时候能回到正常的生活呀?
>
> 我真是受够了!我们什么时候才能重新开始呢?!

我们许多人的感受都是一致的：世界突然停止运转，生活停滞不前，我们被集体扔进了等候室，在那里干坐着等疫情结束，等世界重新恢复运转。

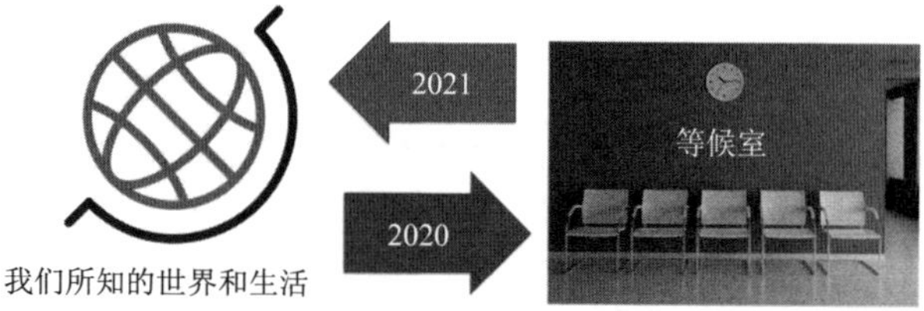

图 12–1　许多人所处的模式

等候室是紧急情况发生时人们自然会去的地方。当你听到警笛声时，会把车开到路边停下，等着警车从你身边经过。过一会儿，等安全了，你又回到路上，继续你的旅程，你只是稍微耽搁了一下而已。等候室里发生的事情很简单，只有一件——等待。没有变化，不需要重新评估你的处境，也无须调整计划。不用抛弃过时的想法或跳出思维误区。当然你也没有任何成长。就像一个等待恢复正常的时钟。很多时候，等候室是一个不错的地方；但在面临颠覆时，它就是一场灾难。

还记得我们对颠覆的定义吧？颠覆是一种变化，让你意识到生活将再也不会是原来的样子。颠覆发生之后，就没有回头路了。旧世界并非被搁置在一旁，而是一去不复返了。下一个我们要去的地方是新世界。当大变革到来时，我们都希望尽可能迅速地、毫无痛苦地从旧世界进入新世界。我们想要越过那条线——越快越好。

图 12–2　新旧世界

唯一的问题是，颠覆并非是这样发生的。它不是新事物紧随旧事物到来的简单的两个阶段，而是三个阶段，中间阶段——新旧世界之间的间隙，这是我们要密切关注的。

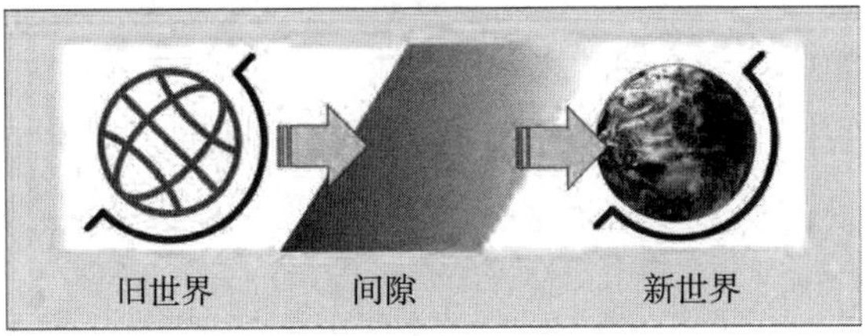

图 12–3　新旧世界的间隙

作为设计师，我们深知设计好的问题至关重要。我们想要解决正确的问题，希望在构建问题时做到实事求是且切实可行。因此，对于本章我们提出的“我们现在在哪?”这个问题，找对答案非常重要。那么，我们现在应该从哪里汲取灵感，好好思考颠覆期间我们所处的这个令人困惑的间隙呢?

心生疑虑时，设计师往往会求助于设计思维，而设计思维有一个颠扑不破的核心原则：以人为本。其实设计思维最初的命名是“以人为本的设计”，其核心要义是以人类的方法来制造人类可以有效使用的东西。

在运用设计思维时，一个最基本的事实是，如果你把人的部分做对了，你就不会出错。设计思维“以人为本”的信条提醒我们，其实人类长期以来一直在应对颠覆。颠覆并不新鲜，尽管它可能让人觉得新鲜。自从第一个人走出洞穴以来，人类一直在努力研究如何应对颠覆。如今，我们比以往任何时候都更应该深入了解古代智慧和现代理论，看看当我们面临巨大变化时，生活又会变成什么样。

人类经历重大变化的三个阶段有多种模型。许多古老文化和传统智慧表明，人类存在某种形式的生存、死亡和重生的进化成长周期。发展心理学则探讨长大成人过程中必经的依赖、分离和独立（或童年、青春期和成人）阶段。

下面是我们给颠覆设计师在思考这个问题时的一些建议。设计总是从“这里”开始。这一点非常重要，所以我们在第一本书中也给出了这个提示：

图 12–4 你在这里

正如前文所说，大多数人觉得他们经历颠覆之后的“这里”是等候室。这是人类的自然反应，也是我们所有人的起点。

图 12–5 等候室

虽然等候室是所有人开始的地方，但它并不是我们必须停留的地方，而且对设计师来说，它绝对不是一个好地方。当然，等候室也并非一无是处。当你在等待的时候，你会觉得你和未来有约，像是有新事物正向你走来，这种感觉很不错。但还是让我们面对现实吧，没有人喜欢等待。当你准备向正在形成的未来过渡时，等候室就是你节节败退的地方。等候室是一个使期望错位、偏见僵化的地方，它让你比以往任何时候都更难站在新的起点上。颠覆设计的第一步就是通过将等候室重构为接受区，从而走出等候室。

图 12–6　接受区

接受区与等候室大不相同。它可能并不是你想去的地方，但一旦你意识到自己正处于一场颠覆之中，一切将再也无法回到从前，你就会想要进入接受区，因为只有在那里，你才能开始行动，并着手设计在新世界的海岸上安全着陆的方法。

这一重构至关重要，它是颠覆设计中的关键战略重构。它也很简单，因为你只需要改变心态即可。你所要做的就是接受这样一个事实：一个巨大的变化正在发生，你的旧世界正在崩塌，而新世界还没有到来。

在接受区，我们对正在发生的事情一无所知。我们不知道事情是怎么变成现在这样的，也不知道何时或如何将生活转变至新常态。但我们接受我们所处的位置。令人兴奋的是，接受区充满了构成新世界的素材，还充满了期待，时间本身似乎也在翘首以盼，期待新世界出现。

接受区是颠覆设计师的地盘——你必须先进去，才能设计出摆脱它的方法。不必太过在意，这与你无关，也与你所处的颠覆的性质无关。无论是伴侣过世，还是社区被夷为平地，抑或是新冠病毒永远地改变了你的工作，你通往未来的第一站都会是接受区，因为你是一个人。

我们讨厌接受区。我们不想待在里面，它太可怕了，接受它需要一定的勇气，难怪很多人最终都没能走出等候室。

改变很难，放弃即将完成的事情也很难，尤其是当结局并非我们所选择的时候。如果我们必须经历这些，那么至少让我们尽快开始接触新事物，以便重新过上更幸福的生活！谁愿意在接受区的混乱中徘徊，不知道未来会发生什么，甚至不知道自己能在哪里着陆？一旦我们接受了过去将会一去不复返这个事实，我们最不想看到的就是自己被困在中间，无处落脚。“我们快走吧！”我们想大声喊出来。不论是靠双脚奔跑，还是利用高新科技，我们都希望能以最快的速度离开那里。

但我们不能这么做。如果我们自欺欺人，相信自己可以跳过接受区，立即站在新的起点上，那么我们很可能会失败，从而不得不回到原点，重新开始。而且这一次，我们将从一个更加艰难的起点出发，并付出更大的代价。

因此，我们不会那么做。设计师需要意识到以下几点：（1）我们陷入了颠覆之中，（2）颠覆将我们扔进了等候室，（3）我们不必停留在那里。

我们可以重构我们的生活，进入接受区，并使用颠覆设计来引导我们走出接受区。为了实现这种重构，我们要有一种正确的接受方式——成长性接受。

颠覆设计目标之一：成长性接受

接受很简单，但并不总是那么容易。有三种不同的接受方式：

压迫性接受

抑制性接受

成长性接受

如果我们想要实践成长性接受，那么我们也需要识别其他的接受方式，虽然这些方式很流行，但并不是很有用。

那些倒霉的受害者往往会选择压迫性接受的方式。噢，不会吧！我的世界要完了！！真不敢相信他们会这样对我。这种情况经常发生——为什么偏偏是我？我完蛋了。现在我该怎么办？颠覆很容易让人不知所措。当我们意识到这是我们判断一件事是否结束的标准时，我们的第一反应是想知道现在这件事是如何进行的。但这个问题目前还没有答案，所以我们面临被它压倒的真正风险。我们已经习惯了根据掌握的情况来理解事物和感觉。当失去掌控时，我们会感到茫然，害怕自己成为受害者的恐惧也许是可以理解的，但如果过分夸大问题并认为自己无能为力，你就会陷入困境。

抑制性接受是斯多葛学派的英雄所选择的方式。好吧，看起来这里正在酝酿一场大风暴——不过别担心，有我呢，我能搞定。

你知道吧，在这种情况下你就得坚持下去。幸运的是，我够坚强，能挺过去。

这种方法其实不过是另一种错误的应对方式。通过低估问题的严重性，英雄们冲进傻瓜们不敢涉足的地方，即使没有被压垮，也会很快被当前压倒一切的形势征服。失败的英雄可能会陷入困境，通常会感到困惑和愤怒，而这并不能帮助他们设计前进的道路。

无论是受害者还是英雄，都是在通过错误地感知现实来逃避现实。

成长性接受是颠覆设计师所选择的方式。设计师会接受事物本来的样子，并知道如何做面向未来的设计。哇，这真是一个很大的改变，看起来肯定会颠覆事态的发展。我不确定这一切将走向何方，但现在是时候开始观察和适应，等待情况稳定下来。我想知道哪些事情将受到最大的影响，它们又是如何受到影响的。

颠覆设计师的心态从接受开始，然后迅速转向好奇。“我想知道……”是很棒的“接受区”状态。好奇心会让你参与其中，敦促你不断前进，但不会过早地尝试解决问题。保持参与度和行动力正是接受区所要求的。我们的第一个目标是进入它（通过接受的方式）并跨越它（通过保持好奇心的方式）。

当悲伤遇上成长

颠覆的结局包括损失，通常是巨大的损失，这意味着结局可能很悲伤。伊丽莎白·库伯勒·罗斯[39]的研究成为理解悲伤过程的标准，这一过程会经历五个阶段，排序不分先后：否认、愤怒、讨价还价、沮丧和接受。

当我们讨论人生设计的过程时，我们将其描述为以下六个阶段，其中阶段 0 是接受。

接受总是设计思维的预设起点，因为你无法解决你不愿意接受的问题。传统的产品设计过程始于第一步：同理心，并假设接受已成事实。然而，在进行人生设计时，接受往往是一个要求很高的阶段，也是一个经常被跳过的阶段，所以我们明确地把它表示为“阶段 0”。这是一切开始的地方。

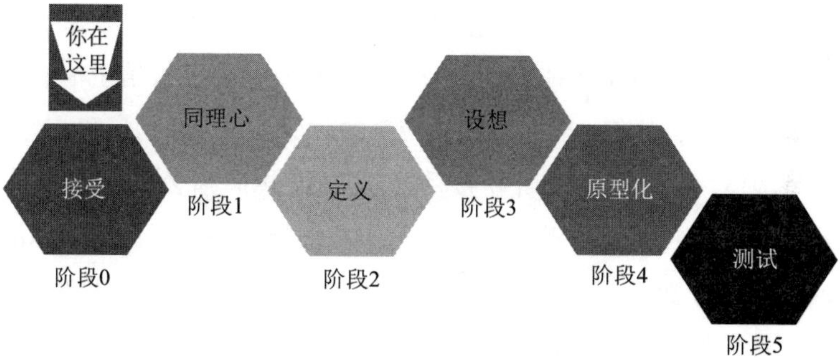

图 12–7　人生设计过程的六个阶段

我们认为有一点特别值得注意，就是悲伤结束于设计开始之时——接受。

颠覆发生时，悲伤是无法逃避的。经历了 2020 年的疫情之后，整个世界都在为失去亲人、社交、住处、传统、工作和职业而悲伤。损失是巨大的，而要从这种损失中走出来，悲伤是这段经历中不可避免的一部分。

但是，当我们的悲伤结束的时候，我们又该何去何从？事实上，一个人怎么才能摆脱悲伤呢？在本章撰写完成时，戴夫的妻子刚刚去世 8 个星期。那个时候，戴夫非常确定自己永远也不会“忘记这种悲伤”，但他满怀希望，甚至是自信，相信自己会“熬过去”，重新完全活过来。帮助人们熬过（并非完全忘记）悲伤的一种强大因素，就是开始行动，为自己的人生开辟一条全新的、快乐的道路。我们可以怀着悲伤去设计人生，然后设计出超越悲伤的方法。

戴维·凯斯勒是伊丽莎白·库伯勒·罗斯的长期合作伙伴，在伊丽莎白去世后，他更新了他们的研究，增加了悲伤的第六个阶段：创造意义。[40]

凯斯勒意识到，接受是必要的，但还不够。人们必须从他们的损失中找到意义才能继续前行，而这种意义通常根植于他们前进的方式中，他们会将这些损失带来的教训融入未来的自我。

2021 年 1 月，凯斯勒接受了美国公共广播公司《新闻一小时》节目的采访。此前不久，美国总统拜登主持了国家纪念活动，纪念在 2020 年死于新冠肺炎疫情的 40 多万美国人和 200 多万全球公民。凯斯勒谈到了世界范围内人们所经历的巨大悲痛和后疫情时代所面临的挑战。当谈到如何继续前进并创造新的意义时，他向听众承认，事实上，疫情确实是造成创伤后应激障碍的一大原因，所以当疫情消退时，所有人都将经历某种程度的创伤后应激障碍。作为一种应对方式，他提醒我们不要忘记尽可能采取成长性接受的方式管理我们的悲伤，这样我们就可以超越接受，开始新的生活，体验创伤后的成长。本书的一个主要目标是为你提供一些想法和工具，使你能够更容易地做出选择。

无论你是在 2021 年疫情的后期读到这一章，还是在几年后，也许是在你自己经历颠覆或是新的全球颠覆到来时读到这一章，我们都真诚地希望你能够以自己的方式结束悲伤，进入成长性接受的阶段，开始设计你的人生，获得新的、有意义的人生体验，以及你在人类大家庭中的身份定位。如果说疫情教会了我们什么，那就是它让我们意识到，人类真的是在同舟共济，我们需要彼此。

此外，接受区还是一个很好的阶段，在这里，你可以设置较低的标准，然后利用小的、充满活力的设计努力走过它，让你继续前进、不断成长，避免被困在等候室里。

颠覆设计目标之二：寻路，为未来做好准备

有两种策略可以帮助你从“这里”到“那里”：导航和寻路。它们有很大的不同，因此选择对你的情况有效的正确策略至关重要。

导航意味着根据你所在的位置（A 点）、你要去的地方（B 点）以及两者之间所有地形的精确信息，设计一条最佳路线。如果你能获得这些信息，那就太棒了！你的手机可以通过 GPS（全球定位系统）和来自互联网数据库的地图数据导航。我们在各种情况下都在使用导航。导航可以帮助我们找到那家新餐厅；还可以帮助我们做计划，完成培训，成为一名合格的长途半挂卡车司机。导航如此常用，我们几乎可以靠导航找到任何地方，它已经成了我们规划路线的首选工具。

不过，导航并不总能奏效，因为你并不总是清楚自己的位置或者去向，更不清楚中间地带的情况。生活中很多事情都是这样的，颠覆肯定也是这样的。当你正处于变化和转变的接受区，而新的开始还没有到来时（我们称之为疫情后的“下一个常态”），导航系统就无法使用。当你的公司将你的工作方式改为 100% 线上办公时，你会为了降低生活成本而搬到中西部地区。显然，并没有什么最佳的四步法来重塑你的家庭生活方式和社交圈子。如果你

辞去工作，想让孩子在家上学，而不是让他们每天看四个小时的电视，那你也没有捷径可走，你无法找出对你和孩子来说都是最好方式的组合。如果你试着在接受区打开你的生活 GPS 导航，你会发现你收不到任何位置信号，也没有可用的地图。当这种情况发生时，寻路不仅是最好的方法，也是你唯一能做的事。

寻路是指尽你所能，猜测你要尝试的方向（而不是目的地），向前冒险一段时间，然后停下来，记录自己所处的位置，以及在这个新的有利位置你能看到什么。下载六个不同版本的三年级课程包，从每个课程包中挑选一节课，然后试一试。选择一个看起来最有效的，并根据你孩子的特殊需要定制课程。不断重复，直到达到一个理想的目标（家庭教育实际上是有效的！）或者你获得了足够的信息，可以引导你走完剩下的路（课程公司为你联系了一位当地的导师，她现在正在指导你制订一个明确的成功计划。）

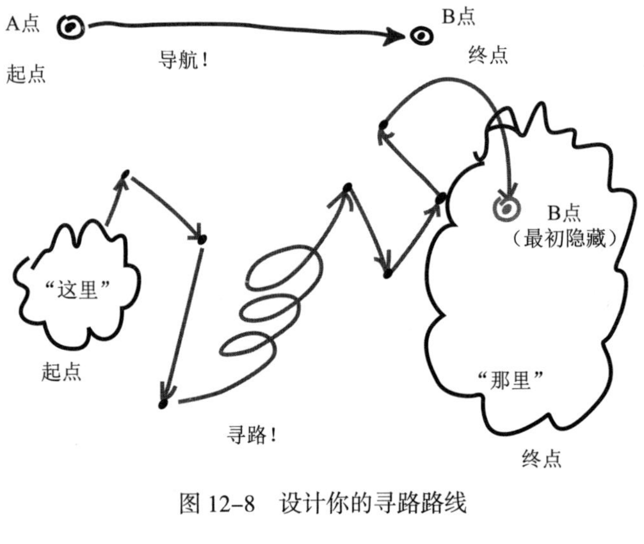

图 12–8　设计你的寻路路线

设计师通常都在寻路，因为他们想发明前所未有的东西。已知的解决方案和途径根本行不通。因此，设计师永远不会落入效率神话的陷阱。

效率神话是指，每当你发现自己在旧的道路上折回，或者不是直线前进时，就认为自己是在浪费时间和精力，你所做的一切都是错的。这一神话源于一种错误的假设，即最优路径是最有效的路径——当然，最有效的路径肯定是一条直线。

接下来的这一点很重要。当你发现自己身处一个未知的区域（如上图中标记为“这里”附近的区域），而你将前往一个未知的目的地，就在“那里”附近的某个地方，那么上图所示的寻路路线实际上就是起点与终点之间最短的距离。真的！当你在寻路的时候，最短的距离看起来就像是一条弯弯曲曲的线。这是以人类发现和原型迭代为衡量单位的最短距离，而不是以英里为衡量单位的最短距离。

你必须一步一个脚印地来。在每一步结束时，你都会知道一些在你迈出某一步之前不可能知道的事情。这种渐进的经验和洞察力对于取得进步至关重要。当然，在回顾时它可能会显得效率低下，至少与直线导航相比是这样，但这无关紧要。在寻路过程中，唯一存在笔直路径的地方——就像上图中那样的一条直线，只是你脑海中的一个假象。本书的八个步骤（包括正循环和反循环），是一种有效且有用的方法，每一小步最终都会让你更接近目标。

重要的是，在适合采取寻路这一方式的时候，别试图用导航。想象一下，在家庭教育的过程中，设计师自欺欺人，以为自己可以一跃而起，到达“那里”，于是她冒险尝试了她前文用到的方法（购买某个“获奖”课程），但她只是一遍又一遍地使用同样的素材，一堂接着一堂地让孩子上课，不管对孩子们有没有用——她希望通过某个巨大的飞跃，一下就到达终点，收获在家庭教育下幸福成长的孩子。如果她那样做了，她就会严重偏离轨道，让到达目的地变得异常困难。迈出第一步（尝试一节课），然后立刻停下来，应用她的所学，调整她的路线（也许她的孩子需要更少的阅读、更多的实践），她将在最短的时间内到达她想去的地方。

当情况允许的时候，做一个寻路人——如果有哪个地方允许你做寻路人，那就是接受区！

接受区

在接受区，如果新的开始还不明朗，我们又该如何寻找前进之路呢？我们该如何采取有效措施呢？你可以让“放弃过去”引导你的好奇心，用我们在第 7 章中详细列出的四个简单步骤来构建你的前进之路：保持好奇、与人交谈、不断尝试、故事思维。

在接受区，不同之处在于，你这样做不是为未来的职业设计一个新的解决方案，而是为了过渡到接受区，当你越过接受区，新的开始就将成形，你要确保自己已经为未来做好了准备。

2020 年，随着疫情的蔓延，很明显，几乎所有人的工作都受到了巨大影响。许多人丢了工作，每个人的工作都发生了巨大的变化——有的人被遣送回家，而那些还在上班的人，他们工作的地方和工作的程序也发生了天翻地覆的变化。数以百万计的人从坐在办公室工作变成了在线工作，协作和社交生活也发生了改变。

与此同时，我们对流行病学、疾病传播和卫生方面的了解远远超出了我们的想象。这些都是在世界自行解决问题之际，在我们处于 2020 年的全球接受区时，值得探索的事件的线索。

这些变化过去和现在都足够引起人们的好奇心，你可以了解有关如何构建在线社区的更多信息。你可以尝试远程办公，以不同方式完成你的工作。如果你丢了工作，那么你可以对你还在工作的朋友进行远程工作访问，了解他们的工作和世界是什么样的。你可以尝试很多不同的方法，了解更多关于新冠肺炎的知识，了解作为学习者，什么对你有用，什么对你没用。然后将其与他人的经验进行比较——这些都可以让你更好地了解信息是如何传播的，谁在传播信息方面做得更好，谁在做新的事情，谁没有。你可以密切关注你的雇主是如何调整工作流程的，看看你是否能看出老板的思考方式以及工作重点是如何转移的。

在接受区，你不知道事情的结局，但你知道什么最有可能改变。一旦你意识到自己正处于颠覆状态，并接受一切都将一去不复返的事实，你就已经发现哪些东西被彻底颠覆了。这就是你重新开始的地方，对那些正在发生变化的事物感到好奇。它们是指向未来的指针，所以请你带着设计师的好奇心跟随它们即可。不断重复这个过程，你就会成为对未来最有准备的人之一，也是最先意识到接受区何时结束，以及你的目的地在哪里的人之一。

这正是我们在 2020 年的大部分时间里所做的。2021 年年初，我们可以展望疫情后的世界将如何运作，以及哪些工作设计理念将最有帮助。

下面的章节就是这一努力的结果。在这些章节中，我们提供了特定的设计理念和工具，以最大限度地利用 2021 年及后疫情时代的新限制和新机遇。它们不仅仅是转变工具，而是未来——下一个常态的新核心工具，它们将伴随我们很长时间。本书前十章中所描述的工具仍然适用，因为它们处理的职场问题和挑战在新世界中将继续存在。随着下一个新常态到来并成为常态，下面这些设计职业的额外工具，可以让你在工作中如鱼得水，并能随机应变。

至少在下一次颠覆到来之前如此。

13
颠覆设计

现在，没有人能确切地预测全球疫情带来的变化将如何影响你、你的工作、你的家庭和你的生活方式。正如之前所说，我们正处于许多不确定性和模糊性之中——但没关系，因为设计师知道如何处理不确定性。毕竟，我们总是在设计不可知的未来，创造全新的产品和服务。因此，强调一下，本章教给你的工具不仅仅适用于此次疫情，它们在任何快速和不可预知的变化期间都同样有用。

我们大多数人都明白，我们的工作随时都可能发生变化，无论有没有疫情。全球化正在迅速重新分配工作岗位，我们常常别无选择，只能在变化发生时勇敢面对。在人工智能和机器学习等领域，十年前几乎不存在的新工作岗位正在为一些人创造工作机会，同时也在减少另一些人的工作机会。不断上升的劳动力成本和企业不断提高的对生产力的要求，是推动每个行业变革的无情力量。我们讨论过等候室重构的重要性，以及在进行颠覆设计时采取创造性的和开放的心态的重要性。如果说此次新冠肺炎疫情带来的颠覆中有一线希望的话，这希望就存在于接受区，我们所有人都被迫学习新的工作方式、新的合作方式，以及创建项目团队和企业文化的新方式。随着后疫情时代的到来，这些都将被证明是有益的。

贯穿本书的箴言就是“降低标准，清除障碍”。我们认为，成功的关键是对你想做出的任何改变采取一些小而积极的调整。你不会一夜之间就有了一种新的心态。建立一种新的心态，比如好奇心或是采取行动，都会经历开始阶段和结束阶段。你会使用某种工具一段时间，比如本章中的新时间管理工具，然后就不再使用了。重要的是你想要做出改变的意愿，以及在改变时你的坚持和毅力。

在压力很大的时候，当很多变化快速向你袭来的时候，分清轻重缓急至关重要。仔细筛选你的问题，因为你不可能对每件事都做出同样的反应。同样，这条建议不仅适用于新冠疫情时期，同样适用于任何重大改变发生时，比如孩子出生、失业、亲人去世，这些都是你无法控制的。我们都需要一些危机管理工具，为接下来发生的事情做好准备。

这就是为什么识别真正的问题更加重要。发现问题是设计思维的第一步，当世界的力量看似正在失去控制时，找到最好、最紧迫或最重要的问题就更加关键了。现在，是时候好好学习第3章的重构艺术了，找到你世界里的最小可行问题和最佳可行方案。

尽你最大的努力，设定低标准，确保你的问题是可行的，并且是眼下最简单的模式和最小的规模。没有人应该自寻烦恼，现在不需要，以后更不需要。所以，优先考虑你的问题和你的反应，这是应对当前和未来现实的一种好方法。

新的关键问题

当调查未来的工作方式以及它将如何影响你的工作方式时，我们预测你可能需要思考和跟踪以下问题：

- 混合工作：分析有时要在家工作的优点与缺点
- 向被信任进行重大转变：随之而来的还有责任
- 提升你的沟通技巧：确保你的贡献得到认可
- 重塑你的工作：包括工作地点和工作方式
- 建立你的设计团队：你现在比以往任何时候都更需要团队，与玩家、支持者和密友的协作是一种激进的协作方式，这种方式既富有创造力又很有趣。

如你所想，我们有一个观点和两个工具可以解决以上五个问题。

办公室时代即将结束

我们与首席执行官、首席运营官、大企业老板、小企业老板以及各个层级的人都谈过，大家一致认为，我们不会很快回到疫情前的“常态”办公室时代。如果你在一个传统的办公室工作，有小隔间、大厅、咖啡休息室，副总裁的办公室在角落里，有很大的窗户——好吧，那种仓储式的工作方式已经基本结束了。甚至在2020年的诸多事件发生之前，大多数公司都已经允许一些知识型员工在家工作，可能一周在家工作几天，也可能一段时间都在家工作。

我们不确定是否还会回归办公室工作模式，即使有也可能达不到以前那种规模。我们采访了世界上最大的办公家具和办公隔间制造商的设计和创新主管，结果发现，装修一间办公室，即使使用非常昂贵的材料，也只占办公成本的5%，办公成本的95%是租赁成本。在不久的将来，承担这些昂贵租赁成本的公司将不得不向股东证明这一成本的合理性。这并没有逃过大公司那些精打细算的财务人员的注意。如果每个人都在家办公，那么只要他们关掉办公室并解除租约，就可以省下一大笔钱。就连一些大型科技公司也在为这个未来趋势做准备，他们提供现金奖励，鼓励员工搬离公司总部居家办公。

还记得航空公司以前给你打印的登机牌吗？有一天，他们突然意识到，如果你用自己的纸张和墨水来打印登机牌，他们就可以省下一大笔钱（有人估算过，整个行业可以省下约10亿美元）。[41] 同样的事情也会发生在现代办公室。

你要为你的雇主提供一个办公室。

事实上，于2020年上市的互联网初创公司Pinterest刚刚斥资9 000万美元，解除了他们旧金山全球总部的租约，他们声称，未来不需要那么大的办公空间。[42] 这仅仅是一个不太遥远的未来趋势的开始。即使你的公司想让全部员工返回办公室办公，但是要保持竞争力和面对财务现实，也意味着他们可能不会这么做。

如果一家公司的首席执行官坚持要有自己的大办公室，让所有员工都坐在小隔间里，以便监督他们，那么市场分析人士就会下调该公司的股票评级。要回到此前那种办公状态似乎已经不大可能了。

雇用许多人员的公司，很有可能再也不会回到以前那种“办公”的老路上了。他们很可能会大幅缩减办公空间，制订一个每周一到两次的办公会议计划，并让值得信赖的新员工随心所欲地在家办公。我们分析过的很多公司都在计划每周实行 3/2 工作日制，即 3 天在家工作，2 天在办公室工作，甚至是 4/1 工作日制。这对每个人都有好处，所以你不妨习惯它，开始优化你的家庭办公室。关于这个话题我们稍后再谈。

如果你认为这对知识型员工来说没什么问题，但你们这些需要动手工作的人还是得去你们的“办公室”，那你就大错特错了。那些需要员工在一线参与生产的制造企业，正以疫情为理由，加快向全机器人工厂转型。无论如何，这些情况都会发生，疫情只是加快了事件的进程而已。机器人不会生病（它们不需要医疗保险，不会成立工会，也不会罢工——但那是另一回事），机器人可以不受疫情干扰，不间断地工作。很显然，如果你是制造业工人，看到这种情况出现在你的行业，那就表明重大颠覆已出现。这也给你一个很好的理由，开始创造性地重新设计你的工作和技能。

工作方式转型

人们所称的“互联网大散居”的一个极端版本是“随处工作”

这一趋势。有些人，特别是Z世代以及更年轻的一代，他们暂时还不需要为抵押贷款和孩子的上学问题担心。他们已经决定把远程工作变成一种真正的生活方式。他们搬到夏威夷或巴厘岛，在那里冲浪、浮潜，或者在旅游胜地避暑，在加拿大他们最喜欢的滑雪胜地度过冬天。甚至像巴巴多斯、百慕大和爱沙尼亚这样的国家和地区会提供“疫情工作者签证”，只要你能证明你有一份可以在线办公的工作，你就可以在这些国家或地区想待多久待多久。[43]

如果你符合这一人群的特征，那么重新设计一切的诱惑就会非常大（我们在《斯坦福大学人生设计课》中称之为“奥德赛计划”）。你可以在天堂的某个地方选择一个炫酷的“办公室”，你的公司不必为昂贵的办公空间和家具买单。而爱沙尼亚则可以从那些在当地的杂货店一掷千金的技术白领身上获益。人人都是赢家。硅谷甚至有一家名为Kibbo的初创公司正在收购Sprinter Van Campers公司，以支持一个完全由数字游牧民组成的移动社区，这些数字游牧民在乡村四处漫游，每隔一段时间会在Kibbo社区中心登记入住一次，那里配有高速互联网和社区厨房。这是Kampgrounds of America（其更广为人知的名字是KOA）的现代版，这家公司的发展得益于“随处工作”的潮流和无处不在的全球高速互联网。

接下来会是什么呢？有没有可能是人造岛屿，漂浮在美国的领海之外，是“数字海盗”社区的所在地，零工经济者在那里聚会狂欢，敲击着他们的笔记本电脑键盘？对我们来说，这听起来像是下一个了不起的创业点子，我们送给你，免费。

如果你不愿意住在“露营地”里，或者因为贷款和孩子的上学问题而选择在家工作，在某种程度上，你就又回到了20世纪初的乡村生活。那个时候，面包师住在她的面包店里，而鞋匠住在他的鞋店里。在工业革命之前，在人们搬到工业中心的工厂之前，“在家”工作是普通的工作方式。随着疫情暴发，这种模式又回来了，我们现在都“生活在商店里”。这对人们有积极的作用，但也有很大的负面影响。

积极的一面是，人们开始意识到，如果不用通勤，他们就可以在更短的时间内完成同样工作量的工作；如果不将许多时间浪费在交通堵塞上，他们的工作效率就会更高。这也允许普通员工以不同的方式管理他们的“工作时间”。如果你需要给孩子们做早餐，晚点儿才能开始工作，不用担心；如果你想在大白天干点儿什么，那就关掉摄像头，去做就是了；安排包裹中午送达？没问题，反正我整天都在家。因为我现在是一个“值得信赖的员工”，所以我不需要征求别人的同意来调整我的日程。在学校和日托中心正常运转的情况下，这种可以设计自己的一天，管理自己的时间，以适应自己的生活方式的自由就更棒了。

不利的一面是，这种“随处工作”的生活方式正在导致一种新型的不堪重负，我们称之为“无边界”的不堪重负。[44] 当工作就在走廊尽头的备用卧室里，或是在你公寓的餐桌上时，工作和生活之间就没有身体或精神上的界限了。过去，人们靠四处走动、改变生活方式来记录每天不同的生活，现在这些都消失了。你很难知道一件事是什么时候结束的，另一件事又是什么时候开始的。

在疫情之前，比尔每天的生活很规律也很滋润。他生活在旧金山的多帕奇区，每天早上他都会和妻子吻别，步行四个街区到当地的咖啡店买拿铁和松饼，然后走到火车站。40分钟后，他来到斯坦福大学校园，步行到办公室，开始新的一天。

比尔什么时候上班，什么时候在家，一切都井井有条。有准备的时间，乘火车的时间，还有放松的时间，这使他一天的节奏非常有规律。在疫情期间，所有时间标记和物理标记都消失了，对比尔如此，对其他人也是如此。工作和非工作之间的界限已经消失。这导致了时空的模糊和身体机能的下降，对人们来说很不健康。

有证据表明，这将导致抑郁症发病率增加和过度的负荷感，这绝对是不健康的。由于这种混合工作方式可能会成为一种新常态，如果我们想要使自己保持身心健康，就必须更加用心、更有意识地去预防这种不健康的状态出现。

每日体验重新设计

医生和心理学家一致认为，我们需要通过体育锻炼、不同类型的认知任务和一些社交活动来使我们每天的工作和生活达到平衡状态，这对我们的健康至关重要。一旦你成为一名混合型员工，你就需要承担起责任，确保这三项活动都不缺少。如果你想在自主性方面取得成功，你就需要有意识地严格管理时间。设计师总是在设计体验（想象一下在迪士尼乐园排队时的情景），这种新的无边界的情况需要更舒适的体验。

把你每天的日程安排写在纸上或网上，标记出四种体验时刻：开始和结束的时刻、不受打扰的工作时间、社交时间和运动时间。

下面是比尔在斯坦福大学春季学期一周日程安排的一个典型的例子，按照上面的建议做了标记：

表 13-1　比尔的一周日程安排

22	23	24	25	26
上午7点到8点：与辛西娅共进早餐	上午7点到8点：与辛西娅共进早餐	上午7点到8点：与辛西娅共进早餐	上午7点到8点：与辛西娅共进早餐	上午7点到8点：与辛西娅共进早餐
上午9点到10点30：每周例会	上午8点到9点30：HITS项目管理会议	上午8点到11点：工作时间	上午8点到9点30：比尔时间	上午8点30：比尔和戴夫一对一时间
上午10点30到12点：工作时间	上午9点30到10点30：ME216预备课程	上午11点到下午1点：待定：ME设计小组会议	上午9点30到10点30：ME216预备课程	上午9点到下午6点：比尔时间（请勿预约）
中午12点到1点：午餐时间	上午10点30到12点20：ME216B课程	下午1点到3点：工作时间	上午10点30到12点20：ME216B课程	中午12点到1点：午餐时间
下午1点到3点：DYL管理层会议	中午12点到1点：午餐时间	下午3点到4点：散步40分钟	中午12点到1点：午餐时间	下午1点到2点：散步40分钟
下午3点到4点：散步40分钟	下午1点到4点：开放办公时间	下午4点到5点：比尔时间	下午1点到2点：蕾妮一对一时间	晚上6点到6点45：回家
下午4点到5点：团队汇报	下午2点到3点：待定：罗特曼（加拿大著名商学院）	下午5点到6点15：和中国方面通电话	下午2点到3点：工作时间	
下午5点到5点45：回家	下午4点30到5点50：ME316B课程	晚上6点15到7点：回家	下午3点到4点：凯西每周一对一时间	
	晚上6点：辛迪和比尔项目会议		下午4点30到5点50：ME316B课程	
	晚上7点到7点45：回家		晚上6点到6点45：回家	

请注意，比尔总是用大写字母写上他和他的妻子辛西娅共进早餐的安排，他的日历上总是有一个叫作“回家”的条目。这些是他的开始和结束的时刻。他还为了“去上班”而设计了一些小型的社交仪式和身体仪式：他亲吻了妻子，说“再见，亲爱的，

我要去上班了”，然后走到楼下备用卧室改造的家用办公室，关上了门。现在，他正在“工作”。他围绕“回家”设计了类似的内容。他关掉苹果笔记本电脑，关上卧室的门，从办公室走上楼，吻了吻他的妻子，说“嗨，亲爱的，我回来了”，然后换上更舒服的T恤和裤子。在这个体验设计中，比尔确保开始和结束的时刻都是设计好的，他在“工作”中加入了社交仪式（亲吻他的妻子）和身体仪式（上下楼和换衣服）。这些时刻，标志着他一天工作生活的开始和结束。

他在第一周进行这种表演式的体验时看起来有点儿傻，但后来他和辛西娅都很期待这些时刻，因为这也会帮助她开始或结束一天的工作。

这些精心设计的时刻以一种非常有仪式感的方式，设定了他一天的界限。他的日程安排也是如此。他会确保午餐时间休息，哪怕只是短暂的休息。他有时会在吃饭的时候和兄弟姐妹们进行视频通话，只是为了在他们有空的时候看看他们，进行一些社交活动。他总是在旧金山著名的小山上快走40分钟，他的手机可以追踪他的步频，他在40分钟内大约能走5 000步。他把快走时间安排在下午3点，以便在大量的早间会议之后让自己重新振作起来。他出色的助手蕾妮还预定了所谓的比尔时间，也就是比尔真正可以用来写作、批改作业或做新演讲准备的时间。你必须安排这个时间——一个时髦的说法是“深度工作”，但实际上只是安排好时间，不允许自己受到任何打扰。否则，你唯一不受打扰的时间就是晚上，可那是你的“工作”安排本应结束的时间。

记住，记下你一天的节奏是很重要的。我们在第一本书中有一个追踪你能量的工具。[45] 如果你想在家自由工作的同时使生活也被安排得井井有条，那么一些基本的时间管理原则是至关重要的，你要特别注意开始和结束的时刻。

那孩子们呢?

我们提到，许多研究表明，疫情对健康的影响不公平地加重了工人、妇女和有色人种的负担。疫情使人们更加关注美国的收入不平等和医疗不平等问题，并让我们正视这样一个现实：在设计自己的生活时，并不是每个人都享有同样的权利。对年轻的父母来说尤其如此，他们要照顾孩子，还要工作，而且身边可能没有配偶或家人的支持。

丹妮，我们之前提到的那位年轻女性就是这样的母亲。对丹妮来说，时间管理就是一切。如果她要熬过一天，就得把时间精准控制到每一分钟，更别说一周了。幸运的是，她有一份可以在家办公的好工作，所以她不用担心薪水问题。对丹妮和其他像她一样的母亲来说，这是一个“在设计方面让人不堪重负”的季节。牢记“降低标准”的方法，我们给出的建议是不要落后太多，先处理主要的事情，然后让其他事情自由发展。一旦孩子回到学校，一切都会好起来的。在那之前，她可以通过设计，安排尽可能多的和孩子相处的时间以及社交时间，来发挥她的作用和展现她的控制力。研究表明，即使你拥有的资源有限，但感觉自己有能力做出选择，并负责任地分配你的资源，也会让你的世界大不一样。在困难的限制条件下做出最好的选择，这就是我们对控制的定义。

当然，在孩子上床后，你可以奖励自己一杯好酒。

信任的大转型

坦率地说，2020 年以前，在家办公仅是少数高管的特权，原因之一是，老板和经理觉得他们需要“监督”员工。这就意味着他们想让员工都待在办公室里，随时监督他们。一切都关乎信任，但是管理者对员工的信任却很少。正如我们在引言中所写的，69% 的美国员工和 85% 的全球员工表示，他们对工作不投入或者消极怠工。我们认为，缺乏信任可能是原因之一，因为当你这样对待别人，当你不信任别人时，他们就会懈怠。

然而，自疫情暴发以来，管理者们被迫相信他们的员工能够自主完成工作，而不需要依赖他们的“监督”。其结果是：生产力得到了全面提高。[46] 大多数人发现，在家工作真的很适合他们。新一批高效且得到赋权的员工有望在未来更有信心，并有望享有混合办公时间表所带来的灵活性。在我们采访过的人中，那些找到适合自己的在家工作方式的人，没有一个人还想每周五天到办公室去上班。他们想要得到更多的信任和拥有更大的灵活性，以便更好地设计他们的生活。在这一场颠覆平息之后，他们将会向管理者提出这样的要求。

如果你是一名医护人员、杂货店职员、制造业的装配工人或一线医务工作者，这些变化不会对你产生太大影响。但即使这些关于混合工作的预测中只有一部分实现了，几乎所有不需要亲自到现场工作的员工都能在一周的某些时间进行远程工作。这意味着我们正在进入一个被迫给予更多信任的时代，在这个时代，你会自动获得更多的权利，并可以更自由地掌控自己的一天。为新的现实重新设计工作的过程不是一蹴而就的，它将是动态的，并随着你日程的发展而变化。

混合工作方式带来了更多的责任和义务。你的老板可能仍然能决定让你“做什么”，但你现在比以往任何时候都更能掌握主动权，即“如何做”。这是一个设计高效且愉悦的职业的新机会，一切都很好。请记住，一旦你开始在家工作，而不是在管理者的监督下工作，你就会成为一名更加自主的员工，而自主性是你职业生涯中的积极因素之一。你的管理者必须学会信任你——他别无选择。要配得上这种信任，你需要更负责任，也需要更多的自由来设计适合自己的工作计划。

问责模式

当你从监督模式（有些人称之为微观管理模式）转向问责模式时，你会获得更多的个人自主权。这固然很好，但这种改变可能带来的后果，你最好提前做好准备。

随着工作系统向问责模式倾斜，你将需要使你的工作产品更加具有可见性。你要明确项目截止日期（这是你的责任，不是你的管理者的责任）；高效地安排时间，以保证按时完成任务。而且，如果有什么事情发生，你知道你不能按期完工或达到要求的工作量，就需要在截止日期到来之前坦白。

事实上，如果有充分的理由，大多数截止日期都可以重新协商，关键是你要提前处理好，不要让别人失望。你需要直面问题，保持信息公开。你现在比以往任何时候都需要更多的沟通，并确保团队中的每个人都知道你正在完成任务。最重要的是，你要让别人知道：你有任何问题大家都能及时了解。永远不要因为某个问题让你的团队或管理者感到惊讶。这就是问责制。

在新的混合工作方式中，每件事都需要更有目的性，这可能是一件好事。在远程工作的场景中，目的必须更加清晰，双向沟通和反馈也必须更加明确。

这是一个很好的变化。员工将因他们的工作成果得到奖励，而不仅仅是与老板的“会面时间”的长度。事实上，无用、低效的视频会议将被视为“视频疲劳”，越来越难以忍受，而有效管理自己的时间的重要性则越来越明显。当你工作的时候，没有人在旁边看着你时，你在做什么比你是怎么做的更重要。

这意味着领导者将从“管理你”（其实从未真正奏效）转变为“管理结果”，即那些可以使项目成功交付的成果。顺便说一句，高性能的领导者早已在用这种方式进行管理了。现在所有的经理人和领导都会效仿“管理结果”的模式，因为这是大势所趋。

在新的问责制工作环境中，一切都与可交付的成果有关，其表现形式主要有两种——写作（如今主要是电子邮件和工作报告）和文稿展示。

设计更好的可交付成果

为了进行有效的沟通，你可能需要提高你的写作技巧。你的工作成果有很大一部分会被记录在电子邮件和工作报告中。写一封简短而有效的电子邮件是一项不多见的技能——如果你擅长这一点，你就会被注意到。电子邮件或备忘录的主题写得简明易懂，可以帮助忙碌的人弄清楚，哪些文件需要立即打开，哪些文件可以稍后再看。把你的邮件写得言简意赅，明确要点或要求对方采取的行动，这一点很重要，这也是送给那些收件箱超载的人（几乎所有人）的礼物。如果你的团队使用一些更现代的数字团队管理软件，如 Slack 或 Microsoft Teams，那么你需要花些时间成为一个超级用户。

你的老板会注意到的。

如果你不确定自己的语法和标点符号的使用是否符合标准，那就马上去书店（如果书店开门的话，请选一家当地的），买一本威廉·斯特伦克和 E. B. 怀特合著的《风格的要素》。该书 1959 年出版，是作者对所有语法问题的见解。阅读它——不，背下它。你的写作水平将会大幅提高。[47]

要命的幻灯片

虽然日常的商务沟通主要是通过电子邮件完成的，但重要的事情、重大的项目节点和项目决策都是在会议中进行讨论的。这通常意味着某人正在用“幻灯片”做演讲。如果你愿意的话，在你的商业演讲技巧上进行投资，这将会给你带来百倍的回报。[48]

“要命的幻灯片”这一说法在职场中无处不在是有充分理由的。大多数人给出的演示文稿都太糟糕了。这些演示文稿总是太长、没有条理、设计糟糕、无聊且丑。相信我们，我们对这一情况非常了解。一些研究学者做的演示文稿简直惨不忍睹。当我们参加技术会议时，会被难以辨认的字体、糟糕的图形，以及演示文稿上太多难以理解的图表困扰。再加上演讲者逐字逐句地读每张幻灯片，伴随这个单调的画外音，听众想不睡着都难。

你肯定不想成为那样的人吧？

听着，如果你有机会展示你的工作或你团队的工作，你就有义务让你的演示文稿易于理解、引人入胜而且有效。如果你要占用每个人的宝贵时间，哪怕只有十分钟，你也最好让这个演示有其价值。你需要用心设计你的演示文稿，就像设计任何能代表你创造力的东西一样。

正如比尔教他学生的那样，演示就是一种表演。作为一名演讲者，你站在舞台上，就有责任让你在舞台上的时间令人难忘。一般来说，人们总会记住他们所看到的，而不是他们所听到的，所以你的图像和你的肢体语言比你的文字更重要。人们只能记住三件事，所以请围绕最重要的三件事来设计你的演示。

每一个优秀的演讲都会讲一个故事，法国电影制作人让-吕克·戈达尔曾说过一句名言："一个故事应该有开头、中间和结尾，但并不一定是那样的顺序。"因此，为了使它有趣，我们可以随时变换顺序。[49]

克里斯托弗·布克在他的著作《七种基本情节：我们为什么讲故事》（*The Seven Basic Plots,Why We Tell Stories*）中称，故事其实只有七种情节，它们是所有人类故事的主干[50]：

1. 战胜怪物（《小红帽》《大白鲨》）
2. 白手起家（《灰姑娘》《大卫·科波菲尔》《洛奇》）
3. 探索（《奥德赛》《星球大战》《指环王》）
4. 航行与归来（《爱丽丝梦游仙境》《鲁滨孙漂流记》）
5. 喜剧（莎士比亚的喜剧，《宿醉1》《宿醉2》《宿醉3》）
6. 悲剧（《哈姆雷特》《罗密欧与朱丽叶》）

7. 重生（《圣诞颂歌》《土拨鼠之日》）

他说的正确与否不是重点。重点在于，这七种情节可以构成一次精彩的演讲。

作为练习，比尔让他的学生为他们正在做的事情创建一个简单的演示文稿，12~15 张幻灯片，使用演示文稿默认的 Calibri 字体，不添加任何图形或图片，然后向全班同学做一个 5 分钟的演讲，现场演讲。

结果不出所料，无聊至极。

然后他要求学生围绕一个故事重新设计陈述内容，使用七种基本情节中的一种。他们必须将幻灯片数量减少 30%，单词数量减少 50%。这一点很关键——你不会希望观众都去看幻灯片，你想让他们把注意力放在你这个演讲者身上。学生还必须从演讲中分离并定义三个要点。他要求他们选择具体的字体和幻灯片的图形。学生应该用有意义的图表和图片来代替文字，因为图表和图片可以更好地讲故事，如果他们想把演示文稿的字数减少一半，这是至关重要的一步。

他还要求他们在镜子前练习五遍演讲，重点关注自己的肢体语言和非语言表达的部分。能制作一个视频就更好了，这样他们就可以回顾和评论自己的表现。

然后，他们必须将演示文稿交给朋友或同事，并让他们写下演示文稿中强调的三个要点。如果朋友没能说出这三个要点，他们就必须重新设计演示文稿，然后再试一次。

在重新设计之后，当他们再次在课堂上现场展示时，结果可想而知，非常棒！

这个“战胜怪物”的项目克服了一个棘手的技术问题，现在正在按计划进行，并朝着成功的方向迈进。

重新设计“购买”按钮的简单想法引出了一个“白手起家”的成功故事，因为越来越多的人点击“购买”后将其加入了购物车。

这个项目还没完成，但让我告诉你，我们的项目正在进行的旅行有多迷人！我们已经尝试了很多东西，去过很多地方，我们的“探索”很棒，我们一定会找到大家都喜欢的解决方案，来看看这些亮点……

现在，比尔很少需要坐着听完无聊的演讲，至少不用听他学生的，他们完成他的项目时已经做好准备，随时可以有效且有自己风格地交流他们的想法。他们知道如何设计自己的演讲，如何用自信的肢体语言交流，如何让听众（和管理者）相信他们做得很好。

在我们新的职业生涯中，我们都应该这么做。

不懈的重构

无论是处于某一颠覆状态的“接受区”，还是在新常态稳定下来之后，都要抓住这个机会重塑你的工作。在第7章中描述的重新设计策略中，工作重塑是策略二。回想一下，你既可以进行“外观”重塑（更换沙发上的滑套、挂上新的艺术品），也可以进行“结构”重塑（把后窗变成玻璃门，更方便地进入院子）。无论哪种方式，你在重塑中寻找的是一种小而简单的方式，真正为你的工作注入新的活力——最好不需要你的上级批准或额外的预算（免费总是更容易）。

即使在接受区，颠覆带来的变化也充满了重塑的可能性。戴夫的一份兼职工作是在纽约一家名为普莱克西斯实验室（Praxis Labs）的社会企业家孵化公司工作。戴夫的主要职责是指导驻场企业家，即处于创业期的连续创业者，帮助他们确定下一步想做什么。该项目的主要任务是每年三次面对面的静修，所有的驻场企业家都聚在一起，度过 2~4 天的时间。戴夫很喜欢这份工作，很大程度上是因为他和克劳迪娅可以每年去纽约 4~6 次，而纽约是他们在地球上最喜欢的城市。但这项工作受到了疫情的严重影响。

人们无法出行，纽约的办公室也被清空了。普莱克西斯实验室开始将其业务转向在线提供服务的新项目。新项目的增长速度惊人，而驻场企业家的项目被暂时封存了。表面上看，戴夫好像失业了。但是，他选择利用自己的好奇心，把它重新定义为一种改造。他问公司领导，如果放弃驻场企业家项目，他们最不舍得的部分是什么？驻场企业家项目的哪些资产是他们想保留的？然后，他与新项目团队领导进行了交谈，看看他们的客户是否可以使用这些资产或有类似的需求。果然，有些人需要。戴夫自告奋勇地重新分析了其中的一些资产，并为它们建立了在线活动的原型。他得到了一些人的支持，并得以保留自己在公司的职位，他被重新分配给了一组新的用户。他也在做着同样的事情，只是方向不同。这并不比将沙发放在客厅的另一边难多少。这么做不仅保住了戴夫的工作，还让他与整个社区保持了联系，让他能够更多地与第一次创业的人共事，他的经验对这些创业者来说非常宝贵。

所以，看看你现在的工作，注意正在发生的变化，看看你是否会产生好奇心，并将这些变化重新定义为一个容易实现的工作重构。它一定会改善你的生活质量，一旦你通过接受区，它将更好地为你的未来定位，而且可能会使你的工作免于被彻底颠覆。

我们不仅建议你在应对颠覆时对工作进行重构，还建议你坚持不懈地进行重构！

我们要区分大型重构、高价值重构（就像戴夫在普莱克西斯实验室所做的那样）和小型重构，小型重构越多越好。换句话说，我们不希望你不停地推倒墙壁，那样很累也很昂贵，但你可以重新摆放家具，换掉抱枕，获得一种类似全新空间的感觉。

我们的目标是帮助你走过接受区，这个过程不是一蹴而就的，而是以良好的状态准备好迎接新的开始。走过接受区的困难之一，是当我们身处其中时，我们往往会感到无助。我们真的不知道会发生什么（在大颠覆发生期间，其他人也不知道），也不知道常态何时会到来。这可能令人沮丧，尤其是在颠覆持续时间很长的时候。

2020 年，我们一次又一次地注意到，人们开始感到厌倦。每隔 4~6 周，我们就会听到人们说“我受够了”，模棱两可总是很难的。而模棱两可的事情一拖再拖，会让人筋疲力尽，这并不利于设计师维持一种良好的心态。你要强调这样一个事实，即你总是对自己的处境有一定的决定权，你总是可以设计出更好一点儿的东西。

这就是我们所说的不懈的重构，即你一次又一次地反复做出的微小改变。你充分运用个人能动性，以提醒自己，你有能力去改变一些事情。虽然你不会得到你想要的一切，或所有你可能喜欢的权力，但你仍然可以集中利用现有的权力。不懈的重构总是充满创造力的，不管它有多小。

如果每周上班的时间比平时早 90 分钟，你就有更多机会和其他时区的人通电话。也许你可以把手机上的日历应用程序换成一个更好的待办事项管理程序，或者试试那些能帮助你每天花 10 分钟集中精神的冥想应用程序。你可以策划不同的艺术版画来作为你的视频会议背景图案，看看谁评论了哪些背景，利用这个方法，你或许可以找到一个志趣相投的、欣赏在线艺术的伙伴。有无数种方法可以让你做出小的改变，给你的日常工作带来积极的影响。这是一个可以经常设置极低标准然后越过它的程序。

任何重构都不嫌小。

一旦你尝试了，就会很快发现这并不难，而且很容易上瘾，这是件好事。这会改善你的情绪，增强你的信心，使你保持思维灵活，并有更多机会被注意到。这些努力都将会在新常态中使你表现得更好，增加你未来的机会。实际上，我们真心希望你能爱上这种不懈的重构，以至成为一个专注的工作设计师，并且永远坚持下去。

重构不是隐喻

当你不停地重构你的工作方式，并且现在以及将来你可能每周至少有一部分时间在家工作，那么是时候对你的工作空间做一些投资了。那些你原本以为疫情会在几周后消失时所采取的临时性措施，现在需要重新设计。

举个例子，斯坦福大学第一次封校时，比尔不得不在家教学，他把笔记本电脑放在熨衣板上，因为这样他就可以调整它的高度。（让你的键盘略低于正常的桌面高度，使你的前臂处于中立位置或者稍微低一些的位置，这对于避免背部劳损和腕关节损伤至关重要。）当然，这不是一个长期的解决方案，在餐桌上工作也不是长久之计。厨房里的吧台凳——不适合长期使用。把餐厅的椅子改造成一张桌子——这可不行。

所以现在，除了你的其他新职责，你还是你家庭办公室的“设施经理”。你需要设计一个简单的工作空间，舒适、私密，对身体有益。你最重要的投资应该是一把好的办公椅。像赫曼·米勒公司的艾龙这样设计精良的办公椅，你可以在网上找到二手的，它可以抵销付给脊椎按摩师的费用（随着办公室规模的不断缩小，未来几年应该会有很多物美价廉的办公椅可供选择。）

找一个没有太多背景噪声以及很多人经过的地方也是一个好主意，因为在没有人打扰你（而且你也不会打扰你的室友）的情况下，视频通话会更容易。当然，如果你能把客房改造成半永久的办公室，那就更好了。人体工程学（一门应用科学，研究设计和人们使用的东西，使人与物的互动最有效、最安全）对你的身心健康都很重要。如果每天在一张讨厌的椅子上坐上八到十个小时，你会很容易变得抑郁。网上有很多关于健康空间设计的信息，花些时间去研究，然后设计一个适合你的空间。设计一个很棒的背景，无论其是真实的还是虚拟的，这能使你在所有的视频通话中看起来都很专业。当然，Zoom Cats 总是受欢迎的！[51]

如果你有能力，那么现在也是投资性能更强大的互联网的好时候。（在你的家庭名片上再加一个头衔——IT 经理。）与电话线或数字用户线路系统相比，有线系统通常可以提供更快速、更可靠的互联网连接。如果你在城市地区，你应该研究一下如何直接让光纤入户。比尔就安装了一个光纤线路，让他的上传下载网速都达到了千兆的速度（光纤是对称的），他从来没有断网过。要求你的雇主承担改善网络等服务的部分费用是合理的，毕竟你这么做是为了让工作更有效率、更有成效。视频通话中断和连接中断令人沮丧，还会影响重要会议的质量。如果你经常面对客户，你的互联网连接质量反映的就是你公司的专业性。如果改善互联网的连接质量可以使工作效率更高，那就值得。

加强版重新创造

对许多人（太多人）来说，2020 年的疫情不仅改变或是颠覆了他们的职业生涯，还结束了它。他们不仅失去了工作，还失去了整个行业。餐馆、旅游和酒店行业——几乎所有涉及群体聚集的行业——都遭受了毁灭性的打击。有些甚至面临被永久颠覆的局面。目前，据估计，纽约 1/3 的餐厅在疫情结束后将再也不会重开了。更不用说遭受严重打击的娱乐场所和相关工作——喜剧俱乐部、剧院、体育赛事和演讲会议。表演者、运动员和演说家的收入依赖这些活动，举办这些活动的场所和工作人员也是如此。

残酷的事实是，许多在 2020 年及以后消失的工作岗位将一去不复返。像 2020 年的疫情这种大规模的颠覆将会永久影响甚至消灭整个经济领域。如果你发现自己陷入一种境地，你过去所做的事不再是以前的样子，甚至再也不会是以前的样子，那么你将面临加强版的重新创造。

重新创造是第 7 章中的重新设计策略四。这是四种策略中最难、最慢，也是最昂贵的一种，但当情况需要时，它是唯一有效的。通常，当人们对自己的工作进行重新创造时，他们是在同一行业中进行创造。假如有人从精算分析岗位转到社交媒体营销岗位，那他也是在有人脉以及可靠推荐信的人寿保险行业做营销，有人可能会从会计岗位跳到行政岗位，但这种跳槽局限在组织的部门之间，因为那里的人知道他们以前在哪里工作过。如果你的重新创造不仅受到工作本身的影响，还受到整个经济领域的影响，那么你将不得不跨越工作职能和行业市场，来实现这种重新创造。

安娜曾在一家大型酒店做客房管理工作。从十几岁开始，她已经在酒店行业工作了十几年。她不想上大学，所以她高中一毕业就去工作了。她没有学位，但她很有干劲。她的老板很快就意识到她是可依靠的、可信赖的、可塑性强的，而且还很开朗。谁不喜欢一个与人相处愉快的优秀员工呢？她很快就被提名担任一些职务，而她所有的竞争对手都有大学学位。她并没有在所有有机会获得晋升的岗位上晋升成功，但有一次，有人给了她一个担任领导职务的机会，她抓住了，她的职业生涯发展顺利。当疫情袭来时，她正在组织一场大型活动，有数十人为她工作。酒店削减了活动开支，希望能渡过难关，安娜也被留下来了。不过只是一段时间。然后情况变得非常糟糕，他们解雇了 90% 的员工，包括安娜部门的所有人，她有生以来第一次领取失业救济金。

现在怎么办呢？即使酒店东山再起，她也不想再次陷入那种高风险的境地，争夺为数不多的工作机会。竞争将会非常激烈，她甚至不确定自己是否还想再去这些地方工作。她需要重新创造自己。

安娜需要做的是重新审视自己的技能和过去的成就，用通用的术语来定义它，而不是用酒店和招待行业的术语。她不仅负责管理超过 25 名清洁工的工作，还要负责分配大量弹性工作的员工的任务。她不仅为新来的不会说英语的场地管理员提供了大量图片培训手册，还开发并成功部署了基于图形用户界面的工作流程和入职系统。

安娜弄清楚了她经过多年工作后已经具备的管理基本工作流程、工具的能力，并找到了一种方法，可以用任何人都能理解的术语来描述它们，她不只是一个具有酒店工作经验的人。然后，她得找个人来听她改进后的新故事。

加强版意味着做两次

进入一个全新领域的特殊挑战是弄清楚该接触谁，找到一个可以和你交谈的人，他会给你一个尝试和讲故事的机会。在一个没有任何人脉的新领域找一份新工作，这个目标是无法一蹴而就的。所以你的第一个目标不是找一份工作。

把标准调得再低些。

第一个目标是找到一个有趣的领域，构思你的新故事。第二个目标是进入这个行业，利用这个故事为你建立人脉，找到一份新工作。

> 目标一：找到一两个有趣的新领域。你现在要做的，就是找到适合你转行的目标行业或经济部门。考虑一下你的通用技能可能适用的所有工作和经济活动。列出一个包含 4 到 6 个领域的表格。然后把表格的内容缩短到你认为最有趣的两个领域。

安娜认真思考了哪些行业会需要专业人士来安排大量的按小时计薪的工作，以及不断对新人进行工作流程的培训。她列了一张清单：

- 建筑
- 农业
- 景观美化和景观维护
- 快递服务（一个在 2020 年之后爆炸式增长的行业）
- 呼叫中心
- 家庭保健和临终关怀服务

当安娜察看清单时，她觉得最吸引她的是建筑行业（她的叔叔是一名木匠，她一直很喜欢和他叔叔一起工作的人），以及家庭保健和临终关怀行业（这些行业正在发展，她对祖母去世时帮助她的临终关怀人员印象深刻）。

她的第一步是主动联系她认识的每一个人，希望任何在这两个领域工作的人能够推荐她。唯一不同的是，她其实并没有真的在找工作，她只是对这些行业感到好奇，想要更多地了解它们，了解它们是如何运作的。她记得向每一个联系人要其他联系人的联系方式，并在每一次询问的最后都以一个强有力的问题结束：“非常感谢您的时间。我还有最后一个问题——如果您是我，那么下一步您会做什么？”

她以这种方法进行了 8 次谈话，3 次在建筑业，3 次在家庭保健领域，2 次在临终关怀领域。通过这些谈话，她对这些领域的工作有了更多的了解。现在，她有了足够的信息，可以专注她的在线研究，以更多地了解这些行业是如何发展的，它们正面临着什么样的挑战，以及她可能适合的工作正在发生怎样的变化。她把这些研究和她的谈话笔记结合起来分析，开始想象自己在这些领域能做些什么，以及自己对这些领域还有什么疑问。

然后，她又去见那些她见过的人，与他们就他们所在的领域感兴趣的特定话题进行进一步的对话：她联系了一家混凝土承包商的总经理，讨论了室内装饰和定制混凝土的发展趋势，以及这一趋势对他们业务的改变；她与一家临终关怀机构的运营经理重新取得了联系，讨论了最近涌入的营利性临终关怀机构，以及这对传统非营利性机构的影响。安娜对现实问题的关切为她后续的对话打下了基础，也带来了更多人际交往的机会和更多对话的机会。不过安娜这么做仍然只是在探索这些行业和类型的业务，并不是在找工作。

现在，安娜已经足够了解情况，能够有效而有意义地阐述她将如何为这类组织做贡献。她能够从自己在酒店行业工作的经验中提炼出实质性的例子，以人们能够理解和相信的方式阐释。她在混凝土公司遇到的一个人说："安娜，我真的很喜欢你的想法，随时给我回电话。"和她交谈过的一位临终关怀护士说："顺便说一下，这里的日程安排简直是噩梦，我听说他们正在考虑全面改革，所以我不确定我描述的情况是否会持续很久。"

安娜再次找到这两个人，询问具体情况。问他们公司里谁在负责排班，可以介绍给她认识吗？她问负责临终关怀的护士："谁在负责全面改革排班，你能给我引荐一下吗？"因为她知道，新的系统通常意味着新的工作机会，也意味着对新思维和做事方式的开放态度。

就这样，她开始了第二轮的求知之旅：与人交谈、努力尝试、讲述故事。但这一次，她要讲述的是一个更有针对性的故事（记住，找工作最好的方法就是讲故事），当讲故事的时机出现时，她已经准备好了现成的好故事，证明她如何能在他们需要的职位上做出贡献。这招儿很管用，最终她得到了两份工作，她决定去建筑公司工作，因为这家公司让她有更多机会外出，而且她喜欢工作人员各不相同的性格。

因此，她遵循重新创造策略的四个步骤（保持好奇、与人交谈、不断尝试、故事思维），实践了两次，总是使用基于故事的人际交往方法继续前进，并且能够在一个新领域找到一份新工作，这个新领域很有可能成为尝试一个新职业的开始。这比她以前在酒店行业找到一份新工作要多花大约 50% 的时间，但她的耐心、坚持、专注、乐观和好奇心得到了回报。

设计前进之路的方式对安娜有效，对你也同样有效。

打造你的设计团队

在我们的第一本书中，我们谈到组建一个设计团队的重要性，它可以支持你的专业工作和人生旅程。我们将其重新定义为“你与他人一起生活，一起设计你的生活……”我们讨论了三种类型的队友：参与者、支持者和亲友。

参与者是你生活设计项目的积极参与者——特别是你正在参与的与工作相关的，需要重新设计的项目和原型。在这个新的工作现实中，他们也可能是混合参与者或远程参与者，需要付出特别的努力去了解和信任他们。

支持者是那些你可以依靠的人，他们关心你的生活，与你足够亲近，你可以依靠他们的鼓励来继续前进。他们是很好的反馈对象，也是高质量反馈的来源。在疫情期间，这些联系可能很遥远，如果你的职业轨迹导致你经常搬家，那么这些联系也可能很遥远，所以维持你的人际关系对你来说需要付出一些努力。

亲友包括你的直系亲属和亲戚，还有你最亲密的朋友。这些人可能是最直接受到你的生活设计变化影响的人。他们是你生命中最有影响力的人，你应该和他们多多交流。如果与你关系亲密的人都与你在同一个圈子里就再好不过了，你可以和他们有直接的联系。他们对你的幸福至关重要，所以请善待他们，因为他们也在承受压力，也缺乏联系。

一个健康的团队最好有两个以上的人，不超过六个人，包括你自己。我们在第一本书中建议（我们现在也这么认为），一个特大号的比萨应该能够满足整个团队的需要，所以最理想的情况是：你的团队有三到五个人。

当你处于人生设计的构思阶段时，设计团队是必不可少的。能够把了解你和你故事的人召集起来，进行一次快速的头脑风暴，这是一种真正有价值的事，也是你努力的方向。但在后疫情时代，你的设计团队在帮助你解决问题以及分担工作方面就显得更加重要了。建立网络、保持联系，在你的设计道路上前进，需要花费大量的时间和心理学家所说的“情绪劳动”。你的设计团队可以通过完成任务来减轻你的工作量。例如，当你的团队中有人向潜在的原型面试候选人“热情介绍”时，人际交往的过程就会变得更加顺畅。当你把标准设得很低，而且在尽自己最大的努力去实现它时，以及你团队中的某个人能够做你的坚强后盾时，你实现目标的可能性就会增加一倍。现在比以往任何时候都更需要一个设计团队，它将为你提供你所需要的支持——我们都需要的支持。不要害怕去争取你需要的东西，这就是有团队做后盾的意义所在。当你有能力的时候，可以主动去帮助你的队友。

打卡，建立心理安全感

在承受高度压力和高度变化的时期，拥有一个可以向参与者、支持者和亲友敞开心扉的设计团队是至关重要的。当你被周围的环境与队友孤立时，这一点就更加重要了。疫情加重了我们的孤立感，但是当人们加入初创公司、失业或者突然不得不照顾生病的家人时，我们也看到了同样的高压/变化/孤立感。在这种情况下，团队可以为你兜底，你会很庆幸自己花了很多时间建立了一个团队。你的工作（以及你的生活）是一场马拉松比赛，而不是短跑比赛，你需要设计团队的支持才能成功并茁壮地成长。

在人生设计实验室以及比尔和戴夫所参加的每个教学团队中，每一次会议，甚至是短短十分钟的站立会议，都会对上次会议以来发生的个人事件进行“打卡”，这是一个会议开始的标志。周一早上的会议总是要长一点儿，因为人们要讨论周末发生的事。谷歌的研究表明，当团队有心理安全感时，他们的表现最好。这意味着团队成员相信他们可以在团队中分担风险，而不会感到不安或尴尬。[52] 建立心理安全感的方法是不加评判，只是谈谈从个人的角度来说，什么对你最重要。

我们总是会在打卡时使用提示，以便帮助人们开始。一些不错的提示包括：

（你今天、昨天或者周末）最开心的事是什么？

你最近学到了什么？

用三个词来描述你今天的感受。

懂了吧？这个提示应该是具体的，不会过于私人，也与工作无关。

重构社区

正如我们在第一本书中所指出的，健康的社区总是“关于某事”的。社区因为某些共同的利益或关系而联结在一起。戴夫属于一个强大的社区，人们和他一样，努力在生活的各个方面践行自己的信仰；比尔属于一个男性团体，这个团体已经成立至少 30 年了（比尔加入这个团体已经 27 年），他们相互支持，都成了更好的父亲和真正的男人。因为疫情，比尔所在的男性团体转向了在线视频聊天，令人惊讶的是，一些美妙的事情发生了。一部分因为搬家而退出团体的人得以再次参加会议。一些熟悉而特别的声音又回来了，团体也因此变得更加丰富多彩。他们在会议开始之前总是会认真地签到，因为他们不会像面对面开会时那样“绕圈子”了。总的来说，有了新的想法，他们的团体比以往任何时候都更强大了。比尔怀疑他们是否还愿意回去参加面对面的会议，因为这意味着他所在的团体有一半人可能无法参加。

和你一样，比尔和戴夫属于许多不同的团体，每个团体都需要付出一定的精力对其进行支持培育，尤其是当这些人只有在虚拟世界才能相聚的时候。二人都拓展了他们对社区的定义，加入了一个新的数字组件。戴夫现在可以轻松地与纽约的同事见面，而比尔也可以在办公时间与多年前就毕业的学生见面。

是的，我们在许多方面被孤立，与许多社区隔绝，但通过重构我们对社区的看法，我们可以设计前进的道路，建立虚拟社区，让我们在所有最重要的方面保持联系。

这种对社区的重构也是对家庭的重构。

尽管疫情带来了各种混乱场面，但令人欣慰的是，许多家庭已经找到了新的沟通方式，比如视频通话和多人语音通话，而且这种方式的聚会比以往任何时候都多。2020年之前，比尔的三个成年子女往往（很长）一段时间才给他打一次电话。现在比尔的家人计划每周打一次视频电话来签到，以确认每个人的情况，大多数时候每个人都会出现。许多家庭发现，数字通信是让人们以更有意义的方式重新连接的沃土。

那么，虚拟社区和家庭视频聊天与工作颠覆设计有什么关系呢？现在我们比以往任何时候都更明白工作和生活不是泾渭分明的。当你在情感上得到支持，与他人建立联系，拥有一个可以依赖的社区和团队时，你就会更出色地完成工作。你必须是一个健康的人，才能成为一个好队友。这意味着，你现在比以往任何时候都更能全身心地投入工作。

你才是那个“房间里的人”，我们将在下一章探讨这意味着什么。

不断尝试

仪式感设计

拿出你的日历，并进行以下修改和观察。

为“上班”和“回家”各设计一个仪式。为它们定制日历，为每一天的开始和结束时刻重点设计社交和身体活动。

除了开始和结束的时刻，在你现在的日历上标出以下几点：开会时间、不受打扰的工作时间、社交时间（可以是与同事或家人朋友在一起的时间），以及运动和锻炼的时间。

如果你不做计划，这些就不会发生！

注意观察你在哪些方面失去了平衡，特别是体育运动和锻炼，然后对你的时间表做一两处小的调整，看看感觉如何。记住要把标准定得低一些，从改变一些可以进行测算的小事情开始，比如步数。如果5 000步的目标太大，那就试试2 000步——大约以中等速度进行20分钟的步行。

继续对你的日程安排做一些小的调整，直到你喜欢你每天的生活节奏，并且不用加班就能完成大部分任务。如果你想保留一些私人时间，或者中午和孩子们在一起——没问题。你可以将工作时间调整至孩子们上床睡觉之后。在大多数家庭里，这段安静的时间可以是非常高效的深度工作时间。无论如何，请每周都利用你的新自由来安排满足你需要的工作和生活计划。

重新设计幻灯片

拿出一份旧的幻灯片，检查一下它的结构。它可能只包含一个要点列表，这些要点也许是按照某种逻辑顺序排列的，但并没有组成一个故事。没关系，这还只是起点。现在你可以花大约30分钟的时间，围绕以下设计原则对它进行重新设计：

- **每次演示都讲一个故事——在这七个情节中，哪一个最能在幻灯**

片中组织信息？

· 我最想让我的听众了解的三个要点是什么？我想让他们记住什么？

· 这三个要点是如何得到强调和阐明的？我的最后一张幻灯片重复要点了吗？

· 我需要将幻灯片数量减少30%，文字数量减少50%。我能浓缩并阐明我的三个要点吗？我能剔除那些不必要的东西吗？我能不能用图像、图表或图形来代替文字，这样我就可以阐释这些图表，同时减少观众阅读我幻灯片的时间？

· 我故事的主线是什么？开始、高潮和结尾怎么安排？是不是不一定按照这个顺序来讲故事？

· 我的幻灯片“看起来”如何？它们是有意设计的吗？我的图形和图片分辨率高吗？它们看起来干净吗？我使用的字体合适吗？（提示：如果你不想了解字体，这对你来说是一个非常非常难的问题，那就选择Helvetica。几乎每台电脑都有这种字体，很干净、清晰，呈现的效果良好。把标题加粗，其他内容用常规字，添上颜色以表示强调。当你没有时间选择时，这是一个万能的解决方案。）

练习这个新的演讲五次，至少录像一次，然后和朋友一起观看。看看他们能否找出三个要点。如果没有，重新设计，再试一次。如果你遵循这些设计原则，就会惊讶地发现你的演讲产生了多么大的影响，人们对你的想法又有多么关注。

这一切都是为了确保你所做的一切得到认可。当谈到办公室政治时，正如第6章所定义的，这是最重要的事情。

14 好的工作设计始于好的生活设计

在这个混乱和加速变革的时代，所有人都在面对未知的世界，不知道如何应对。试问，我们该如何应对这些新常态和非常态？

这是一个非常重要的问题，我们都必须以某种方式回答它。

我们中的许多人需要回答的另一个非常重要的问题是：我应该如何帮助“我们”处理这一切？

在这个共同的问题中，“我们”是指和你一起工作或者为你工作的人。大多数人都在某个组织中工作。无论是在只有三位员工的软件公司工作，在有 20 万人的加州大学工作，在有 378 人的医院工作，还是在有十几个人的电炉维修服务公司工作——“我们”的工作被颠覆的方式和“你”被颠覆的方式同样重要。

正如我们在前面说到的，我们并不是要写一本权威的关于公司如何重组的书，很多更适合做这项工作的人正在为此而努力。然而，我们还是看到了一些可能对不同环境有帮助的东西。因此，无论你是小企业主、企业经理还是团队领导，如果你仅仅是因为运气欠佳，抽到短签，那么请你见见今天下午要负责管理团队的人，他现在有一些颠覆性的设计想法，希望你能觉得有用。

因为你不是房间里唯一的人。现在和你一起工作的每个人都在以完整的自我工作——房间里的所有人都在以这样或那样的方式挣扎着。

领导力挑战

工作和个人生活之间原本存在的清晰界限已经消失了。之前，每个人都可以在工作中扮演自己的角色。（我是人力资源主管，我是负责项目统计的质量工程师，我是四年级的老师。）在视频中，我们是三个活生生的人，带着孩子和宠物，还有一间凌乱的卧室。这对员工和领导都产生了很大的影响。

那些已经或将要转向混合工作模式的组织现在正面临着一个挑战——新的领导力。当大多数员工每周或每月只有几天能见面时，你如何创造一个积极的企业文化，让那些喜欢在项目团队中工作的员工参与进来？你要如何处理这样一个混乱的现实：当你和你的员工开会时，你们都通过视频看到了彼此的家，可能他们看到的你的私人领域超出了你的预期和你的习惯，怎么办？

我们称这种新的工作现象为“房间里的人”。虽然这一现象一开始可能令人不安，但我们认为这可能是混合工作模式的一个组成部分，它将改变组织领导力的形态，使之向更好的方向发展。

这是双向的，你的员工也可以看到你的家。大家的生活方式、收入水平和家庭状况等信息现在都可以在网上分享。现在每个人都知道他们以前的猜测对不对了。你的员工也在谈论这个问题——办公室里大家对小道消息的热情可没有降温。在现代职场上，我们第一次揭示出，与做工作的人相比——我们更是人本身。

我们的论点一直是，好的工作设计始于好的生活设计。人们想要的是有“工作”的“生活”，而不是其对立面。现在，每个人的家庭和私人的即时情况都已成为我们视觉和情感工作空间的一部分，我们会看到人间百态，你的猫、狗、孩子、妈妈、爷爷、奶奶都在我们的房间里。我们在电视上看到的新闻主播，现在的他们在家里播报，而且在家里播报时，猫就坐在他们身后的沙发上，他们的孩子也可能突然出现在屏幕上。此时我们就该知道，游戏已经改变了。

图 14-1　在家工作的新闻主播

在工作中变得“更人性化”，并不一定会改变工作本身或改变与工作相关的谈话内容。上图所示的新闻主播的报道和以前没有什么不同，但是他们的同事和观众现在对他们作为人的看法不一样了。我们在工作中看到的其他人（无论是同事、员工、老板还是客户）的改变，让我们有机会以不同的方式领导——以更人性化的方式——如果这还说不通的话，那就以更人性化、更有同情心的方式领导房间里的所有人吧。

设计对话

在工作中共享人性的一面突然飞跃，给我们提供了一个很好的机会，来加强领导者与员工之间的对话。如果处理得当，我们认为这将会让员工更加投入。

这并不是说你要做一个很大的转变，或是在每一次业务和工作谈话中加入许多煽情的东西。那样很虚伪，也不合适。我们建议你从一些小的行动开始，慢慢积累以获得大的回报，比如在开始对话和结束对话的过渡中增加个性化的语言。尽管记者提供的报道并没有改变，但当他们结束报道时，主播的接续话题有了新的个人风格："感谢丽萨的出色报道，我们明天见，等你有机会抱抱那只可爱的猫咪。"

这类事情确实很重要，而且很容易做到——不要做过头就好。与面对面的会议相比，视频会议提供了更多可以使对话自然过渡的帮助，因为我们在网上无法像线下会议那样使用相同的肢体语言和眼神交流。这意味着会议负责人会更加频繁地指定下一位发言者，并确定发言的话题。对话过渡次数的增加，创造了很多更有人情味的对话机会。在进行对话的接续和过渡时，将商业效率（运行良好且组织良好的会议）和个人情感（更人性化的会议）这两个要素加入其中，会发挥很强大的作用。

一旦你习惯使用更人性化的方式开始对话，你就可以升级游戏了。下一个机会主要集中在一对一的对话上。在这些对话中，试着将对话的范围扩大一些，包括工作以外的事情。在起草这一章的时候，戴夫不得不去他保险经纪人的办公室一趟，办理一些公证文件。戴夫知道他的保险经纪人家里有五口人，住在一套相当紧凑的两居室公寓里，在这里一边做生意，一边带着三个孩子上网课，日子过得很难。当经纪人拿出他的日志时，戴夫问他："家里怎么样？还都过得去吗？"经纪人耸了耸肩膀，说一切都还算好。但是天哪，在关闭学校和办公室 10 个月之后，家里人都患上了幽闭恐惧症，每个人都感到异常疲惫。

这种问题在一年前是说不通的，但现在居然成了现实。当我们共同面对某些事情——比如大规模的疫情或任何形式的颠覆时，人们就有更多机会表达自己的同情。鼓励这种简单的联系和普世的认可，可以提高信任度和真实性。"缩小"（询问家庭情况）可以让"放大"（提升业务水平）更好地运作，让每个人都感觉更有意义。因为这可以让工作更多地作为不可分割的生活的一部分，而不是孤立的、脱节的活动。

如果"缩小"-"放大"这一策略适合你、你目前的情况以及你员工的需要，你就可以进一步利用它。在这一环节中，你可以和你的员工开展以"最近怎么样"为题的谈话，而不仅仅是过渡性的评论。

管理者可以关心员工的整体（工作和个人）生活，也可以关心家庭与办公混合在一起的模式，但不必去照顾这些事情。有些方面超出了你的职责范围，你不需要知道具体的细节，知道工作的进展即可。管理者可以将员工视为一个有工作的人，而不仅仅是一个工人。这就是“缩小”以查看工作之外的大局。你也可以正式地组织这种谈话，当然，这样做需要与你的领导角色相一致，与你的组织文化兼容，并且是员工所期望的（仅供选择）。你可以邀请员工做《斯坦福大学人生设计课》中的指南针练习，在本章结尾也有这类练习。如果你觉得这个任务太重，也可以从本书第1章分享的美好工作日志开始——它完全没有威胁性，并且可以提高个人敬业度和满意度。员工做的指南针练习或者写的美好工作日志不用上交，因为这真的不关你的事。但是你可以问问他们在工作中是如何与自己的想法保持一致的，你可以做些什么来更好地支持他们，让他们在工作中保持连贯，更好地参与到工作中。

如果你觉得谈话过于私密而不能与老板分享，那也没问题。只要让整个团队都来做这个练习就好，让他们两人一组或三人一组，私下分享他们的见解和挑战——这些都是在私下进行的，不需要提交写作报告，也不需要提交谈话报告。

对职场领导来说，在不干涉员工价值观或侵犯他们隐私的情况下，可以帮助员工更清楚地了解，如何提高工作的参与度、连贯性和意义。你可以通过提供工具和流程来帮助他们解决问题，而不必知道或评判细节。

其实这种机会一直存在，但在2020年之后，这种机会大大增加，原因有二：首先，混合工作模式和视频会议的流行为这些对话打下了基础；其次，疫情使得每个人都更加脆弱，这种脆弱增加了人们在生活和工作中寻求更多融合和连贯性的愿望和准备。

无论我们是否有意邀请人类进入房间，我们都是人类。

我们都在房间里。

伟大的领导者会意识到这一点，并为所有人的利益做出调整。

资产而非物品

如果没有转角的办公室和大办公桌，你如何展现你的领导力和权威？许多领导人过去用来塑造职业形象的“人工物品”——大办公桌、服装、转角的办公室、设备齐全的休息室或厨房、豪车，以及某种姿态或肢体语言，这些都不再管用了。这些东西并没有消失，但它们之前塑造形象的作用已经严重降低了。没有人会注意到你开着什么车去参加视频会议，他们看不到你的新鞋，也看不到你窗外的风景。

那么，你依靠什么来展现你的领导力和权威呢？你应该从个人的外貌或办公室规模之类的人工物品向资产转变。例如你的会议组织得如何，远程管理的效率如何，或你的绩效和可交付的成果看起来如何。在上一章中，我们讨论了从管理你自己向管理可交付成果进行转变。这种转变不仅适用于被管理的员工，也（甚至更加）适用于管理层的领导者。老板不仅要管得好，还要对自己的工作负责，按时完成工作任务。

例如，硅谷以疯狂工作著称，在许多公司中，这种文化的表现之一就是人们开会经常迟到 5 到 8 分钟——尤其是老板。毕竟，他是如此重要，以至他的工作时间比你还要多很多，他几乎无法挤出时间参加会议，因为他所有重要的工作都排得满满的。现在，在虚拟工作环境中工作结束了这些荒谬的事情。视频会议准时开始，准时结束。我们已经在视频会议上花了太多时间，所以肯定不会坐在那里等你了——你不需要开车去什么地方，也不需要等电梯，所以也就没有任何借口了。

你不仅需要准时到达，也要为会议做好准备。会议必须有一个明确的议程，你需要知道自己在做什么，准备好让大家充分展开讨论，并有效地与所有参与者交流。疫情之前，这些都很重要，但是在疫情过后，人们的期望出现了巨大的飞跃，而且这种已经提高了的期望不会再次下降。

永远不会。

人工物品扮演重要角色的时代已经过去了。

现在，资产最为重要。

领导力资产包括以下几个方面。如果你手中没有这些东西，而且一直过分依赖纯粹的权力或魅力（甚至是一辆好车和一双名贵的鞋），那么现在是时候囤积这些东西了：

生产资产

- 销售
- 报告
- 计划和预算
- 项目
- 产品与服务

流程资产

- 工作流程
- 程序
- 晋升和职业发展的路径
- 沟通（面对面、书面、线上）

人力资产

- 平易近人
- 直率、真诚、真实

- 可靠性
- 机密性
- 同理心（有适当的界限）
- 亲和力
- 诚信度
- 情商、自制力

这些资产至关重要，是时候彻底盘点一下，开始储备你需要的资产了。

前所未有的容易

在你盘点资产的同时，也是重建人际关系和社区的好时机。当我们与许多不同组织的领导者交谈时，特别是那些在100人以上的组织中工作的领导者，我们不断听到关于如何应对疫情，以及新的混合工作模式导致网络和社区形成和变化的问题。总而言之，在你的新职业生涯中，有些事情会变得更容易，而有些事情会变得更困难。

让我们先来解决更容易的问题。

虽然在联谊会或大型会议上聚在一起很难，但一对一的聚会比以往任何时候都要容易。一对一的谈话，无论是正式的（有计划的）还是非正式的（计划外的、偶然的），一直都是干好工作的重要方法。量身定制的个人互动在一对一谈话时是非常重要的。一对一谈话可能发生在老板和员工之间、同事之间，有工作关系的熟人之间，偶尔的合作者之间，以及所有可能有联系的组织之间。而且从历史上来看，这些一对一的谈话很难发生，因为人们都很忙，并且通常在错误的地方见面。

那样的日子已经一去不复返了，这是困难时期送给我们的礼物之一。

现在每个人，或者说几乎每个人，都经常在家，并且随时保持在线。他们没有在上下班的路上，没有在 17 楼，也没有“不在”。他们坐在电脑前，和地球上的几乎所有人只有一个浏览器标签的距离。无论是在个人生活还是在工作方面，他们中的大多数人都比以前孤独得多，他们很高兴能与一些有趣的或有价值的人交往。所以，成功地与人交流从来没有像现在这样容易。人们的日程比以往更容易得到合理安排，其他人也从来没有像现在这样愿意和你交谈。

所以，和他们谈谈吧！

如果你是一个管理者，就像我们认识的大多数管理者一样，2020 年之前，找空闲时间与员工进行一对一的互动太难了，代价也太大了。[53] 现在，在混合工作模式下，你可以重新分配通勤时间和冗长的会议时间，来进行定期的一对一互动。研究清晰地表明，在大学里，与关心你和你工作的教职员工或工作人员进行直接和定期的互动，与拥有积极的体验密切相关。这是对人的观察，而不是对大学的观察，这种关联同样适用于职场。为一个关心他人的管理者工作，人们会更努力、更投入，而没有什么比一对一的谈话更能体现对一个人的关心了。所以，抓住这个机会吧！

不论你是不是管理者，都可以抓住这个绝好的机会来提升你互动的质量。不仅可以在你有问题需要解决的时候与他们进行互动，也可以在你对同事的工作感到好奇的时候与他们进行互动，尝试主动联系他们吧，让“保持好奇并与人交谈”为你服务。

而且，虽然通常情况下你需要提前安排好这些互动，但你仍然可以在午餐时间与她偶遇，随便聊一聊。当然，你可以有意这么做，而不像过去那样靠碰运气。可以给你想互动的人打个电话，然后把它变成一个即兴的视频会议。

在大多数工作文化中，未经预约就在 Facetime 或 WhatsApp 上给人拨打视频电话仍然被认为是不得体的。但在大多数工作文化中，如果你礼貌而得体地拨打临时电话，还是没问题的。如果你打了一个没有预约的电话，然后直接联系到了某人，你当然会说出自己谈话的意图，然后问她：“琼，我想这次谈话可能需要 15 分钟，你现在有空吗?”如果有，那很好——如果没有，试着跟她预约一下时间或者稍后再打。如果你得到了肯定的回答，就可以继续升级你的要求了：“嘿，如果你现在在线，我们通过视频来谈怎么样?”如果对方在线，你可以迅速地把你已经准备好的视频链接发给他们，或者在对方喜欢的平台上给他们拨打视频电话。大多数情况下，重播只需要两分钟，通过视频电话而不是语音电话进行交流，你可以与对方有更多互动，给人留下更深刻、更难忘的印象。

如果你觉得打一个计划外的电话对你来说太冒进或太唐突，没关系——不要尝试那些你无法真心去做的事。但如果你还犹豫不决，那么不妨在放弃这个想法之前多尝试几次。当我们一直在办公室或工作场所时，谁也不会“无所事事”。但是在混合工作环境中，工作日往往不是连续的。我们可能很忙，但实际上我们并不是完全不能被打扰的，一天中会有一些短暂的休息时间或是安静的时段。这种混合环境意味着，你在合适的时间找到某人的机会大大提高了。要有礼貌，尊重别人的时间，谈话时间不要超出你所要求的时间——但是一定要去做，你会惊奇地发现你成功的概率有多么大。

前所未有的困难

远程工作的爆炸式发展可能使直接开会变得更加容易，但另一方面，新员工入职以及公司建立社区和推广公司文化时却变得更加困难。原因很简单。远程通信技术对于维持彼此了解的人之间的关系非常有用，但是在促进创建新关系以及让新人融入现有的关系网方面，它的效果就要差得多。当我们所有人都聚集在一起时，一些特别的事情就会发生，但这种事情在网上是不会发生的。这种特别的事情是社区和文化形成的重要因素。

入职指的是让新员工成为组织中有贡献的团队成员的过程，包括完成法律和会计文书方面的工作，为他们提供所需的工具和信息，让他们接受公司政策、产品和服务方面的培训和教育。最重要的是，让他们与同事建立联系，使他们能够有效地合作。这是混合工作模式改变的最后一个关键步骤。其他步骤可以靠电子通信方式或远程通信方式完成。我们从石器时代就开始亲自建立人际关系和社区，远程通信则不太一样，也更困难。有效的人员配置是任何成功的企业最重要的特征之一。如果你不能成功地引入新人并让他们融入企业的协作社区中，那你的麻烦就大了。

有一首美国西部乡村歌曲的歌词非常准确地描述了一个新人试图进入一个成熟的关系网时所面临的挑战，歌词说："有时你是挡风玻璃，有时你是那只虫子。"[54] 如果你是新人，那么现有的关系网就像那块坚不可摧的挡风玻璃，当你碰到它的时候，你会觉得自己就像那只快要摔烂的虫子。而在过去，我们每天都一起去办公室、实验室、校园或者建筑工地，一切都简单得多。

2020 年之前，在你上班的第一天，老板会把你介绍给所有人，并公开提醒大家你的角色的重要性以及让你融入公司的重要性。“安妮特，让埃路易斯见见产品发布团队的每个人。毕竟，她将编写客户会阅读的资料，所以她确实需要了解我们在这里要完成的工作。”如果你有一个好老板，在第一周的某个时候，你就会被委派给一名网络调解员，以确保你所有的对接工作都能在最短时间内完成。听起来像是“埃路易斯，我想让你见见哈兰。哈兰是联络沟通的高手，他认识所有人，所有人都信任他。当你不确定该向谁寻求帮助，或者你的工作会影响到谁时，问哈兰就对了，他会知道的。”

这种让人们融入团队的方式，很大程度上取决于团队的凝聚力。自我介绍之后，你能做的最明智的事情，就是和哈兰一起在大楼里四处走走，听听他可能在一两个小时的时间里偶然听到的 12 个不同的对话。

但是，这并不适用于视频电话。

我们需要适应新环境。

管理新员工入职和整合新团队成员这一艰巨任务的最佳方法是分组讨论。

分组讨论

虽然远程在线交流可能会使大中型团体的互动（超过 6 人）看起来不那么私人化，但实际上可以使小型团体的互动（3 至 6 人）

更加亲密。我们在斯坦福大学的课程和网络研讨会中亲自见证了这一点。我们在网上一次可以给 60 到 100 人授课，并充分利用视频“分组讨论室”进行小组互动。从营利性公司、非营利性的非政府组织、服务机构的管理者那里，我们都听到了同样的反馈，“分组讨论”适用于几乎你能想到的所有工作环境。

在网上的小组活动中，每张面孔都可以被每个人看见。当某人发言时，他具有发言权是无可争议的。这戏剧性地改变了团队的动态。喧闹的外向者不再那么强势，沉默寡言的内向者也不再那么容易被忽视。小组视频会议通过营造公平的竞争环境，为团队的新成员创造了真正的优势。在小组分组讨论室里，一个新员工可以很快地与重要的同事近距离接触，并有机会给人留下深刻的印象，而在以前的制度下，可能需要数月的精心安排，一个新员工才能真正被人看到。

新员工的管理者和新员工自己都可以采取行动，利用这个机会。管理者可以确保在大型团体的在线活动中，要求大家进入 3 至 6 人的分组讨论室，越多越好。在有 60 名学生或客户的两个小时的课程中，我们很可能会在不同时间进行多次 3 至 6 人的分组讨论，每次 7 到 20 分钟。在任何一个小时或更长时间的会议中，在全体会议和分组讨论小组之间保持良好的节奏，将非常有助于在职场建立社区。

如果你是新员工，而你的经理不这么做，你可以自己行动。当你参加在线会议时，要密切关注浮出水面的问题，以及谁对这些问题的看法可能影响你的工作。这样的会议结束后，迅速确定哪些小组成员对你有帮助，并进一步说明后续考虑事项，邀请他们参加一个简短的会议以进行协调。确保只邀请 3 到 6 个人参加会议，这样你就有机会与他们进行面对面的交流，并且把会议时间控制在20分钟以内，要解决一个非常具体的问题或仔细安排行动，这样你就有更好的机会引起他们的注意。

通过这种分组讨论的方式，你可以快速建立强大的人际关系，你将能够更成功地融入团队，并有效地将自己（或你的新员工）塑造成社区中的一名高效成员。

聚会的理由

组织负责人告诉我们，他们对新的、远程密集型的混合工作模式反应非常积极。他们很兴奋，因为他们可以有效地进行合作，不论在哪里都能完成工作，而且不需要巨大的设施成本，就可以让所有人在同一时间、同一地点工作。

“但是！”他们认为，“不是所有事情都可以远程完成。就是行不通。当我们不能在一起的时候，有些东西是无法清晰传达的，我们不能承受这样的损失，我们的业务可能会受到严重影响。”

一个又一个首席执行官、顾问、经理、小企业主都告诉我们，他们正试图找到这个问题的答案：什么是我们真正需要聚在一起做的？

简而言之，这要看情况，因人而异。

很明显，在一起很重要，至少有时候如此。什么时候重要，对谁重要，取决于企业、任务和组织结构。没有千篇一律的答案可以解决人们必须面对面交流这个关键问题。关键是领导要明白这一点并予以支持。

可能是为了创意——面对面交流可以让人们在彼此的想法之

间跳跃，体验一个高效团队的动态，达到“心流”状态，从而提出能够产生重大影响的关键想法。

可能是为了庆祝——让大家聚在一起，感谢和庆祝团队和个人的辛勤工作、具体贡献和重要成果。这样做可以确保人们得到他们真正想要的，除了薪水，还有同事和老板的认可和尊重。

可能是为了沟通和协调——定期让所有人坐在会议室里，充分了解当前的状况和需要解决的问题，对问题、关心的事项和后顾之忧畅所欲言。通过亲自主持这种“市政厅”式的体验活动，确保联盟的工作和相互的依赖不会让我们措手不及。

可能是为了得到客户的认可——把产品或服务的供应商、消费者或用户聚集在一起，以便看到和接触到那些实际上受到工人日复一日的工作影响的生活。

我们需要面对面交流的理由有无数个，你可能已经猜到我们将如何建议你为你的组织找到好理由了。还是那四个步骤：保持好奇、与人交谈、不断尝试、故事思维。通过使用这种方法，从谦逊的倾听开始，然后过渡到迭代原型，你就可以找到一个有效的答案来回答这个富有挑战性的问题：“我们什么时候才真的需要面对面交流？”

但这真的有用吗？

是否有证据表明，一个执行力良好的混合工作模式设计真的会起作用？比尔的同事伊莱就职于InVision——一家没有传统办公室的公司，每个人从工作的第一天起就在进行远程办公。InVision是全球领先的软件制造商之一，该公司生产的软件可以设计出更好的数字产品(设计软件的软件)。这家公司的企业文化蒸蒸日上，但其没有办公室，也没有能代表其传统地位的标志。公司的员工遍布世界各地，在美国、欧洲、亚洲——总共28个国家和地区——任何他们能找到优秀人才的地方。他们是怎么做到的？他们有一个完全“扁平”的组织，以项目为导向的团队结构；他们的层级设置得很少并且所有员工都有高度的责任感。他们使用很多微观技术来建立文化，从专注的小团队开始，没有传统团队会进行的“监督”活动：每天一开始会站立开会10分钟来进行团队签到，大量非结构化的一对一时间，以及良好的沟通和归档工具。这样团队总是知道他们所处的位置和项目交付成果。他们每年为整个公司举行一次IRL会议。IRL代表“在现实生活中”，是对传统“现场/非现场”思维的幽默重构。成立于2011年的虚拟办公公司InVison，在其业务领域已经取得了员工和财务方面的成功，这证明你可以在完全虚拟的环境下组织和支持企业文化和人员发展。

投入很重要

我们在这本书的开篇就谈到了大多数员工在工作中并不积极投入——这是一个需要解决的问题。我们在工作上花了太多时间，也许我们比以往任何时候都更能意识到时间的重要性。

生命是多么短暂和脆弱啊。

在疫情之前是这样。

在疫情期间也是这样。

疫情过后会依然如此。

员工希望自己在工作中更加投入，管理者希望他们的员工在工作中更加投入，客户希望那些为他们服务或为他们生产产品的人能够更加投入。

如今，设计我们的职业比以往任何时候都更重要，我们要创造使人们能够投入更多的工作和工作环境。更投入的员工能把工作做得更好，他们能生产出更好的产品，提供更好的服务，用更少的时间完成更多的工作，在工作和家庭中都更快乐，在个人和职业方面成长更多。

现在，家庭和工作已经融合在一起了，管理者和普通员工都要利用现有的工具和资源来增加投入度，这比以往任何时候都更为重要，因为这种新的混合工作模式已经成了新常态。

在这里可以找到为你和你的组织服务的想法，并根据我们提供的设计发展出你自己的想法来应对你面对的颠覆——无论是个人的、地区的还是全球的。

允许自己快乐从未像现在这样重要。

我们的工作生活实际上就是我们的生活。

设计一种你和他人都能过得如鱼得水的生活——不管遇到什么样的颠覆也不怕。

我们需要彼此。

我们一直需要彼此，永远需要彼此。

这才是最重要的。

我们在等候室为你加油打气，知道总有一种方法可以设计前进的道路，迎接接下来的一切。

我们目的地见。

不断尝试

工作观反思

对你的工作观进行简短的思考。我们并不是希望你写一篇期末论文，我们也不会给你评分，但我们希望你真的能把它写下来，而不只是在脑子里想想。大概需要 30 分钟，写 250 字左右就好，不到一页打印稿的篇幅。

工作观应该解决什么是工作，以及工作对你来说意味着什么等关键问题。它不仅是一张你想从工作中及工作之外得到什么的清单，而且是你对工作观点的总体陈述，是你对好工作的定义。工作观应该可以解决以下问题：

- 为什么工作？
- 工作为了什么？
- 工作意味着什么？
- 工作与个人、他人以及社会有什么关联？
- 好工作或者所谓有价值的工作是什么？
- 工作和金钱有什么关系？
- 一个人的经历、成长、成就感和工作有什么关系？

人生观反思

和工作观一样，请对你的人生观写一段简短的反思，不超过 30 分钟，250 字左右。以下是反思人生观时经常要解决的一些问题，可以帮助你开始。关键是要写下那些为你理解生活提供基础的价值观和观点。你的人生观提供了你对所谓终极问题的定义。这对你来说是最重要的。

- 我们为什么在这里？
- 生活的意义或目的是什么？
- 个人和他人之间有什么关系？
- 家庭、国家和周围世界的融合点在哪里？
- 什么是善，什么是恶？
- 是否存在更高级的力量？比如上帝或者其他超自然的事物？如果存在，这将对我的生活产生什么影响？
- 欢乐、悲伤、正义、不公、爱、和平和冲突在生活中扮演什么角色？

仔细思考你的生活观和工作观，并回答以下问题：

1. 你的工作观和生活观在哪些方面相辅相成？
2. 你的工作观和生活观在哪些方面互相冲突？
3. 你的工作观和生活观会互相驱动吗？是如何驱动的？

结语

你可以快乐

好了，我们又写了一本书，而且是这本书的第二版。

许多工具和想法都是新的，但我们的核心信息始终没变。你是你人生的创意设计师。你怎么度过你的每一天，你就怎么度过你的一生。你永远不会被困住。也许偶尔会停下来，但没有困住一说。无论是你本人或工作上的一个小变化，还是一个巨大的全球性颠覆，你总是至少有一些可以做的事情，来设计你的前进之路，朝着更加繁荣和更有活力的方向前进。记住，重要的不是行动的大小，而是行动本身。

佐茨是当地的一家啤酒花园，一直是斯坦福社区的一部分。我们第一次在佐茨喝酒小聚时，就开始策划现已拓展至全球的“设计你人生”的运动。比尔说得很直白：“你知道的，如果我们要教人们设计一个美好的、有意义的、一致的、快乐的人生，我们只有两个选择，亲自践行我们要求学生做的一切，否则我们就有可能变成校园里最大的伪君子。”

从那天开始，我们一直在努力研究和开发我们教学和写作所用的思想和工具，并且更加努力地实践我们所教授的东西。

事实是，人生设计永远是一项正在进行的工作。

当我们在疫情看似终结时完成这本书的第二版，并开始思考人生的下一阶段时，我们已经意识到，没有什么比不知道接下来会发生什么更棒的了——这就是生活非常有趣、令人兴奋、魅力无穷的原因。有时候我们会失败，需要后退一步，或者不得不从头开始。但有了设计思维，我们便对失败免疫，因为我们总能找到前进的道路。

我们有时会以超乎想象的方式取得成功，我们会一时忘记了要感恩，忘记了要快乐。

有时候，我们都需要一点儿许可才允许自己快乐。

至于两位作者，比尔一直在重新设计他在斯坦福大学的工作，重新设计他作为一名艺术家的生活，重新设计他和辛西亚及其家人的生活。戴夫一直在努力保持正确的心态，他也在调整他对公众的影响和对越来越多的孙辈的私人影响。

我们俩都在积极努力，专注于当下足够好的方面。

但是因为我们的生活在不断变化，我们的人生故事也在不断变化。我们必须像其他人一样练习成长性接受。妻子去世后，戴夫开始慢慢地学习如何将他对克劳迪娅的爱转移到他们的孙辈、朋友和邻居身上。比尔和辛西娅在他们的母亲去世后进行了反思，他们买下了一些农村的土地，希望在那里建立一个可以传给几代人的避风港，从而实现一生的梦想。

当然了，我们在书中告诉你的那些人，那些真实的人，也有不断发展和变化的人生设计故事。[55]

还记得我们在引言中提到的邦妮吗？一直在工作圈里蹦蹦跳

跳的她，终于弄清楚了自己在找什么。问题是，她的输出组合太离谱了，她对影响力的重视程度超出了她的想象，也超过了她想要的。她开始明白，成为理想主义的千禧一代并努力改变世界没什么问题，但没有一份工作能够达到她想要的全球影响力，这让她有点儿抓狂。但当她真正坐下来，围绕一个最小可行问题重新进行规划，不断放大，去掉所有不切实际的设想后发现，稳定性（金钱）、创造力（表达力）和影响力一样重要。她发现了一家中等规模的公司（初创公司对她目前的输出组合来说风险太大），并在其中找到了一份负责社交媒体营销的好工作。这绝对是一份工作，而不是一项事业。现在她有一些业余时间了，她正在接受培训，打算成为一名瑜伽教练，同时发现自己的意义并建立社交关系。这是一个很好的平衡，她感觉不错，至少这在当下足够好。

还记得路易斯吗？他是正处于职业生涯中期的销售经理，还是“传声头”乐队的粉丝。他重新设计了自己的工作，通过最大限度地发挥自己的优势，他现在享受到了更多的自主权，也开始喜欢掌握完成新工作所需的技能这个过程。

还有玛丽，我们无聊至极的医生，已经决定离开医学界。这是一个艰难的决定——从她还是个小女孩儿起，当一名医生就是她定义自己“故事”的一部分。但是，“医生的故事”已经不再适合她了。她目前正在为接下来的工作制作原型，并对这一过程感到兴奋和激动。她完成了输出组合练习，发现自己比自己意识到的更重视表达。她决定找一份比做医生更能发挥她创造力的工作。事实上，她需要重新设计她的生活，而不仅仅是她的工作。这意味着她需要借鉴《斯坦福大学人生设计课》中的练习和实践，尤其是制订她的“奥德赛计划”。

还有安娜，那位被解雇的酒店职员，重新设计了她的家庭生活和职业，结果让她自己大吃一惊。几个月前，她被酒店解雇，又因疫情防控需要被困在家里。她厌倦了待在家里无所事事的感觉，开始思考如何让待在家里更有趣。她做了一个小型改造，为孩子们创造了更多的玩耍空间，并开始设计原型活动，这样她就可以在家里和孩子们一起玩耍。她发现自己很享受做一个超级妈妈的状态。当她以建筑业作为职业生涯的新起点时，她已经充满活力和对家庭的热情，状态超棒。

你在我们书中认识的所有人，以及我们的学生、同事、客户和读者，都在继续设计和构建前进的道路。能够受邀与这么多人（包括你在内）一起探讨生活和工作的重要话题，我们深感荣幸。帮助他人设计通往充实且快乐的人生之路，是一次非常宝贵的经历。我们希望邀请你加入我们，共同体验这种经历——参与围绕《斯坦福大学人生设计课》和《设计你的工作和人生》而成长起来的运动。这些书之所以存在，是因为人们厌倦了被困在思维误区中，希望获得更好、更可行、更可操作的想法，以摆脱困境，朝着更好的生活迈进。如果这本书能够对你有帮助，那么我们将会很开心。如果我们的读者——日益壮大的生活设计师群体，你现在也是其中一员——能够通过设计他们的生活，讲述他们的故事，来帮助他们的朋友、家人、职场以及整个文化实现真正的改变，从而成功地减少思维误区，我们就会欣喜若狂。如果这些想法对你很有帮助，那么请考虑与他人分享。

我们常常认为工作中的挫败感、压力过大、消极怠工和倦怠状态都是个人问题。如果出了问题，就是工作的错，我们的错，老板的错，或是某人的错。事实上，这不仅是一个个人问题，也是一个社会问题，还是一个全球性问题。目前怠工现象泛滥，我们的工作文化不起作用，原因是我们的组织中充满了思维误区。这不仅会在生产方面造成巨大损失，也会给整个世界造成巨大损失。太多工作在白费力气，太多工作毫无目的。我们有真正的问题需要解决，也有真正的挑战需要面对。我们需要改变我们的工作文化，使之适用于个人、组织和社会。改变你对工作的看法，并与他人分享这些重构，你就将为更大的意义和影响做出贡献。

我们意识到，不管我们帮助了多少人，我们永远也不可能帮助每一个人，不论是个体，还是集体。但是我们知道，有很多人可以在他们的生活中拥有更多的快乐和目标、更多的影响，以及更多的意义，当然，还有更多的钱。我们希望这本书能帮助你成为一名生活设计师，同时希望你也能帮助许多其他人成为生活设计师。

生活设计永无止境，永不完美。

但它挺好。

有时候还很好。

有一点我们很确定：生命太短暂，不要消极怠工。

生命太宝贵，不要虚度光阴。

致谢

《设计你的工作和人生》源于全球对《斯坦福大学人生设计课》的响应。如果没有众多杰出人士的贡献，本书不可能面世。

拉劳·洛夫是我们的合作作家、主要的倾诉对象、文学界的良知、永远耐心的倾听者。感谢拉劳帮助我们找到了自己的声音，并且一直确保我们能用它发声。没有她的努力，这本书是无法面世的。

感谢我们的编辑维奇·威尔逊。她告诉我们："这不只是一本书，这是一场运动。你们必须得继续，再写一本书。"所以我们做到了。她认为我们应该写八本书，为所有受挫失意的职场人士鼓舞士气。她敦促我们与人交谈。简而言之，她再一次出色地完成了编辑的工作。四年前我们就是以"亲爱的"相称的好友，现在也是。

感谢道格·艾布拉姆斯，我们的代理人、激励者、出版界的专家。是道格开启了这场神奇的魔毯之旅，并一直充当我们的瓶中精灵。我们很高兴依靠他的非凡力量，以有意义的方式将伟大的思想带给世界。

道格还为我们带来了了不起的国际团队（马什代理公司的卡米拉·费里尔和杰玛·麦克唐纳）以及阿布纳·斯坦因的英国团队（凯斯宾·丹尼斯和桑迪·维奥莱特）。

感谢波比·汉普森和位于英特吉的整个英国团队。感谢你们的才华横溢和全身心投入。

感谢萨凡纳·彼得森，我们的媒体专家。每项运动都是由社区推动的，而社区并不会主动推动，需要由某人来进行推动，我们的某人就是亲爱的萨凡纳，她是这项工作的忠实拥护者，并将其推广至全球范围。

感谢企鹅兰登书屋演讲局的金·英吉托及其团队。感谢你们让我们飞往世界各地，来到成百上千个会场，与成千上万人互动交流。感谢你们让图书生意成为人的生意，并且做得如此优雅。

克里斯汀·詹森，感谢你让我们的工作坊活动毫无阻碍地继续进行，并让我们做自己喜欢做的事——教书。

超级教练苏珊·伯内特使我们具有了三重资产：通过人生设计推动女性赋权，为企业客户提供产品，构思并为培训师提供培训。所有我们不会做、不愿做的事情，你都做得超级棒。感谢你让我们变得更强大、更好。

我们的国际合作伙伴遍布世界各地。在全球最具有挑战性的办公文化之一的日本，玉置真奈美正领头将《斯坦福大学人生设计课》工作坊带给日本员工。我们勇敢的泰国教练佩尔姆西特·兰普拉西蒂蓬也是设计思维工作坊的负责人，他正努力确保每个泰国人都有机会打造充实且快乐的人生。

感谢斯坦福大学人生设计实验室的执行主管凯西·戴维斯。早些时候，人们并不认为这项工作离开了比尔和戴夫能够继续进行。你证明了人生设计是一个伟大的想法，可以在斯坦福大学和其他地方由很多人来教授。你从我们手中接过了领导棒，让这项运动得以蓬勃发展。非常感谢你所做的努力，让我们能够在校外为更多读者服务。

非常感谢斯坦福大学各位优秀的同事。我们向加布里尔·圣-多纳托致以特别的敬意，感谢她在创建人生设计工作室方面所做的杰出工作，这使得一百多所大学得以为一百多万学生提供相关服务，她的宣传能力无人能敌！感谢我们最优秀的教师和设计师团队——约翰·阿姆斯特朗、艾米丽·蒋、克里斯·西莫拉，你们一直让学生和所有有幸与你们合作的人惊叹不已。干得好！

感谢在线教育平台“创意在线”的创作团队，他们精心打造的个性化在线体验，终于让“我能上这门课吗?”这个问题有了肯定的回答，任何人随时随地上课从此变得可能。

丹·平克是一位特别的朋友，一位了不起的作家、思想领袖和导师。你一直在帮助我们这些新手，慷慨分享你的经验和见解。非常感激你的帮助。

在我们俩加起来超过 75 年的职业生涯中，遇到过数十位伟大的管理者和合作者，感谢你们教会了我们很多。你们的智慧（和宽恕）是这本书的坚实基础。

感谢这些由生活设计师、支持者和导师组成的优秀社群：

300 多名教育工作者参加了斯坦福大学人生设计工作室的工作，致力于推动高等教育发展。

百余名敬业的生活教练和执行教练，他们经过认证，可以有效地指导并帮助团体和个人做出真正的改变，使人们获得充实且快乐的人生。

近两百位活动主持人，邀请我们前来与你们和你们在世界各地的社群进行交流。你们建立的联系使得这一切对包括我们在内的许多人来说成了现实，成了自己的事。

我们线上社群中的 300 多名领袖和 3 万多名成员，你们的奉献、坚持和支持是这项运动的燃料。

谢谢你们。

注释

引言 设计思维在工作中也奏效

1 We showed: See *Designing Your Life*, chapter 6 (New York: Knopf, 2016) or visit designingyour.life.

2 We also heard from people: See *Designing Your Life*, chapter 5 or visit www.designingyour.life.

3 And yet, in poll after poll: *State of the Global Workplace* (Gallup Press, 2017), p. 183.

4 Globally, the number of workers unhappy: *State of the Global Workplace* (Gallup Press, 2017), p. 22.

5 More than 93 percent of Japanese workers: *State of the Global Workplace* (Gallup Press, 2017), p. 133.

6 We'll show you how: For additional resources on storytelling, check here:
www.storycorps.net
www.themoth.org
www.wnycstudios.org/shows/radiolab

7 Dr. Paul J. Zak, director of the Center: *Brain World*, Summer 2018, pp. 16–18.

第 1 章 我们还没到吗?

8 If asked the same question: See *Designing Your Life*, chapter 1, or visit designingyour.life.

9 Studies of lottery winners show: E. Lindqvist, R. Östling, and D. Cesarini, "Long-run Effects of Lottery Wealth on Psychological Well-being," NBER Working Paper No. 24667, May 2018.

10 Another secret to a happy life: www.adultdevelopmentstudy.org.

11 "Happiness is love. Full stop": George E. Vaillant, *Triumphs of Experience: The Men of the Harvard Grant Study* (Cambridge, MA: Belknap Press, 2012).

12 Garth listened as she explained: We will help Garth and you figure out how "politics" actually work in organizations in chapter 6.

13 It is estimated that 90 percent of: J. C. Norcross, M. S. Mrykalo, and M. D. Blagys, "Auld Lang Syne: Success Predictors, Change Processes, and Self-Reported Outcomes of New Year's Resolvers and Nonresolvers," *Journal of Clinical Psychology* 58 (2002): 397–405.

14 The Set the Bar Low method: See the research of Stanford professor B. J. Fogg. You can also view this TEDx video: www.youtube.com/watch?v=AdKUJxjn-R8.

15 Studies show that: www.dominican.edu/academics/lae/undergraduate-programs/psych/faculty/assets-gail-matthews/researchsummary2.pdf.

第2章 金钱还是意义?

16 The coherent life is: See chapter 12 in *Designing Your Life*.

17 Finding and maintaining the right: If you want an amazing take on "What Teachers Make," go to YouTube and look up the poem by the spoken-word poet Taylor Mali: www.youtube.com/watch?v=RxsOVK4syxU.

18 Adjust the location of: The Maker Mix settings include a number of things. Obviously they include time, but it isn't just a percentage allocation of hours/week spent on each component. Some things just take more time than other things (like commuting or laundry), but that doesn't make them necessarily more valuable or more important. Some things that take a small amount of time feel big and some things that take tons of time feel small. Let your mix represent how you value what you're making and how "loud" it feels to you relative to other things you do. In the example of Bill's current Maker Mix, he set "Expression" at about 20 percent, but it's not fully 20 percent of his time (not yet, anyway...). However, his experience of making art is pretty intense for him and very important. It may be getting only a few hours a week of his attention (compared to fifty-plus hours in his regular job), so it's not literally getting one-fifth of his waking time, but *it feels* like at least 20 percent. (You be the judge.) There's not a right or wrong way to think about your relative weighting of your different types of making. The whole idea here is just to give you a tool to help you articulate how things are going for you as a maker and how you might design your mix a little differently if you want to.

19 After you've plotted your roles: Note that there may be more than one place on the map where you could put a role. The way you think about and describe what that role means, the way that role feels to you—that's what determines where it belongs. If Bill thinks about his role as a teacher primarily in terms of the students he's teaching in a particular course, he'd plot "teacher" in one place. If he thinks about it primarily in terms of the 1,000 students he's worked with over a decade, then the "teacher" role goes in a different place, and if he thinks about it primarily in terms of how his program paves the way for changing design education in other universities, then it's in a different place. They're all "right"; it just depends on how Bill thinks about who he's working with and what impact comes from that role.

第 3 章　重新设计你的问题

20 He has videotaped more than: www.gottman.com.

21 Okay, a moment of sadness for: One kind of poet makes a lot of money. Songwriters like Bob Dylan and rappers like Jay-Z have found a way to turn their poetry into a pretty good business. But it's a long shot—a one-in-a-million chance that you will become a famous rapper. You should probably have a back-up reframe.

第 4 章　职业倦怠与压力类型

22 If you're not sure if you've crossed: See the Mayo Clinic's "Job Burnout: How to Spot It and Take Action" (www.mayoclinic.org/

healthy-lifestyle/adult-health/in-depth/burnout/art-20046642).

第 5 章　工作心态、坚毅与职业要求

23 Research from our Stanford colleague: Carol Dweck. *Mindset: The New Psychology of Success* (New York: Ballantine Books, 2016).

24 Dweck writes: Dweck, *Mindset*, pp. 6–7.

25 “People with a fixed mind-set”: Dweck, *Mindset*, p. 18.

26 There are four factors that Duckworth: Angela Duckworth, *Grit: The Power of Passion and Perseverance* (New York: Scribner, 2016), chapters 6–9.

27 “...human motivation seemed to”: Daniel Pink, *Drive: The Surprising Truth About What Motivates Us* (New York: Riverhead, 2009), introduction.

28 “At a phenomenological level”: E. L. Deci and R. M. Ryan, “The ‘What’ and ‘Why’ of Goal Pursuits,” *Psychological Inquiry* 11, no. 4 (2000): 227–68.

29 “Hello World”: The motherboard of any computer is where the main computer chip, the CPU, resides, along with a bunch of other control and memory chips. And there is what’s called a “boot ROM” on this board that contains just enough code to start the CPU and memory and establish enough capability to load the operating system. Windows and Macs all have a boot ROM, and so did our little computer. There is a long tradition in Silicon Valley that, when the boot ROM has established functionality and lit up the display, the very first thing it does is display the words “Hello world.”

30 All of this adds to the time: Suzanne Lucas, “How Much Employee Turnover Really Costs You,” *Inc.*, August 30, 2013, www.inc.com/suzanne-lucas/why-employee-turnover-is-so-costly.html.

第6章　办公室政治

31 Now for a little 2x2 model: Jim Holden and Ryan Kubacki, *The New Power Base Selling: Master the Politics, Create Unexpected Value and Higher Margins, and Outsmart the Competition* (Hoboken, NJ: Wiley, 2012).

Among the many books on power that we know of, this is the one that is the primary source and reference for the political ideas in this chapter. It’s a sales training book. “Sales training? What’s that got to do with life design?” you might well ask.

Let us explain... A salesperson’s job is to help buyers make good decisions in favor of their company’s product or service. Good sellers want repeat customers, and the only repeat customers are ones who are happy with their prior purchases. So good sellers want buyers to make good buying decisions. The challenge is that a salesperson is powerless. A salesperson has zero authority over their prospective customers to make them buy something, so the only thing they can do is attempt to orchestrate the wielding of influence on the buying decision. And further, the influence they’re orchestrating is not their own—it’s the influence of other people within the buying organization. The whole process is done indirectly through others. And sellers have to do that as outsiders. It’s a very tough job to do well, so top salespeople are, by necessity, really good at the artful facilitation of healthy influence. Successful salespeople are pros at managing healthy politics.

The truth is we all spend a lot of energy trying to influence others' decisions—trying to advocate in favor of something we care about (like going out for pizza versus Chinese)— which is why one of our favorite writers, Dan Pink, wrote *To Sell Is Human*. If you're curious how we're all sellers in one way or another, check out both Jim Holden's and Pink's books.

第 7 章　不要辞职，重新设计！

32 She had heard about a test: www.gallupstrengthscenter.com. (The assessment test costs money, and we do not receive any money for writing about it or sharing this link.)

33 six times: https://www.gallup.com/cliftonstrengths/en/253790/science-of-cliftonstrengths.aspx.

第 8 章　辞得漂亮

34 Employers respond: https://qz.com/955079/research-proves-its-easier-to-get-a-job-when-you-already-have-a-job/and the base-data for this conclusion comes from an article by Liberty Street Economics https://libertystreeteconomics.newyorkfed.org/2017/04/how-do-people-find-jobs.html.

35 When backpacking in the woods: Attributed, perhaps apocryphally, to British military officer Robert Baden-Powell, the founder of the worldwide scouting movement for both boys and girls, circa 1910.

第 10 章 从设计工作到创造工作

36 That's going to: See *Designing Your Life*, p. 70.

37 If you want to dive deeper: uxmastery.com/how-to-create-a-customer-journey- map.

38 "Capabilities such as creativity and sensing": www. linkedin.com/pulse/mckinsey-study-concludes-automation-physical-knowledge-saf-stern/?articleId=6085882246508658688.

第 12 章 我们现在在哪里?

39 Elisabeth Kübler-Ross's: Elisabeth Kübler-Ross, *On Death and Dying: What the Dying Have to Teach Doctors, Nurses, the Clergy, and Their Own Families* (New York: Scribner, 2011, reissue edition).

40 Finding Meaning: David Kessler, *Finding Meaning: The Sixth Stage of Grief* (New York: Scribner, 2019).

第 13 章 颠覆设计

41 a billion dollars industry-wide: https://www.nytimes.com/2008/03/18/technology/18check.html. The article estimated $500 million in savings in 2011 by switching from magstripe boarding passes to bar code-scanned boarding passes, with the move to e-mobile phone boarding passes eliminating printed boarding passes far exceeding those savings; https://adventure. howstuffworks. com/destinations/travel-guide/tips/how-airline-e-tickets-work.htm. The article estimated the complete conversion to e-ticketing to save $3 billion annually, of which e-boarding passes are a portion.

42 world headquarters in San Francisco: Katie Dowd, "Pinterest Pays $89.5 Million to Terminate San Francisco Office Lease," SFGATE, August 30, 2020; https://www.sfgate.com/business/article/Pinterest-terminate-SF-office-lease-88-Bluxome-15525421.php.

43 prove you have a remote job: Monica Buchanan Pitrelli, "The List of Countries Where Travelers Can Go Live and Work Remotely Is Growing," CNBC, September 18, 2020; https://www.cnbc.com/2020/09/18/countries-that-gives-visas-to-remote-workers-during-covid-19-pandemic.html.

44 increase in depression: https://www.aetnainternational.com/en/about-us/press-releases/2020/lockdown-mental-health-pressures-hinder-work-productivity.html. The Aetna report concludes, "According to the new research over 4,000 office workers across UK, USA, Singapore and UAE, commissioned by Aetna International, a leading provider of health and wellness benefits and population health solutions worldwide, three quarters stated that performance and productivity has suffered considerably due to mental health pressures related to the COVID-19 pandemic with younger workers in particular, 88% of those aged 18-24, most affected. For businesses, the findings highlight potential major issues to come with the many factors negatively impacting worker performance so far since the COVID-19 outbreak began. These include poor mental health (74%), long working hours (70%), blurred lines between work and home life (67%), as well as remote working set- up (66%)."

45 tool for tracking your energy: Chapter 3: Wayfinding, page 50.

46 improvement in productivity: https://www.fastcompany.com/90601567/how-covid-19-has-us-doing-more-in-less-time. Original data from Prodoscore (https://www.businesswire.com/news/home/20201217005250/en/Prodoscore-Research-Productivity-of-Remote-Workforce-Remains-Strong-During-Pandemic): "The data revealed a 5% increase in productivity comparing May-August 2019 to May-August 2020, challenging the assumption by business leaders that employees working from home are less productive than when working on-site in an office."

47 writing will improve immensely: You can also check out these other grammar books, some of which are a little less dry and others that are the go-to for professional writers who still struggle (who knows what Strunk and White would think of our excessive usage of the em dash in this book):

Mignon Fogarty, *Grammar Girl's Quick and Dirty Tips for Better Writing*. New York: St. Martin's Griffin, 2008.

Verlyn Klinkenborg, *Several Short Sentences About Writing*. New York: Knopf, 2012.

Geoffrey Leech, Benita Cruickshank, and Roz Ivanic, *The A–Z of English Grammar & Usage*, 2nd ed. New York: Addison-Wesley Longman, 2001.

Patricia O'Conner, *Woe Is I: The Grammarphobe's Guide to Better English in Plain English*, 4th ed. New York: Riverhead Books, 2019.

Steven Pinker, *The Sense of Style: The Thinking Person's Guide to Writing in the 21st Century*. New York: Viking, 2014.

Michael Swan, *Practical English Usage*, 4th ed. New York: Oxford University Press, 2017.

Lynne Truss, *Eats, Shoots & Leaves: The Zero Tolerance Approach to Punctuation*. New York: Avery, 2004.

Jan Venolia, *Write Right! A Desktop Digest of Punctuation, Grammar, and Style*, 4th rev. ed. New York: Ten Speed Press, 2001.

48 a hundred times over: Bill remembers a time before digital projectors when a slide presentation was made with real 35mm Kodak Ultramax film slides. He was in a start-up in the eighties that made a desktop color slide maker to make these slides (it failed). He also has all the old "foils" that he used for his lectures in the nineties. These were made on a Xerox machine or by hand and were placed on an overhead projector—mostly black and white, no pictures, and all in one font, Helvetica. Ah, the good old days.

49 "not necessarily in that order": https://www.brainyquote.com/quotes/jeanluc_godard_108249.

50 backbone of all human stories: Christopher Booker, *The Seven Basic Plots: Why We Tell Stories* (New York: Bloomsbury Continuum, 2019).

51 Zoom cats: https://www.youtube.com/watch?v=762tbD11LxI.

52 take risks on a team: https://rework.withgoogle.com/blog/five-keys-to-a-successful-google-team/.

第 14 章 好的工作设计始于好的生活设计

53 staffer who cared about you and your work: Gallup-Purdue Study

Report—Big Six College Experiences Linked to Life Preparedness, https://news.gallup.com/poll/182306/big-six-college-experiences-linked-life-preparedness.aspx.

54 "Sometimes you're the bug": "The Bug" by Mark Knopfler, Dire Straits, 1991.

结语　你可以快乐

55 the people we tell you about: For those of you who read our first book—the lives of the people whose stories are told there continue as well. Here's what's up with some of them . . .

Ellen, the girl who likes rocks in *Designing Your Life*, is still rocking it at the same company, although she has been promoted three times and now manages a fairly large group. "I never would have predicted I'd still be here five years later, but I keep finding ways to make it interesting and learn new stuff." And there's our friend Tim, the very coherent life guy who designed just enough moneymaking for security and a good family life, but ample room and resources for his primary interests: music and cocktail-making. After twenty-plus years as the go-to guru at his firm, Tim got laid off. Getting pink-slipped left him understandably disoriented. But after a bit he revved up his networks and started talking to people, which finally resulted in a call from a former colleague about an unlisted opening in her company. Tim got the job and is well on his way to reestablishing the stable lifestyle and workstyle he's used to. "I never saw it coming until right at the end, but I ended up with a promotion and a raise. I was able to design my way out."